방언기도에 숨은 권능을 알고 방언하실 분의 책

방언
기도에
숨은 권능

강요셉지음

"그러나 교회에서 네가 남을 가르치기 위하여 깨달은 마음
으로 다섯 마디 말을 하는 것이 일만 마디 방언으로 말하는
것보다 나으니라."(고전 14:19)

성령

방언기도에
숨은 권능

성령

들어가는 말

필자는 20년이 넘도록 성령사역을 하였습니다. 성령사역을 하다가 보면 많은 크리스천들이 방언기도 하기를 사모합니다. 방언기도는 성령의 세례를 받은 표징이라고 말하기 때문입니다. 어느 교파에서는 방언기도를 못하면 천국에 갈 수 없다고 하는 곳도 있을 정도로 방언을 중요하게 여깁니다. 모든 성도들이 방언기도의 은사가 나타나 방언으로 기도하기를 사모합니다. 성령으로 기도할 수 있는 것이 제일로 좋은 것입니다. 성령 안에서 방언으로 몰입하여 기도를 오래하면 여러 가지 신비한 현상을 체험하기도 합니다.

성령 안에서 방언기도를 집중하여 오래하면 영이 민감해집니다. 그래서 방언기도로 영의 민감성을 개발할 수가 있습니다. 영이 민감해지므로 하나님의 음성을 잘 들을 수 있게 됩니다. 성령으로 충만하고 영이 민감해지므로 영적인 전쟁에 승리할 수가 있습니다.

그리고 방언으로 기도하며 자신을 치유할 수도 있습니다. 그래서 방언기도를 받기 위하여 노력을 많이 하는 분들도 있습니다. 어느 분은 목사님! 저는 집사가 된지 5년이 지났는데 방언기도 못합니다. 방언 받도록 안수기도를 해달라고 합니다. 또, 자신이 방언기도를 하는데 진짜 방언기도인지 모르겠다는 것입니다. 필자에게 찾아와 자신의 방언기도를 분별하여 달라는 것입니다.

그런데 우리가 여기서 한 가지 바르게 알아야 할 것이 있습니다. 기도는 영의 활동이라는 것입니다. 세상신이 역사하면 성령의 인도를 방해합니다. 하나님의 음성을 듣는 것도 방해합니다. 하나님의 뜻을 구하기 위하여 기도하면 세상신이 잘못될 쪽으로 인도한다는 것입니다. 그래서 하는 것마다 되지 않는 것입니다.

좌우지간 방언에 대하여 여러 가지 궁금증들이 많습니다. 내가 어떻게 하면 크리스천들이 방언기도에 대한 궁금증을 해소할 수가 있을까? 하며 깊은 기도를 하다가 한 권의 책으로 만들어 출판하라는 성령의 감동을 받았습니다.

그래서 그동안 성령치유 사역을 하면서 체험한 모든 것을 종합했습니다. 방언기도에 대하여 이정도만 알고 있으면 방언기도를 받을 수가 있습니다. 자신의 방언기도의 진위를 분별할 수가 있습니다. 그리고 방언을 통역할 수가 있을 것입니다. 아무쪼록 이 책을 통하여 방언에 대한 궁금증들이 완정하게 해소되기를 소원합니다.

주후 2020년 12월 27일
충만한 교회 성전에서
저자 강요셉목사.

세부적인목차

1부 방언 기도의 권능

1장 방언 기도하다가 체험한 신비들

(고전14:19)"그러나 교회에서 네가 남을 가르치기 위하여 깨달은 마음으로 다섯 마디 말을 하는 것이 일만 마디 방언으로 말하는 것보다 나으니라"

하나님은 예수를 믿는 성도를 사랑하십니다. 사랑하시기 때문에 세상에서 예수님과 동행하면서 살아가기를 원하십니다. 예수님과 동행하면서 살아가게 하시려고 세상에서 부르시고 예수 믿고 성령으로 세례 받게 해주셨습니다. 성령으로 세례를 하시면서 마음성전에서 방언으로 기도하도록 하셨습니다. 방언기도를 영의 기도로서 하나님과 교통하는 중요한 수단입니다. 방언기도에는 숨어있는 오묘한 신비가 있습니다. 방언 기도하면 성령으로 충만해지므로 하나님의 뜻을 알 수가 있습니다. 방언으로 기도하니 성령으로 충만하여 하나님과 같은 영의 상태가 되기 때문입니다.

방언으로 기도하면 심령 안에서 성령의 불이 올라옵니다. 방언으로 기도하면 영이 깨어납니다. 방언으로 기도하면 성령이 충만해지므로 영의 민감성이 개발됩니다. 방언으로 기도하면 하나님의 음성을 들을 수가 있습니다. 방언으로 기도하며 마음의 상처를 치유 받을 수 있습니다. 방언으로 기도하면 세상 어디에서나 천국을 누리면서 평안을 체험하게 됩니다. 성령의 지배가운데 방언으로 기도하면 성령의 권능으로 마음의 상처가 치유됩니다. 방언으로 기도하면 성령으로 충만한 영적인 상태가 되어 말씀의 비밀을 깨달을 수 있습니다. 방언으로 기도하면 성령의 권능이 나타나므로 권능 있는 크리스천이 됩니다. 방언으로 기도를 하면 전인격이 성화 되에 세상에서 천국을 누리면서 살아갈 수가 있습니다.

하지만 방언기도는 영의 활동입니다. 영적인 것은 바르게 알고 바르게 행해야 합니다. 세상에는 마귀가 있기 때문에 할 수만 있으면 마귀는 성도들을 미혹하려고 하기 때문입니다. 그렇기 때문에 방언기도는 성령으로 정확하게 해야 합니다. 우리 성도가 세상을 살아가면서 영을 강건하게 하기 위해서 방언기도는 필수입니다. 영이 강건해진다는 것은 성령의 도우심을 받아 지혜가 생기고 믿음이 생겨난다는 것입니다. 시험이나 고난이 올 때 말씀으로 극복하고 믿음을 지켜나갈 수 있는 영석 힘을 의미합니다. 이 힘은 우리 영이 성령의 도우심으로 인해서 더 많은 지혜와 지식을 얻을 때 생기는 것입니다. 영적 힘이 생겨 영이 강건해지면 성령의 능력이 나타나기 시작하는 것입니다. 이 힘이 있어야 자신에게 주어진 영적 무기인 은사를 제대로 활용할 수 있는 것입니다.

그러기 위해서 오랜 시간 동안 기도할 수 있어야 합니다. 성령 안에서 방언기도를 통해서 우리 영안에 하나님의 일을 감당할 수 있는 영적 능력이 축적되어 가는 것입니다. 이것을 우리의 육신이 깨달아 알지 못하기 때문에 방언기도가 별로 유익하지 못하다고 생각하는 사람들이 생기는 것입니다. 방언기도는 성령의 이끌림을 받는 영의 기도입니다. 성령의 이끌림을 받아 몰입하여 방언기도를 하다가 보면 여러 가지 신비를 체험하게 됩니다.

첫째. 방언기도하다 몸이 부상되는 체험을 했어요. 필자는 40대 초반까지 군생활을 했습니다. 그러다가 목회를 하기로 작정을 하고 본격적으로 능력을 받으러 기도원도 다니고 치유센터도 다닐 때입니다. 어느 기도원에 금식기도 하러 올라갔습니다. 필자는 기도원에 가면 기도를 산에서나 공동묘지에서 잘합니다. 공동묘지 옆에 있는 넓은 바위 위에 앉아 방언으로 기도를 시작했습니다. 기도를 하는 분들이 두 분이 있었습니다. 그분들과 함께 한 세 시간 정두 방언으로 기도를 했습니다. 서로 기도의 주도권을 빼앗기지 않으려고 열심히 방언으로 기도를 했습니다. 한 세 시간 정도 기도를 하니까, 깊은 영의 상태에 몰입이 되기 시작했습니다.

이제 방언으로 기도하는 것이 힘이 들지 않고 술술 기도가 나왔습니다. 그런데 이상한 영적인 현상이 나타나기 시작했습니다. 갑자기 필자의 몸이 불같이 뜨거워지면서 솜 털 같이 가벼워지는 것이었습니다. 몸이 붕~ 뜨는 것입니다. 그래도 계속 방언기도를 멈추지 않고 계속 했습니다. 그러자 이제 몸이 지상에서 공중으로 부상되는 상태가 되는 것입니다. 몸이 붕~붕~뜨는 체험을 하면서 계속 기도를 하다가 갑자기 이런 생각이 들었습니다. 내가 이렇게 기도하다가 하늘로 올라가 버리면 우리 사모가 어린 자식들을 데리고 어떻게 살아간단 말인가 하고 인간적인 걱정이 들었습니다. 그래서 기도를 중단했습니다.

그리고 산에서 내려오는데 꼭 구름 위를 걷는 기분이었습니다. 발을 내딛을 때마다 발이 이불 솜을 밟는 것과 같이 푹푹 빠지는 것입니다. 술에 취해서 몸을 가누지 못하는 것과 같았습니다. 방언으로 몰입하여 몇 시간을 영으로 기도를 해보시기를 바랍니다. 그러면 저와 같은 말로 표현을 할 수 없는 신비를 체험할 수도 있습니다.

저는 공수부대에서 오래 근무를 했기 때문에 낙하산을 메고 공중에서 뛰어 내리기도 수없이 해봤습니다. 그런데 처음 낙하할 때 낙하산이 펴지면 꼭 구름위에 내가 떠있는 느낌을 받습니다. 영으로 기도가 깊어지니까, 꼭 그런 느낌을 체험하게 했습니다.

정말 산에서 내려오는 데 마치 구름 위를 걷는 그런 체험을 했습니다. 그래서 저는 성령으로 충만해시면 사람의 몸이 가벼워지고 머리가 맑아진다는 것을 체험적으로 알게 되었습니다. 그런 체험이 있은 후 환자에게 안수 기도할 때 성령의 역사가 나타나고, 질병들이 치유되고, 안수할 때 귀신들이 떠나가고, 내적치유 사역할 때 많은 분들의 깊은 상처가 잘 치유되었습니다. 그런데 성령의 지배와 장악이 되었는데 머리가 아프다든지 몸이 무겁다든지 마음이 답답해지는 느낌은 모두 영적인 문제로 발생하는 현상입니다. 내적인 상처를 치유하세요. 그래서 내적치유가 중요합니다. 그러면 능력은 나타나지 말라고 해도 나타납니다.

둘째, 성령세례와 방언을 받으려다가 치유 받았어요. 하나님께 영광을 돌립니다. 저는 모태신앙입니다. 어느날 기독 서점에 들렀다가 **"결혼 어떡하면 행복할까요"**이라는 책이 눈에 들어왔습니다. 사서 읽다가 저도 성령으로 세례를 받고 방언으로 기도하고 싶은 생각이 저를 주장하였습니다. 충만한 교회에 가려고 해도 교사이기 때문에 주중에는 갈수가 없는 형편이었습니다.

그래서 책에 보니 토요일 날 개별 집중 치유 프로그램이 있어서 예약하여 성령세례를 받고 치유를 받기로 했습니다. 예약한 날 충만한 교회에서 치유를 받다가 여러 가지 신비한 성령체험을 했습니다. 먼저 저의 손이 오그라드는 현상입니다. 목사님이 안수기도 하시다가 저에게 질문하는 것입니다. 혹시 집안 어른 중에 질병이 있는 분이 없느냐는 것입니다. 그래서 저의 어머니가 신장에 질병이 있다고 말씀 드렸습니다. 그랬더니 어머니 말고 다른 분은 괜찮으시냐고 물어보시는 것입니다.

생각하여 보니 할아버지와 할머니가 중풍에 걸려서 고생하시는 것이 생각났습니다. 그래서 말씀 드렸더니 중풍의 영이 저에게와 있었다는 것입니다. 그래서 성령으로 전인격이 사로잡히니까, 손이 오그라들면서 중풍의 영이 정체를 폭로한 것이라는 것입니다. 저는 그때까지 할아버지와 할머니는 장로님이고 권사님이라 저에게 까지 중풍의 영이 대물림이 되지 않는 것으로 생각을 하고 있었습니다. 목사님이 하시는 말씀이 예수를 믿어 영이 깨어나 하나님과 관계가 열렸지만, 육체와 이성은 성령께서 장악을 하시지 못한 상태라 육체와 이성에 역사하던 악한 영들이 떠나가지 않는다는 것입니다. 성령으로 세례를 받아 육체와 이성이 성령의 지배를 받을 때 정체를 폭로하고 떠난다는 것입니다.

그래서 성령으로 세례를 받으라고 한다는 것입니다. 한동안 손이 오그라들어 있다가 기침을 사정없이 하게하고 떠나갔습니다. 그런데 성령께서 저의 손을 만져주시는 것입니다. 어깨도 만져주시는 것입니다. 마음이 기뻐졌습니다. 정말로 신비한 체험을 했습니다. 방언기도가 속에서 올라왔습니다. 2시간 30분 기도시간이 지나니 몸이 솜털처럼 가볍고 마음이 말로 표현할 수 없을 정도로 평안했습니다. 직장에서 받은 스트레스가 완전하게 떠나갔습니다. 하나님! 감사합니다. 수원 김영숙자매

셋째, 제가 왜 고통을 당했는지 깨달았어요. 저는 방언기도하면 성령 세례 받았고 구원을 받았다고 사만하고 믿음 생활을 했습니다. 방언으로 기도하는 것을 즐겨했습니다. 방언기도를 못하는 성도들을 무시했습니다. 철야기도에 참석하여 기도 시간이 되면 온몸을 흔들면서 나름의 방언기도를 참으로 많이 했습니다. 따다다… 뚜드드… 따다다… 따발총을 쏘면서 온몸을 흔들어 대며 땀을 뻘뻘 흘리면서 목에서 나오는 소리로 방언기도를 했습니다. 이렇게 23년을 거의 빠짐없이 철야기도에 참석하여 기도했습니다. 하루라도 기도를 쉬면 마음이 답답하여 기도를 쉬지를 못했습니다. 어느덧 세월이 흘러 나이가 60살이 넘었습니다.

그런데 저의 몸에 문제가 생긴 것입니다. 이유 없이 불안하고 두려운 것입니다. 거기다가 온몸에 근육통이 생겨서 아프지 않은 곳이 없을 정도로 통증이 심했습니다. 정형외과에 가서 물리치료를 받아도 그 때 뿐이고 좀처럼 회복이 되지 않았습니다. 이렇게 고생하고 있으니까, 같은 교회에 다니는 젊은 집사님이 책을 한권 주면서 읽어보라는 것입니다. 책 이름이 **"영안 열림의 혼동과 구별하는 법" "가계가 축복받는 선포기도" "영적피해 방지하기"** 입니다. 책을 읽어보면서 제가 깨달은 것은 잘못된 영의 전이가 되어 고생하는 지도 모르겠다는 생각이 저를 주장하였습니다. 그래서 나의 불안과 두려움, 근육통증을 치유 받기 위하여 강 목사님에게 상담을 받아야 된다는 생각이 저를 주장했습니다. 충만한 교회에 찾아가서 목사님 상담을 받게 되었습니다. 강 목사님이 하시는 말씀이 방언은사를 받았을 때 성령으로 심령의 상처를 치유 받았어야 하는데 치유 받지 못하여 상처가 쌓여서 생기는 현상이라는 것입니다.

그러시면서 오후에 집회시간에 집중 안수를 받아보면 왜 지금 근육통증으로 고생하고 있는 가 체험적으로 깨달을 수가 있다는 것입니다. 오후 기도시간에 제가 평소에 하는 대로 온몸을 흔들면서 목에서 나오는 방언기도를 사정없이 강하게 했습니다. 목사님의 안수를 받으니 속에서 울음이 나오더니 강한 진동을 하는 것입니다. 몸을 사정없이 흔드니까, 목사님이 그렇게 기도하면 성령의 역사가 심령 깊은 곳에서 일어나지 않으니 목사님이 하라는 대로 호흡을 깊게 들이쉬고 내쉬면서 배에서 나오는 소리로 주여! 주여! 를 하라고 하셨습니다.

그래서 목사님이 하라는 대로 순종했더니 내 속에서 이상한 소리가 나오면서 기침이 나오고 가래가 나오는 것입니다. 사지가 뒤틀리면서 괴성이 나오는 것입니다. 기침으로 가래가 어찌나 많이 나오는지 화장지 한통을 다 허비했습니다. 기도 시간이 끝나고 나니 힘이 쑥 **빠져서** 몸을 가누기가 힘이 들었습니다. 목사님 하시는 말씀이 지금까지 방언기도를 열심히 했는데 심령이 치유되지 않는 나름의 방언기도를 해서 예수 믿기 전에 무의식과 잠재의식에 있던 상처와 영적인 세력이 하나도 떠나가지 않았다는 것입니다. 한마디로 철야하며 해대는 방어기도를 했지만, 습관적인 방언기도가 되어 성령의 역사가 일어나지 않았다는 것입니다.

그래서 젊은 시절에는 그런대로 지냈지만 나이가 들어서 체력이 약해지니 예수 믿기 진에 무의식에 숨어있던 상처와 영적인 존재가 머리를 들고 나와서 온 몸이 아팠다는 것입니다. 저의 질병은 병원에서 약을 먹고 치유한다고 고쳐지는 것이 아니고, 성령의 깊은 임재를 받으면서 깊은 차원의 치유를 하면 고쳐진다는 것입니다. 워낙 오래되어 단기간에 되기는 어렵고 지속적으로 다니면서 말씀을 듣고 안수를 받으면서 성령의 깊은 역사를 일으키면 완치가 가능하다는 것입니다.

집에 돌아가시면 몸살기운이 있을 수가 있으니 놀라지 말라는 것입니다. 정 참기 힘들면 진통제를 사서 먹으라고 했습니다. 집에 돌아오니 몸이 춥고 으스스하면서 몸살기운이 나타났습니다. 몸살 약을 먹으니 참을 만 했습니다. 그래서 순종하는 마음으로 6개월을 다녔습니다. 결과적으로 불안하고 두려움이 사라지고 그렇게 아프던 근육통이 없어졌습니다. 방언기도가 깊어졌습니다. 이제 방언기도만 해도 심령에서 상처가 기침으로 떠나가면서 몸이 가벼워지고 있습니다. 저의 영적인 무지를 깨닫게 하시고 질병을 치유하고 영적으로 깊어지게 하신 하나님께 영광을 돌립니다. 서울 중곡동 김미혜권사.

넷째, 방언기도가 바뀌었어요. 저는 방언기도하기를 사모했습니다. 어느날 교회에서 기도하다가 방언기도인지 아닌지 구분할 수 없는 소리가 나오기 시작을 했습니다. 기도할 때마다 저만 인정하는 소리로 방언기도를 했습니다. 그런데 한 가지 문제가 있었습니다. 마음에 답답함이 해결이 되지를 않는 것입니다. 더 문제는 남의 조그마한 소리에도 참지 못하고 짜증과 신경질을 내는 것입니다. 아무리 방언기도를 많이 해도 혈기와 분노가 사라지지 않았습니다. 그러다가 서점에서 **"말의 권세를 사용하라"**책을 사서 읽게 되었습니다. 충만한 교회에 가고 싶었습니다.

그래서 화-수-목 성령치유 집회에 참석하게 되었습니다. 목사님의 말씀을 듣고 기도를 했습니다. 목사님의 안수를 받았습니다. 순간 전율이 저를 사로잡더니 머리가 어지럽고 몸을 가누기가 힘이 들었습니다. 의자에서 기도하지 못하고 바닥에서 기도를 했습니다. 조금 지나자 기침이 사정없이 나왔습니다. 목사님이 안수할 때마다 기침이 사정없이 나오고 가래가 얼마나 나오는지 모를 정도로 나왔습니다. 그러면서 제 속에서 방언기도가 올라왔습니다. 방언기도가 올라오는데 그렇게 기분이 좋고 시원할 수가 없었습니다. 방언기도를 계속했습니다. 몸이 가벼워지면서 마음에 평안이 찾아왔습니다. 답답한 가슴이 뻥하고 뚫렸습니다. 그때 제가 직감적으로 생각한 것이 지금까지 방언기도가 정상적이 아니었다는 것을 느꼈습니다. 마침 그날 집회가 성령으로 기도하는 법이었는데 목사님이 이런 말씀을 하셨습니다.

방언기도하면 만사가 다된 것처럼 생각하는 자만 의식을 버려야 합니다. 방언기도를 해도 성령으로 세례를 받지 못한 성도가 있을 수 있다는 것입니다. 방언으로 기도를 하되 성령의 이끌림을 받는 기도를 해야 합니다. 일부 목회자나 기도원 장들이 죽기 살기로 기도해야 응답을 받는 다고 합니다. 아니 영이신 하나님께 죽기 살기로 기도한다고 기도를 받으시겠습니까? 기도는 하나님과 대화라고 했는데 죽기 살기로 일방적인 기도를 하는데 어떻게 영이신 하나님과 대화가 되겠습니까? 그것은 공허한 외침과 독백에 불과한 것입니다. 성도들의 기도가 바뀌어야 합니다. 기도가 바뀌어야 하나님과 교통하며 성령으로 심령을 정화하며 치유하는 기도가 될 수가 있는 것입니다. 예수를 믿고 성령으로 거듭난 성도의 기도는 처음에는 힘쓰고 애를 써서 기도를 하는 과정이 필요하지만 성령님이 기도의 영을 부어 주시면 성령님 안에서 무시로 기도하는 것이 가능해집니다. 계속적으로 기도하면 몸에 어떠한 현상이 나타나기도 합니다. 이때 기도의 통로가 열리고 기도가 올라갈 때 하늘의 공중 권세 잡은 자들의 방해를 받을 수 있습니다. 갑자기 몸이 뜨거워지거나 웃음이 오거나 몸의 진동이 오거나 쓰러지거나 방언이 열리고 방언이 바뀌어 집니다.

이 때 우리 몸에 나타나는 그러한 현상에만 집중하거나 추구하면 미혹의 영에 속을 수가 있습니다. 하나님의 영만 그런 것이 아니라 무당들도 영계에서 접신 할 때 이와 비슷한 체험을 합니다. 그러므로 기도할 때 몸에 나타나는 현상을 추구하지 마십시오, 사단에게 속을 수가 많습니다. 특히 자신이 불 받은 것을 다른 사람에게 과시하고 싶어서 넘어지거나 쓰러짐 같은 것을 자꾸 추구하다가 보면 이상하게 몸이 요란하게 떨리고 움직이는 것은 전부 성령의 역사가 아닐 수가 있기 때문입니다.

저는 기도할 때 요란하게 불을 받고 쓰러지고 웃는 사람들과 기도를 하지마자 얼마 못가서 임재에 드러눕는 사람들이 전부 은혜를 받은 줄로 알고 한 때 그들은 부러워 한 적이 있었습니다. 저는 아무리 열심히 기도해도 그러한 쓰러짐 이라든지 떨림 현상이 나타나지 않았기 때문입니다. 그러나 나중에 그들의 삶에 문제가 많은 것과 그들의 열매가 좋지 못한 것을 많이 보고 그들을 부러워하던 생각이 바뀌었습니다. 만일 그들에게 나타나는 그러한 현상들이 전부 성령님의 역사라면 그들의 삶에서 좋은 열매가 나타나야 합니다. 그렇지 못한 것은 그들에게 나타나는 현상들이 주님이 아닐 수 있기 때문입니다. 그러므로 몸이 쓰러지든지, 떨든지 말든지, 무슨 소리가 들리든지 말든지, 내 육신에 나타나는 현상이 어떠한 반응이 오는 지에 신경 쓰지 말고 오직 온 마음을 다하여 오직 하나님께만 집중하여 주님만 생각하며 주님을 찾으면서 기도해야 합니다. 기도 할 때는 온 마음과 뜻과 정성을 다하여 오직 하나님께 집중하고 하나님을 찾고 찾아야 합니다. 그럴 때 영의 상태에 들어가고 주님이 만나 주시는 것입니다.

기도하다가 자신도 모르게 손발이 뒤틀리고 몸이 자꾸 떠는 것은 그 심령 안에 이미 집을 짓고 내주하고 있는 어둠의 영들이 기도 못하게 방해하는 현상일 수 있습니다. 특히 무당의 영이 역사하는 사람들의 대다수를 보면 기름부음이 강한 집회나 기도회에 참석하면 자신도 모르게 몸이 강하게 떨리거나 자신도 모르게 손이 뒤로 뒤틀리거나 팔이 돌아갑니다. 이 때 성령으로 영분별을 바르게 하지 않으면 그러한 현상이 기름부음 받고 성령의 충만하여 온 것으로 오해하기 쉽습니다. 그러나 이 같은 것이 성령의 역사가 아닌 가짜가 더 많으니 그 현상에 절대로 속지 마시기를 바랍니다.

이럴 때는 현상에 치중하지 말고 기도를 계속하십시오. 호흡을 들이쉬고 내쉬면서 주여! 주여! 하면서 기도를 계속하면 성령이 충만하여 지므로 방해하던 세력들이 떠나갑니다. 성령의 권능에 의하여 방해하는 세력이 떠나가고 기도가 깊어지는 것입니다.

목사님이 방언으로 기도할 때 마음이 감동을 받기 위하여 이렇게 하라고 말씀하셨습니다. 호흡을 내쉬면서 방언기도하고, 호흡을 배꼽 아래까지 들이쉬면서 성령의 감동을 받고(통변), 다시 호흡을 내쉬면서 방언기도하고, 호흡을 배꼽 아래까지 들이쉬면서 성령의 감동을 받고(통변)를 반복하면서 방언기도 하라고 말씀하셔서 그대로 순종하고 했더니 내 안에서 더러운 것들이 말로 표현할 수 없을 정도로 나왔습니다. 더 좋은 것은 방언통역이 된다는 것입니다. 그렇게 방언통역이 열리기를 원했는데 열렸습니다. 감사합니다. 방배동 신정숙집사

다섯째, 방언 기도소리가 이상하여 축귀 했던 사례. 2016년에 목회자 부부가 지방에서 올라와 저희 교회 깊은 기도 집회에 참석을 했습니다. 저희 교회는 집회 시에 1시간 말씀을 전하고 40분 이상 개인 기도를 합니다. 개인 기도시간에 제가 일일이 안수를 해드립니다. 첫 시간 안수를 하면서 목사님을 보니 방언기도를 유창하게 하셨습니다. 자세하게 보니 온몸을 흔들면서 진동을 아주 심하게 했습니다. 방언으로 기도하는데 기도소리가 날카롭고 듣기가 거북했습니다. 그래서 더 자세히 보니 무당의 영이 정체를 폭로하고 흔들어대는 것이었습니다.

그래서 첫 시간에는 아무 말도 하지 않고 안수만 해드렸습니다. 둘째 시간이 되었습니다. 안수를 하면서 목사님에게 질문을 했습니다. 목사님 언제부터 이렇게 진동하며 방언기도를 하셨습니까? 상당히 오래되어 얼마나 되었는지 모르겠다는 것입니다. 목사님! 목사님은 이러한 진동을 하는 것을 어떻게 이해하고 계

십니까? 그랬더니 목사님이 방언으로 기도하여 성령으로 충만해서 나타나는 현상 아닙니까? 그래요. 성령 충만해서 나타나는 것이라고 알고 있다는 것이지요. 예! 맞습니다. 저 아주 성령 충만합니다. 그런데 여기에 왜 오셨습니까? 사모가 이곳저곳이 아파서 치유 받으러 왔습니다.

그래요. 목사님! 혹시 집안에 무당이 없으십니까? 목사님이 하시는 말씀이 이렇습니다. 예! 무당은 없고 고모가 점쟁이를 하고 있다고 아버지에게 들었습니다. 목사님! 오해하지 마시고 들으세요. 지금 목사님은 무속의 영이 진동을 하고, 손을 흔들면서 방언 기도를 따라 하고 있습니다. 목사님이 이를 인정하지 않고 방언으로 기도하니 성령이 충만한 상태라고 믿으니 무당 귀신이 떠나가지 않는 것입니다. 축사를 해드릴까요? 했더니 해달라는 것입니다. 그래서 이 더러운 무속의 영아! 정체를 밝혀라. 하니 아주 심하게 손을 흔들어 댑니다. 예수 이름으로 명하노니 더러운 무속의 영은 떠나갈지어다. 했더니 기침을 사정없이 하면서 오물을 토하면서 귀신들이 떠나갔습니다. 2일째 되는 날도 진동을 약하게 하면 손을 흔들고 기도를 하여 축사를 했습니다. 3일째 되는 날은 진동을 하지 않고 손도 흔들지 않고 아주 편안하게 기도를 하셨습니다. 무속의 영이 떠나간 것입니다.

그런데 문제가 하나 있었습니다. 사모님이 우울증과 온 몸의 통증으로 시달려서 정상적인 생활을 못하시는 것입니다. 그래서 사모님을 치유하려고 지방에서 올라온 것입니다. 목사님 집안에 역사하던 무속의 영이 사모님을 괴롭히는 것입니다. 그래서 사모님을 앞으로 모시고 나와서 안수를 하니 귀신들이 말로 표현할 수 없을 정도로 많이 나갔습니다. 근육통과 관절염으로 아프지 않는 곳이 없었다고 합니다. 원래 무속의 영이 역사하면 근육통과 관절이 아픈 수가 있습니다. 안수 받고 날아갈 것 같다고 하면서 내려가셨습니다. 지금 이렇게 나름대로 성령으로 충만하게 믿음 생활하고 있다고 자부하는 많은 분들이 자신 안에 역사하는 귀신을 인정하지 않아 알게 모르게 고통을 당하는 분들이 다수 있습니다.

방언기도 하면 귀신이 자동으로 떠나가는 줄로 알고 있는 분들이 많습니다. 이렇게 방언기도를 유창하게 해도 무의식에 역사하던 귀신이 떠나가지 않는 다는 것입니다. 이를 인정하시고 자신의 영적인 상태를 점검하여 한 살이라도 젊었을 때 마음의 상처와 자아 뒤에 역사하는 귀신과 혈통을 타고 역사하던 귀신을 축사해야 합니다. 이렇게 해결 받지 않으면 앞에서 간증한 분들과 같이 나이가 들어서 고통을 당합니다. 나이가 들면 체력이 떨어집니다.

나아가 들어 체력이 떨어지면 숨어있던 귀신이 정체를 폭로하면서 전인격을 장악합니다. 나이가 들어 체력이 떨어지면 내적치유도 축귀도 힘들어 집니다. 점점 자신의 무의식과 잠재의식에 역사하는 악한 세력의 힘에 의하여 자신의 전인격이 장악당할 수가 있습니다. 저는 주기적인 영적진단을 강조합니다. 성령의 강한 역사를 체험하며 자신의 영적인 상태를 진단하여 미리 예방하자는 것입니다. 우울증의 치유를 원하시는 분은 **"우울증 순간치유"**와

"치매예방 건강 장수하는 비결" 책을 읽어보시기를 바랍니다.

여섯째, 마음으로 방언기도 신비를 체험하다. 충만한 교회 성령 치유집회에 참석한지 2주가 지났을 때의 체험입니다. 제가 충만한 교회 성령치유 집회에 참석한 것은 "영들을 보는 눈을 개발하라" 책을 읽고 저의 고질적인 신경성 위장병을 치유 받을 수 있다는 성령의 감동을 받고 집회에 참석했습니다. 저는 신경성 위장병으로 우울증으로 10년 이상을 고생하며 지냈습니다. 한주가 지나고 두주가 되어 이제 마음속으로 방언기도를 하던 때입니다.

충만한 교회 성령치유 집회 때에는 매시간 30분 이상 기도 시간이 있습니다. 이때 강 목사님께서 개인별로 안수를 해줍니다. 첫 주에는 조금 생소했습니다. 점점 적응이 되면서 성령의 불이 임하는 체험을 했습니다. 무엇보다도 강 목사님이 성령을 체험하고 마음의 상처를 치유하는 기도에 대하여 자세하게 설명하여 주었습니다. 그래서 계속 기도를 하다가 보니 이제 숙달이 되었습니다. 그날도 영의 말씀을 듣고 찬송을 부르고 기도를 시작했습니다. 그런데 이 날은 강 목사님이 소리를 내지 말고 마음속으로 방언기도를 하라고 가르쳐 주었습니다. 그래서 순종하는 마음으로 호흡을 들이쉬고 내쉬면서 마음으로 방언기도를 했습니다. 오로지 방언기도에 몰입하여 마음으로 방언기도를 했습니다. 그러자 환상이 보이는 것입니다. 하얀 옷을 입은 사람 3명이 저의 몸을 만져주면서 지금까지 위장병으로 고생을 많이 했구나 하면서 배를 만져주는 것입니다.

그러면서 앞으로는 위장병으로 다시는 고생하지 않을 것이라고 말하면서 건강한 몸으로 영혼을 전도하라고 하면서 배를 계속 만져주는 것입니다. 그런데 너무나 배가 시원해지는 것을 체험했습니다. 그러더니 갑자기 기침이 사정없이 나오는 것입니다. 그래서 기침을 한동안 했습니다. 기침을 하고 나니 더 배가 시원하여 졌습니다. 배가 시원하여 지더니 속에서 불이 올라오기 시작을 하는 것입니다. 너무나 뜨거운 불이 마음에서 올라와 저를 태우는 것입니다. 그러면서 몸이 가벼워지는 것입니다. 마치 솜털같이 가벼운 기분이 들었습니다. 너무나 황홀하고 신비스러워 계속 마음으로 방언기도를 했습니다. 그러더니 이제 온몸을 마치 안마 하는 것같이 만져주었습니다. 그러면서 근육통증이 사라졌습니다. 너무나 좋아서 성령님 계속하여 주세요. 라고 기도가 저절로 되었습니다. 그렇게 신비한 현상을 체험하다가 어느덧 기도시간이 종료 되었습니다.

집회가 끝나고 강 목사님에게 현상을 이야기 했더니 성령께서 임재 하여 육체의 모든 부분을 치유한 것을 보증으로 보이게 보여 주신 것이라고 했습니다. 그 후 저는 신경성 위장병과 근육의 통증과 우울증이 완전하게 치유가 되었습니다. 지금 생각을 하면 너무나 신비스럽습니다. 또 그런 성령님의 임재를 체험하고 싶습니다. 좌우지간 치유하여 주신 성령하나님에게 감사와 영광을 돌립니다. 강남 김숙희집사

2장 방언기도에 숨어있는 신비

(고전 14:14-15)"내가 만일 방언으로 기도하면 나의
영이 기도하거니와 나의 마음은 열매를 맺지 못하리라. 그
러면 어떻게 할까 내가 영으로 기도하고 또 마음으로 기도
하며 내가 영으로 찬송하고 또 마음으로 찬송하리라"

하나님은 영이십니다. 성령 안에서 성령으로 하는 방언기도가
영적인 기도로서 하나님께서 들으시고 응답하십니다. 반드시 성
령 안에서 방언기도를 해야 영적인 기도가 되는 것입니다. 자신이
만들어 내거나 입술로 올알대거나 목으로 소리내어 하는 방언은
영의 기도가 아닐 수가 있으니 주의해야합니다. 하나님은 고린도
전서 14장 14절에서 "내가 만일 방언으로 기도하면 나의 영이 기
도히기니와 나의 마음은 열매를 맺지 못하리라." 말씀하십니다.
하나님과 교통하는 기도를 하려면 성령으로 방언기도를 해야 합
니다. 성령 안에서 바르게 방언기도를 하면 참으로 유익합니다.
　방언기도는 성령의 은사입니다. 은사는 받겠다고 해서 다 받아
지는 것은 아닙니다. 아무리 그 은사를 사모하고 오랫동안 기도해
도 하나님의 뜻이 아니라면 그 은사는 나타나지 않습니다. 방언기
도의 **은사는 누구나 받는 은사는 아니고**, 필요한 성도에게 성령께
서 주시는 은사입니다. 모두다 사모한다고 받을 수가 없는 은사인
것입니다. 이런 분들은 성령께서 주지 않아도 믿음생활을 할 수가

있기 때문입니다. 방언기도의 은사를 받지 않았다고 기도를 못하는 것은 아닙니다. 순수하게 언어로 기도하면 되는 것입니다.

방언의 은사는 제일 작은 은사, 별로 귀한 은사가 아닌 것같이 생각하는 사람이 많습니다. 물론 방언의 은사는 성령의 모든 은사 중 가장 흔한 은사입니다. 그러나 어느 면에서는 성령의 모든 은사 중, 가장 귀한 은사가 방언의 은사라고 말할 수도 있을 것입니다. 사람의 생각으로는 희귀한 것이 귀한 것처럼 보이지만, 하나님은 인간이 사는데 꼭 있어야 하는 귀한 것일수록 그것을 아주 흔하게 공급해 주십니다. 그것 없이는 단 몇 분도 살지 못하고 죽고 마는 공기 같은 것은 하나님은 무한량으로 공급해 주십니다.

방언의 은사는 매우 흔한 은사이고, 누구나 원하기만 하면 주시는 것은 그것이 우리가 신앙생활을 해 가는데 있어서 꼭 필요한 아주 귀중한 은사이기 때문입니다. 방언의 은사는 기도의 은사이기 때문입니다. 그런데 제가 지난 20년이상 성령치유 사역을 하면서 체험한 바로는 방언기도를 바르게 하지 못하는 분들이 있다는 것입니다. 분명하게 영으로 기도하려면 심령 깊은 곳에서 기도가 올라와야 맞습니다. 그런데 목으로 기도를 하는 분들이 있습니다. 입술로 옹알대는 분들이 있습니다. 이런 분들이 이구동성으로 하는 말이 마음이 답답하고 기도응답이 되지 않는 다고 하소연을 합니다. 그래서 안수를 해보면 영의 통로가 막혀있는 분들이 많습니다. 영의 통로가 열려 심령 깊은 곳, 성령으로 영에서 방언기도가 올라와야 하는데 목에서 기도를 하기 때문에 기도는 많이 하는데 비하여 심령이 변하지 않고 기도응답을 받지 못합니다.

방언기도는 반드시 성령의 지배가운데 성령으로 해야 합니다. 그래야 영이신 하나님과 교통하면서 하나님의 음성을 들을 수가 있습니다. 그리고 방언기도하면서 성령의 역사로 심령을 정화할 수가 있습니다. 좌우지간 방언기도를 바르게 성령 안에서 성령으로 하면 영적인 유익이 참으로 많습니다.

첫째, 영의 보화를 나타냅니다. 우리 마음 안에 영이 있습니다. 영 안에 성령께서 좌정하고 계십니다. 영 안에 보화가 있습니다. 그래서 성경은 마태복음 13장 44-46절에서 "천국은 마치 밭에 감추인 보화와 같으니 사람이 이를 발견한 후 숨겨 두고 기뻐하며 돌아가서 자기의 소유를 다 팔아 그 밭을 사느니라. 또 천국은 마치 좋은 진주를 구하는 장사와 같으니, 극히 값진 진주 하나를 발견하매 가서 자기의 소유를 다 팔아 그 진주를 사느니라" 말씀하시는 것입니다. 마음 안, 심령 안에 보화가 있습니다.

마음 안에 있는 보화는 성령으로 충만한 영의 상태가 되어야 나타나는 것입니다. 방언으로 기도하여 성령으로 충만한 영의 상태가 되니 하나님의 나라에 있는 보화가 나타나는 것입니다. 하나님의 나라가 어디에 있습니까? 성경 누가복음 17장 21절에 보면 "또 여기 있다 저기 있다고도 못하리니 하나님의 나라는 너희 안에 있느니라" 말씀하십니다. 이와 같이 말씀은 "우리 마음 안에 하나님의 나라 보화가 있다"고 말씀하고 있습니다. 하나님의 나라 천국이 우리 마음 안에 있습니다. 이 천국에서 세상을 이기는 영적인 권능인 에너지가 올라오는 것입니다. 보화는 성령으로 충만한 영적인 상태에서 마음 안 지성소에 연결되어야 접근이 가능합니다. 이 보화는 세상을 이길 수 있는 권능입니다. 세상 어디에서 느낄 수 없는 참 평안입니다. 이 보화는 하나님의 영감입니다. 영감이 있어야 하나님의 마음을 알 수가 있습니다.

그러나 우리가 그 보화에 접근하지 못한다면 무슨 소용이 있을까요? 보화가 있는 영 안에 접근이 가능한 방법은 성령으로 방언기도를 하는 것입니다. 성령으로 방언기도를 하여 충만한 상태가 되면 자신의 안에 하늘나라가 있다는 것을 느낄 수가 있습니다. 이는 체험해 본 성도만 이해할 수가 있습니다. 마음 안에 있는 하나님의 나라에 접근하는 방법은 어렵지 않습니다. 아랫배에 의식을 두고 코로 호흡을 깊게 들이쉽니다. 내쉬면서 방언으로 기도합니다. 이렇게 지속적으로 하다가 보면 성령으로 충만한 영의 상태가 되어 자신 안에 하나님의 나라에 들어간 것을 알 수가 있습니다. 우리가 방언을 사용하여 우리 몸 안 하나님의 나라에 있는 보화에 들어가 보화를 케네면서 기도한다면 우리의 삶은 더욱 풍성해집니다. 지속적인 노력을 해서 숙달을 해야 가능한 것입니다.

둘째, 성령으로 충만 받습니다. 자신의 영 안에 있는 성전 지성소에 들어가면 예수님으로부터 성령의 불이 올라옵니다. 지속적으로 기도하면 성령이 충만해집니다. 성도들이 보통 말하는 불입니다. 성령이라고 하기도 합니다. 성령의 불이라고 합니다. 방언 기도하면서 성령으로 충만 받기 위하여 우리가 바르게 정립해야 할 것이 있습니다. 보통 목회자들이나 성도들이 말하기를 성령의 불을 받아야 한다. 그곳에 가면 성령의 불을 받는다. 이렇게 성령의 불을 받는다고 표현을 많이 합니다. 그래서 성도들이 불을 받는 것으로 알고 있는 경우가 많습니다. 과연 성령의 불을 받는 것이 맞을까요? 아닙니다. 예수를 믿고 성령으로 거듭난 성도는 성령의 불이 마음 안에서 나오는 것이 맞습니다. 지금 예수님은 성도의 마음 안 성소를 지나 지성소에 주인으로 계시기 때문입니다. 자신이 하나님의 집 성전이라는 것은 **"하나님의 집 성전이 되는 비밀"** 책을 참고하시기를 바랍니다.

성령은 오순절 마가의 다락방에서 하늘로부터 임했습니다. 사도행전 2장 1-4절을 보겠습니다. "오순절 날이 이미 이르매 그들이 다같이 한 곳에 모였더니, 홀연히 하늘로부터 급하고 강한 바람 같은 소리가 있어 그들이 앉은 온 집에 가득하며, 마치 불의 혀처럼 갈라지는 것들이 그들에게 보여 각 사람 위에 하나씩 임하여 있더니, 그들이 다 성령의 충만함을 받고 성령이 말하게 하심을 따라 다른 언어들로 말하기를 시작하니라." 불의 혀처럼 갈라지는 것들이 그들에게 보여 각 사람 위에 하나씩 임하였다고 합니다. 성령은 개별적으로 마음 안에 있는 성전 지성소에서 타올라야 합니다. 성령으로 기도하면 삶에서 천국을 누리게 되는 것입니다.

이후로는 오순절 날 마가의 다락방에서 성령의 불을 받은 사람들이 기도할 때 임했습니다. 사도행전 4장 28-31절을 보겠습니다. "하나님의 권능과 뜻대로 이루려고 예정하신 그것을 행하려고 이 성에 모였나이다. 주여! 이제도 그들의 위협함을 굽어보시옵고 또 종들로 하여금 담대히 하나님의 말씀을 전하게 하여 주시오며, 손을 내밀어 병을 낫게 하시옵고 표적과 기사가 거룩한 종 예수의 이름으로 이루어지게 하옵소서 하더라. 빌기를 다하매 모인 곳이 진동하더니 무리가 다 성령이 충만하여 담대히 하나님의 말씀을 전하니라" 오순절 날 성령의 세례를 받은 성도들이 뜨겁게 기도할 때 성령이 충만해졌다는 말입니다.

위로부터 임하는 성령은 오순절 날로 종료되었습니다. 오늘날은 성령을 받은 사람을 통하여 성령을 받을 수 있습니다. 지금은 혼자 기도할 때 하늘에서 성령의 불이 임하지 않습니다. 성령 받은 사람에게 찾아가서 말씀듣고 기도하면서 안수를 받을 때 성령의 불이 임합니다. 한마디로 성령의 불을 처음은 받을 수가 있다는 말입니다. 그러나 계속 성령의 불을 받으면 안 됩니다. 영적자립을 할 수 없는 성도가 되기 때문입니다. 영으로 기도하여 자기 안에 있는 성령의 불을 밖으로 나오게 해야 합니다. 자기 마음 안에 있는 불을 밖으로 나오게 하는 것이 성령의 세례입니다.

자신 안에 계신 성령이 순간 자신을 장악하는 것을 성령의 세례라고 합니다. 성령의 세례를 받은 후에는 성령의 불세례가 임하면서 자신을 완전하게 장악을 합니다. 그러므로 한번 성령세례 받았다고 다된 것은 아니라는 것입니다. 성령의 충만이 계속 되어야 합니다. 성령으로 충만하게 하는 적극적인 방법이 성령 안에서 방언으로 기도하는 것입니다. 성령으로 방언 기도할 때 자신 안의 성전(지성소)에서 성령의 불이 올라옵니다. 고로 방언으로 기도하여 성령의 충만을 받아야 우리가 정말 하나님이 살아 계신 것을 체험하게 됩니다. 성령의 역사로 능력과 권세가 자신 안에 있는 하나님의 나라에서 나타나서 우리의 모든 유혹을 물리치고 하나님의 위대한 일꾼이 될 수가 있는 것입니다.

그리고 성령으로 방언기도를 하면 우리의 영이 하나님의 능력과 권능으로 강해집니다. 세상을 변화시키려면 우리는 하나님의 능력과 기름부음이 필요합니다. 또한, 우리가 성령 안에서 방언으로 기도하면 우리 주변의 공기가 하나님의 임재, 하나님의 기름부음, 하나님의 권능으로 충만해집니다. 성경에 강조되지 않아서 숨겨져 있지만, 우리가 복음의 역사를 통해 성령님의 역사를 연구해 보면 주님 안에서 엄청난 권능을 행했던 사람들은 모두 다 방언으로 기도했습니다. 필자역시 방언기도를 통하여 심령, 영안에 주인으로 계시는 성령으로부터 권능을 받아가며 치유사역을 감당하고 있습니다. 믿음으로 초자연적인 언어, 방언으로 기도하시기 바랍니다. 성령의 권능은 우리의 혼이 아니라, 성령으로 기도할 때 영으로부터 올라오는 것입니다. 반드시 성령 안에서 방언기도를 해야 성령의 권능이 자신의 영 안에서 나타나는 것입니다.

셋째, 말씀의 비밀을 깨닫게 됩니다. 하나님의 말씀은 반드시 성령으로 충만한 영의 상태에서 깨달을 수가 있습니다. 하나님은 성경의 모든 예언은 사사로이 풀 것이 아니라고 강조 하십니다(벧후1:20). 예언은 언제든지 사람의 뜻으로 낸 것이 아니고 오직 성령의 감동하심을 받은 사람들이 하나님에게 받아 말한 것이라고 합니다(벧후1:20). 고로 성경 말씀의 뜻을 바르게 알려고 하면 성령의 충만함을 받아야 합니다. 성령 안에서 방언기도를 하여 성령의 충만한 상태에서 성령의 감동을 받아 풀어야 하는 것입니다. 성령이 충만한 상태가 되면 영안이 열리게 됩니다. 영안이 열려야 하나님의 말씀의 비밀을 깨달을 수가 있습니다.

영안은 자신이 열고 싶다고 열리는 것이 아닙니다. 성령의 세례를 받아야 합니다. 방언으로 기도하여 성령의 충만함을 받아야 열립니다. 성령으로 충만한 상태에서 말씀을 삶에 적용하면서 체험함으로 열리는 것입니다. 그것도 단번에 열어주시는 것이 아니고 말씀과 성령으로 영적인 수준이 자라는 만큼씩 열어주십니다. 영안은 전적으로 말씀과 성령으로 열리는 것입니다.

그러므로 방언으로 기도하여 성령의 충만함으로 영안이 열려야 정확한 하나님의 말씀의 비밀을 알 수가 있습니다. 성경은 하나님의 말씀입니다. 방언으로 기도하여 성령으로 충만한 영안으로 말씀을 보면 말씀 속에 있는 영적인 비밀이 보입니다. 자신의 나약한 모습이 보여 집니다. 자신이 예수를 믿으면서도 육신에 속한 그리스도인인가, 아니면 예수 그리스도의 보혈로 새롭게 태어난 영적인 그리스도인 인가가 밝히 보여 집니다.

그리고 자신이 교만한 사람인가 겸손한 사람인가가 보여 집니다. 말씀 속에서 영적인 세계가 보여 집니다. 성령의 역사가 보여 집니다. 천사의 세계가 보여 집니다. 악령의 세계가 보여 집니다. 사람의 역사가 보여 집니다. 그리하여 자신이 하나님을 역사를 따라가는 성도인가 아닌가가 보여 집니다. 영안으로 자신을 보면 자신이 사람을 두려워하는 성도인가 아닌가가 보여 집니다. 그리고 예수를 믿더라도 육신에 속하고 세상을 즐기면 마귀가 가차 없이 침입하는 것도 알고 깨닫게 됩니다.

하나님은 말씀만 하시는 하나님이 아니라, 말씀하시고 역사하시고 이루시는 하나님이라는 것도 알게 됩니다. 그리고 성경 말씀 속에서 각종 영적인 원리들을 발견하게 됩니다. 영안으로 말씀을 보면 하나님의 음성을 듣는 원리가 보입니다. 영안으로 말씀을 보면 예언하는 원리와 중요성이 보입니다. 영안을 열어 말씀을 보면 영적인 전쟁을 하는 비결이 보입니다. 영안이 열리면 말씀 안에서 하나님의 복을 받는 방법이 보입니다. 말씀 안에서 성도를 하나님의 군사로 훈련시키는 방법을 깨달아 알고 성령의 역사를 따라갑니다. 그래서 연단이나 훈련의 의미를 깨닫고 하나님에게 감사하며 훈련을 달게 받게 됩니다. 영안에 대하여 자세하게 알고 싶은 분은 **"영안을 밝게 여는 비결"** 책을 읽어보시기를 바랍니다.

성령으로 방언 기도하여 성령으로 영안을 열어 말씀 속에서 하나님의 살아 역사하심을 눈으로 보시기를 바랍니다. 방언으로 기도하여 성령으로 충만한 영의 상태에서 열린 영안으로 말씀을 보니 예수를 믿으면 죽어서 천국 가는 것만 보이는 것이 아니라, 이 땅에서도 하늘나라 천국을 이루면서 영과 진리로 하나님을 예배하면서 아브라함의 복을 받아 세상에 하나님의 나라를 건설하다가 영원한 천국에 들어가는 것을 하나님은 기쁘시게 여기신다는 것을 깨달아 알게 합니다. 방언으로 기도하여 성령으로 충만한 영의 상태에서 영안으로 말씀을 보아야 비밀이 보입니다.

넷째, 하나님의 음성을 듣습니다. 예수를 믿고 성령으로 거듭난 하나님의 자녀는 하나님의 음성을 듣는 것은 생 사간에 문제입니다. 하나님의 음성을 듣고 행해야 기적으로 체험하며 살아갈 수가 있습니다. 하나님의 음성은 방언 기도하여 성령으로 충만한 상태에서 들리는 경우가 보통입니다. 방언으로 기도할 때 하나님의 음성이 들린다는 것입니다. 방언으로 기도하여 성령으로 충만해지니 하나님과 교통할 수 있다는 것입니다. 하나님은 영이시기 때문에 우리가 하나님과 같은 영적인 상태가 되어야 대화가 가능한 것입니다. 그러므로 방언기도를 하나님의 음성을 듣게 하는 적극적인 방법이 될 수가 있습니다. 그래서 성경에 보면 바울은 방언을 통해 우리가 하나님과 직접 대화한다고 말했습니다.

예수를 믿고 성령으로 거듭난 성도들은 사람에게 말하는 것이 아니라, 하나님에게 말하는 것입니다. 하나님의 음성을 듣고 순종해야 하나님과 동행할 수가 있는 것입니다. 세상의 모든 사람들이 하나님에게 말하는 것을 원할 것입니다. 그렇지만 어떻게 하나님과 대화하는지를 알지 못합니다. 우리가 방언을 하는 것은 직접 보좌에 계신 하나님과의 대화를 하는 특권을 가질 수 있다는 말입니다. 걸어 다니는 성전으로 살 때 하나님과 통하는 것입니다.

많은 분들이 방언 기도를 독백으로 생각합니다. 그냥 막연하게 하나님에게 아뢰는 것이 기도인 것으로 착각하는 성도님들이 계십니다. 그러나 방언 기도는 하나님의 소리를 듣는 시간입니다. 그러므로 "기도를 하나님에게 한다," 라는 표현 보다 "하나님의 소리를 듣는 것이다." 라고 표현하는 것이 맞습니다. 하나님은 영이십니다. 방언기도는 예수를 믿는 성도가 영이신 하나님에게 음성을 들으려는 적극적인 수단입니다. 고로 그분의 음성을 들으려면 나의 생각과 의지를 버리고, 오직 영이신 그분에게 집중해야 합니다. 아니 하나님에게 몰입한다는 표현이 맞습니다. 하나님이 영이시기 때문에 방언으로 기도하여 성령으로 충만한 영적인 상태가 되어야 하나님의 음성이 들리는 것입니다. 하나님의음성을 듣고 싶은 분은 **"하나님과 기도하며 대화하기"** 책을 참고 하세요.

그러므로 하나님과 영적인 交통을 위해서는 우리의 육은 무익한 것입니다. 어찌하든지 영적인 상태가 되어야 하나님의 음성(레마)이 들립니다. 레마를 듣고 행동에 옮길 때 여러 가지 보이는 역사가 나타나는 것입니다. 그래서 바울은 (고전14:15)"그러면 어떻게 할까 내가 영으로 기도하고 또 마음으로 기도하며 내가 영으로 찬송하고 또 마음으로 찬송하리라." 고 하는 것입니다. 방언으로 가도하여 마음 안에 임재하신 하나님의 나라와 연결이 되어야 하나님의 음성을 들을 수가 있는 것입니다. 방언기도는 마음 안, 영속에 있는 보화가 나타나게 하는 수단입니다. 성령으로 방언기

도를 많이 하시기를 바랍니다. 자신의 영속의 보화를 자꾸 나타내
시기를 바랍니다. 그리하여 삶이 하늘나라가 되어 아브라함의 복
을 누리시기를 바랍니다.

다섯째, 심령 속, 즉 마음의 상처가 치유됩니다. 생명을 가지고
세상을 살아가는 성도라면 상처가 없는 사람은 극소수입니다. 모
두가 상처가 있다는 말입니다. 필자는 성령으로 치유하는 사역을
전문으로 하는 사람입니다. 사역을 하다가 보면 마음의 상처는 오
만 가지 문제의 원인이 됩니다. 세상을 살아가다가 보면 찌꺼기가
자꾸 들어오게 마련입니다. 이 찌꺼기란 바로 스트레스를 말합니
다. 영적인 성도가 세상을 살아가는 것이 스트레스입니다.

이런 찌꺼기(스트레스)를 바로바로 치유하지 않으면 쌓이게 됩
니다. 찌꺼기가 쌓이면 그곳이 마귀의 거처가 되기 쉽습니다. 그
래서 깊은 영성을 유지하지 못하게 합니다. 성령으로 깊은 방언기
도를 하지 못하게 방해합니다. 무의식에 들어있는 찌꺼기를 처리
해야 성령으로 깊은 방언기도가 가능합니다. 이렇게 마음의 상처
가 쌓였다면 배에서 나오는 소리로 기도를 하여 일단 영의 통로를
열어야 합니다.

그리고 강한 호흡을 하면서 깊은 방언 기도를 하면 성령의 불이
심령에서 올라와 이러한 찌꺼기는 밖으로 밀려 나오는 것입니다.
왜냐하면 내 안에 계신 성령님은 세상의 그 무엇보다도 강하고 크
신 분이시기 때문입니다. 그러므로 성령으로 방언 기도하는 것은
심령을 치유하는 능력이 됩니다. 성령으로 방언기도를 하면 무의
식과 잠재의식에 있는 묵은 상처들이 성령의 역사로 밀려나옵니

다. 이렇게 지속적으로 깊은 영의 상태에서 마음에서 올라오는 방언으로 기도할 때 수많은 상처들이 치유됩니다. 상처가 치유되면서 자연스럽게 귀신들도 떠나갑니다. 자신의 마음 안에 역사하는 귀신은 성령으로 충만한 상태에서 마음으로 방언기도를 할 때 제일 무서워합니다. 그래서 지속적으로 마음으로 방언기도를 하면 귀신들이 성령의 권능으로 밀려서 떠나갑니다.

마음에 상처가 쌓이지 않기 위하여 이렇게 하시기 바랍니다. 하루가 지나기 전에(잠자리에 들어가지 전에) 마음의 방언으로 기도함으로 심령을 정화 하시기를 바랍니다. 그리하므로 항상 깨끗한 심령을 유지 하시기를 바랍니다. 깊은 영의상태에서 마음으로 방언 기도하여 성령이 충만한 상태에서 잠을 주무시는 습관을 드리시기를 바랍니다. 그러면 영성에도 좋고 건강에도 유익합니다. 성령의 인도를 받아 깊은 영의상태에서 마음으로 방언기도를 하면 마음 안에 있는 찌꺼기가 쌓이지 않습니다. 방언기도는 마음의 상처를 치유하여 주는 중요한 영의 활동입니다.

여섯째, 방언 기도할 때 주의해야 할 것도 있습니다. 많은 성도들이 방언기도가 열리면 성령으로 세례를 받았다고 믿어버립니다. 그래서 자기 관리를 등한히 하는 경우가 많습니다. 그런데 고린도전서 14장 14절에 "내가 만일 방언으로 기도하면 나의 영이 기도하거니와 나의 마음은 열매를 맺히지 못하리라"말씀했습니다. 마음과 육체에 열매가 없다는 것은 마음과 육체가 알아듣지 못한다는 것입니다. 그래서 고린도전서 14장 15절에"그러면 어떻게 할까 내가 영으로 기도하고 또 마음으로 기도하며 내가 영으로 찬송하고 또 마음으로 찬송하리라"말씀하시는 것입니다. 마음이 감동을 받아야 이성과 육체에 변화가 일어나기 때문입니다. 필자가 그동안 성령치유 사역을 하면서 체험한 바로는 방언기도가 열려도 심령을 치유해야 한다는 것입니다. 방언기도가 열렸다고 자동으로 성화가 되지를 못합니다. 성화는 예수님의 인격으로 바뀌는 것을 말합니다. 예수님이 주신 것들을 세상에서 누리는 것을 말합니다. 하나님은 모든 성도들이 말씀과 성령의 역사로 성화가 되기를 원하십니다.

성화가 되어야 예수님과 동행하며 이 땅에서 하나님께 영과 진리로 예배를 드리고 심령에 천국을 누리고, 아브라함의 복을 받아 누리며 하나님의 군사로서 이 땅에 하나님의 나라를 건설하다가 천국에 입성할 수가 있기 때문입니다. 하나님은 예수 믿고 살다가 죽어서 천국 가는 것만 원하시지 않는 다는 것입니다. 일부 교회 목회자들이 방언 기도하면 성령으로 세례 받았으니 죽으면 천국갈 수 있다고 합니다. 반대로 방언기도 못하면 성령세례를 받지 못했으니 구원받지 못할 수도 있다고 말합니다.

그런데 여기에 큰 맹점이 있다는 것입니다. 방언기도하면 구원 받았으니 방심한다는 것입니다. 하나님께서 원하시는 성화에 관심을 두지 않는 다는 것입니다. 영적인 일은 관심이 중요합니다. 관심이 없으면 그 분야는 발전하지 못하고 침체하는 것입니다. 이렇게 관심을 두지 않으니 나이가 많아져서 이해하지 못하는 영육의 고통을 당합니다. 이렇게 이해하지 못하는 영육의 고통을 당하는 분들의 유형을 살펴보니, 태아 시절이나 유아시절에 상처를 많이 받은 분들입니다. 집안의 내력이 우상을 숭배한 분들입니다. 조상 중에 무당이 있는 분들입니다. 남묘호랭객교를 믿었던 조상이 있는 분들입니다. 조상 중에 절에 스님이 있는 분들입니다. 이런 분들이 젊은 시절에 방언 기도하는 것으로 만족을 하다가 나이가 들어 체력이 떨어지니 자신 안에 잠재하여 있던 영적인 불 천객이 밖으로 나타나 자신의 전인격을 장악하여 영육의 고통으로 나타나는 것입니다. 그래서 방언 기도하는 것으로 만족하지 말고 말씀과 성령으로 치유되어 성화되어야 합니다. 성화되지 않고 지내면 반드시 나이 들어 영육의 고통을 당합니다. 절대로 방언기도 한다고 성화되지 않습니다. 치유는 자신에게 문제가 있다고 인정해야 치유되기 시작을 합니다. 방언기도 한다고 다된 것으로 생각하지 말고 자신이 성화되는 것에 관심을 갖기를 바랍니다.

충만한 교회에서는 매주 토요일 09:30-12:00까지 개별 특별집중 기적치유 시간을 갖고 있습니다. 한번에 4-6명밖에 할 수 없으므로 1주일 전에 예약을 합니다.

*대상은 이렇습니다. 여기서도 저기서도 치유와 능력을 받지 못한 분/ 성령의 불세례와 방언을 받을분/ 불치병, 귀신역사를 빨리 치유 받을 분/ 목과 허리디스크, 허리어깨통증, 근육통, 온몸이 아프고 무거움에서 치유해방 받고 싶은 분/ 자녀나 본인의 우울증, 공황장애, 조울증, 불면증을 빨리 치유 받을 분/ 가슴이 답답하고 기도하기가 힘이 드는 분/ 축복과 영의 통로를 뚫고 싶은 분/ 성령의 불세례를 체험하고 싶은 분/ 최단기간에 성령치유 능력 받고 싶은 분입니다. (전화 02-3474-0675)

3장 방언기도는 성령으로 해야 한다.

(고전14:22-23)"그러므로 방언은 믿는 자들을 위하지 아니하고 믿지 아니하는 자들을 위하는 표적이나 예언은 믿지 아니하는 자들을 위하지 않고 믿는 자들을 위함이니라. 그러므로 온 교회가 함께 모여 다 방언으로 말하면 알지 못하는 자들이나 믿지 아니하는 자들이 들어와서 너희를 미쳤다 하지 아니하겠느냐"

하나님은 방언기도에 대하여 바르게 알고 성령으로 방언기도를 하라고 하십니다. 방언을 비롯해서 모든 성령의 은사에 대해서 별로 관심이 없거나 오류를 가지고 있습니다. 그 까닭은 성령의 은사에 대하여 영적인 지식이 부족하기 때문입니다. 은사를 연구하고 체험하여 가르쳐야 할 책임이 있는 자리에 있는 사람들이 이 일에 대해서 별로 관심을 가지고 있지 않기 때문입니다.

이유는 이론과 은사가 균형이 잡히지 않은 성도들이 무분별한 은사 사용으로 교회에서 많은 문제를 일으켰기 때문에 거부하게 만든 것이라고 저는 생각합니다. 그리고 성령의 은사가 없어도 교회는 제도와 틀에 의해서 잘 유지되기 때문이었습니다. 그러므로 성령의 은사에 대한 신학적 연구는 근래에 와서 다루어지기 시작했습니다. 많은 분들이 학문적으로 접근하려는 마음가짐으로 인해서 은사를 체험할 여유가 없었습니다. 성령의 은사는 주어진 것을 발견하고 적극적으로 개발하고 사용할 때 더욱 강력해지고 풍성해지는 것입니다. 그러기 때문에 성령의 은사를 받았다고 해도 개발하고 사용하지 않으면 곧 소멸되고 맙니다.

많은 목회자들이 신학생 시절에 또는 평신도 시절에 은사를 받았습니다. 그런데 신학을 공부하는 세월동안 이것을 사용하지 않았고 묵혀 두었기 때문에 위축되고 소멸되어 버렸습니다. 그런데 이분들이 대부분 이 사실을 인정하려고 하지 않습니다. 실제 목회 현장에서 적당하게 율법이나 샤머니즘을 가미어서 목회하는 것이 더욱 유익하다고 생각할 수가 있기 때문입니다. 구태여 성령의 은사가 없어도 말씀만 잘 전하여 성도들이 열심히 믿음생활하게 하면 된다는 사고가 있기 때문입니다. 말씀으로 무장되었으며, 은사는 보조적이기 때문에 말씀이 들어오면 더 이상 필요하지 않은 것이라는 참으로 어처구니없는 변명을 말합니다.

따라서 성령의 은사에 대한 연구가 부족하기 때문에 은사란 일부 사람에게만 주어지는 것이라고 주장을 합니다. 특별한 사명이 있는 사람에게만 은사를 주신다고 생각을 합니다. 성령의 은사를 받지 않은 사람은 그 일을 할 수 없거나 할 필요도 없다고 주장합니다. 많은 분들이 성령의 은사는 하나님에게 특별한 사명을 받은 사람에게 나타나는 것이라고 합리화 합니다. 자신은 특별한 사람이 아니기 때문에 은사가 필요 없다는 것입니다. 신령한 은사와 능력을 우리는 오해하고 있는 것입니다.

은사는 주신 분의 뜻에 따라서 주어지는 것이며, 우리의 노력이

나 의지와는 상관이 없다고 생각합니다. 그래서 은사를 받지 않은 사람은 그 일을 할 필요도 없고 할 수도 없다고 생각하는 것입니다. 고린도전서에 기록되어 있는 은사는 '지혜의 말씀의 은사' '지식의 말씀의 은사' '믿음의 은사' '신유의 은사' '기적을 행하는 은사' '예언의 은사' '영분별의 은사' '방언의 은사' '방언 통역의 은사' 등이 있습니다. 이 아홉 가지 은사는 성령의 은사를 받은 사람에게만 나타나는 것이 아닙니다. 신유의 은사를 받지 못해도 병든 사람을 위해서 기도할 수 있으며, 병이 고침을 받습니다. 신유의 은사가 없다고 해서 병자를 위한 기도를 포기해서는 안 됩니다. 믿음의 은사가 없다고 해서 우리가 믿음이 없는 것이 아닙니다. 믿음을 가지고 어떤 시련도 이기며, 복음을 전합니다. 우리가 믿음의 은사가 없다고 해서 믿고 행하는 일을 하지 말아야 합니까?

영을 분별하는 은사가 없다고 해서 마귀의 일인지 하나님의 일인지 분별할 수 없는 것이 아닙니다. 이 아홉 가지 은사가 지니는 속성들은 모든 성도들이 다 할 수 있는 일입니다. 개인에게 성령의 은사가 나타나면 은사와 관련된 주님의 일에 전념할 수 있는 직임으로 자라나게 됩니다. 그리고 성령의 은사를 통해서 교회에 유익을 끼칠 마음을 강하게 합니다.

교회에 유익을 끼칠 마음을 가진 성도들에게 영향을 주는 위치로 나갈 수 있도록 은사가 주어지는 것입니다. 그리고 장차 직임을 가지고 그 일에 전념하게 될 사람에게 은사가 주어지는 것입니다. 그러므로 바울은 고린도전서 12: 29~30절에서 "다 ……이겠느냐"고 반문하는 까닭이 여기에 있는 것입니다. 모든 사람이 이런 기능을 부여받습니다. 그러나 모든 사람이 다 그 직임으로까지 성장할 수는 없다는 것입니다. 그 직무를 감당할 수 있기 위해서는 반드시 은사를 받아야 한다는 것입니다. 때로는 성령께서 필요할 때 병을 고치도록 감동하시고 역사하시기도 합니다. 따라서 우리는 성령께서 감동하시면 병을 고치는 기도를 할 수 있습니다.

그러니까, 꼭 은사가 있어야 사역을 할 수 있는 것이 아닙니다. 이것을 오해해서 우리가 마땅히 해야 할 일까지 하지 않고 '내게는 그런 은사가 없기 때문에 할 수 없다'고 말하는 경우가 있습니다. 그 대표적인 것이 방언에 대한 오해입니다. 방언을 말하지 못하는 것은 내게 은사가 없기 때문에 못하는 것으로 여깁니다. 문제는 방언기도를 하려고 하지 않고 기대도 하지 않는 일입니다. 방언기도는 우리가 하나님의 비밀에 참여하는 중요한 수단을 제공하는 기능으로 쓰임을 받는 것입니다.

깊은 영의 상태에 들어가기 위해서 우리의 영이 기도하고 성령의 도움이 있어야 합니다. 우리의 영이 기도하는 수단으로 가장 효과적인 것이 방언기도입니다. 성령께서 말할 수 없는 탄식으로 기도하는 수단 역시 방언기도입니다. 물론 방언을 하지 못하는 사람에게 있어서 다른 수단들이 있습니다. 묵상과 침묵, 명상, 영상기도입니다. 방언이 일반적으로 사용되지 못했던 시대에는 이 묵상과 침묵기도 명상기도의 방법으로 주님의 깊은 임재에 들어가고 성령께서 기도하는 수단이 되었습니다.

묵상과 침묵은 명상은 우리에게는 매우 낯선 기도방법이며, 소수의 영적인 일에 관심을 가진 수도사들에게만 알려졌던 기도 방식입니다. 그래서 일반적인 성도들은 오랜 세월동안 영의 기도를 하지 못하였고 따라서 성령의 인도하심을 받는 일은 거의 불가능에 가까웠습니다. 그러므로 교회는 성령의 인도하심이라는 말에 생소하며, 오직 말씀을 배우고 가르치는 일이 전부인 줄 알고 그렇게 행하는 것입니다.

이런 제도화된 교회의 틀 속에서 신앙생활을 하기 때문에 우리가 구약적인 삶의 방식에서 벗어날 수 없었다는 것입니다. 이런 까닭은 모두가 방언기도에 대한 이해가 부족한 까닭이며, 방언을 은사로만 이해했기 때문입니다. 방언 역시 다른 은사들처럼 은사의 부분이 있고, 하나님의 자녀로서 마땅해 갖추어야 하는 기본적인 기능으로 광범위하게 주어지는 것이 있습니다. 이것은 은사로서의 방언과 다른 성격을 지니는데 믿음의 은사를 예를 들어 설명하면, 모든 그리스도인은 믿음을 가지고 있습니다. 이 믿음이 없으면 주를 시인할 수도 없으며, 구원을 받을 수도 없습니다.

구원의 요소로서의 믿음과 은사로서의 믿음과 일상적인 영적 삶을 살아가기 위해서 주어지는 믿음은 다릅니다. 이것을 자로 긋듯이 구분할 수 있는 성격은 아니며, 명쾌한 설명 역시 불가능할 것입니다. 그러나 은사로서의 믿음은 다른 은사를 감당할 수 있는 믿음을 의미합니다. 제가 **"신유은사와 고질병 순간치유"** 책에서 말한 것과 같이 한쪽 다리가 짧아서 고통을 당하는 사람이 있습니다. 이 사람에 대해서 신유의 은사를 가진 사람이 기도할 때 믿음의 은사가 부족하면 환부에 손을 얹고 하나님께서 다리를 고쳐주시기를 간구할 것입니다. 간절한 마음으로 다리를 고쳐주셔서 건강하게 다닐 수 있게 해 주시기를 간구합니다.

지식의 말씀의 은사로 보면 대퇴골에 이상이 있어서 짧아진 것을 환상을 통해서 보게 됩니다. 또 골반이 틀어져서 한 쪽 다리가 짧아진 것을 알게 됩니다. 그러면 문제가 여기에 있다는 사실을 알고 대퇴골이 정상으로 자리를 잡도록 성령의 권위로 명령합니다. 여기에 믿음의 은사로 골반을 돌리면서 정상으로 돌아올 것을 선포합니다. 짚고 다니던 목발을 부셔버리면서 일어나 걸으라고 명령하며 하나님이 고쳐주셨다고 선포합니다.

믿음의 은사가 없으면 이런 과감해 보이는 행동을 할 수 없습니다. 팔이 오그라든 환자의 팔을 잡고 성령의 임재를 요청하고 기도하면 관절이 부서지는 소리가 나고, 근육이 찢어지는 것과 같은 소리가 나며, 환자는 고통스러워합니다. 그런데 저는 환자의 소리에 전혀 개의치 않고 과감하게 팔을 잡고 기도합니다. 그러자 팔이 펴지고 오그라든 팔이 정상적으로 움직여지며 통증도 사라집니다. 이런 치유는 믿음의 은사가 없이는 절대로 불가능합니다. 예언자에게 믿음의 은사가 있으면 아무도 할 수 없다고 생각되는 일을 과감하게 진행시킵니다. 전혀 불가능한 일을 추진하고 이루어냅니다. 무모해 보이는 도전을 제가 아무 거리낌 없이 행하는 배경에는 믿음의 은사가 있기 때문입니다. 이와 같이 은사로서의 방언은 각종 방언을 말하게 됩니다. 일반적인 방언은 단조롭고 한 가지 톤으로 오랫동안 계속하지만 은사로서의 방언은 각종 방언을 수시로 말하게 됩니다.

방언에는 여러 가지 종류가 있고 은사에 따라서 직임에 따라서 다르다고 설명했습니다. 이와 같은 다양한 방언은 일반적인 성도들이 다 할 수 없는 것입니다. 이것을 바울이 지적해서 "모두가 방언으로 말하는 사람이겠습니까?"라고 질문한 것입니다. 기본적인 믿음을 가지고 신앙생활을 하듯이 모든 성도들은 방언을 함으로써 주님과의 친밀함을 누리는 영의 기도를 할 수 있게 됩니다. 성령의 탄식하는 기도를 할 수 있게 됩니다.

방언은 우리가 기도하는 것이 아니라, 성령이 우리의 영을 통하여 기도하는 것입니다. 성령 안에서 방언으로 기도할 수 있어야 이 기도를 이해할 수 있습니다. 풍성한 영의 작용을 느끼고 받아들여 응답할 수 있게 되는 것입니다. 그럼에도 불구하고 우리는 방언을 단순히 은사로만 생각하고 하지 못하면 그만이라고 생각해 온 것입니다. 우리의 믿음은 그냥 얻어진 것입니까? 아닙니다. 하나님의 섭리하심과 구원의 계획이 있었지만 그것을 우리가 받아들여 고백했을 때 얻어지는 것입니다.

방언을 말하기 위해서 우리가 해야 할 부분이 있습니다. 그것은 성령 충만을 구해야 하며, 그 가운데에서 방언으로 말하기를 사모하고 입을 열어 기도해야 할 것입니다. 하나님의 은혜는 서로 위하여 기도하고 기름부음이 임하도록 서로 간구해줄 때 더욱 잘 이루어집니다. 그러므로 방언으로 기도하기를 사모하면서 위하여 서로 기도해주어야 합니다. 물론 방언을 말하지 않고 깊은 기도로 들어가는 길이 많이 있습니다. 다른 방법으로 주님과 친밀함을 누리고 각종 계시를 받을 수 있다면 그 방법도 좋습니다.

그러나 방언은 많이 보편화 되었기 때문에 깊은 기도로 들어가는데 쉬운 길을 제공해줍니다. 우리의 영이 직접적으로 기도하는 가장 손쉬운 방법이며, 효과적이기 때문에 이 방법으로 기도하면 다른 방법 보다 더 간단하고 쉽게 영의 세계로 들어갈 수 있는 것입니다. 방언으로 기도하려면 먼저 이렇게 하시기를 바랍니다. 코로 호흡을 배꼽아래 10센티까지 들이쉬고 내쉬면서 방언기도를 하시기를 바랍니다. 이렇게 깊은 속에서 방언기도가 올라와야 성령으로 방언기도를 할 수가 있습니다. 이를 이해하려면 **"하나님의 집 성전이 되는 비밀"** 책을 읽고 깨달아야 가능합니다.

방언을 비롯해서 모든 은사들은 은사로서만 수어지는 것이 아님을 알아야 합니다. 성령의 은사는 그 일에 더욱 깊은 의미를 깨닫고 주님의 집중적인 가르침을 받을 수 있는 자리로 이끌어갑니다. 성령의 은사를 통해서 전문 분야의 사역자로 주를 섬기게 되는 직임을 얻게 된다는 점에서 일반적으로 주어진 하나님의 자녀로서의 의무와 권세와는 다른 것입니다. 누구나 구제할 수 있고, 누구나 가르칠 수 있으며, 누구나 상담할 수 있습니다.

그러나 이런 부분에 성령의 은사가 없으면 그 사람은 그 일을 취미 정도로 합니다. 성령의 은사는 취미를 벗어나 전문가가 되는 길을 여는 수단이 되며, 은사가 없으면 아무도 그 일을 제대로 감당할 수 없습니다. 그렇기 때문에 사명이 있으면 반드시 사명을 감당할 은사가 주어지는 것입니다. 왜냐하면 주님으로부터 계속적으로 능력을 공급 받을 수 없기 때문입니다. 구제의 은사가 있을 때 그 사람에게는 많은 물질이 부어지게 되며, 그 일로 수많은 사람들을 도와줄 수 있습니다. 일시적으로 자신이 가진 것 일부를 드려 가난한 사람을 도울 수 있지만, 그 일이 본업이 되다시피 계속할 수는 없습니다. 전도의 일은 누구나 다 해야 하는 일이지만 전도의 은사가 없으면 일시적으로 끝나고 맙니다.

방언은 누구나 할 수 있고 해야 하는 영의 기도수단입니다. 그러므로 방언의 은사가 없다고 해서 포기하지 마십시오. 그리고 방언을 말한다고 해서 다 방언의 은사를 받은 것이 아닙니다. 방언의 은사를 받으면, 각종 방언을 말하게 됩니다. 그런즉 성도는 방언 말하기를 힘써야 합니다. 기도할 때 방언으로 기도하는 시간을 많이 가지십시오.

바울은 누구보다도 방언으로 기도하기를 더 많이 했다고 말합니다. 그는 방언에 대해서 유익이 무엇인지를 누구보다도 더 잘 알고 있다는 의미입니다. 방언을 많이 함으로써 무엇이 유익한 것인지를 알게 됩니다. 영이 강건해져야 하나님의 음성을 분명하게 들을 수 있습니다. 방언은 우리 영의 기도입니다. 그리고 대부분 방언을 말하는 사람들의 방언은 은사로서의 방언이 아니라, 영의 기도 수단으로서의 방언이라는 점도 알아두어야 합니다.

4장 방언기도하면서 얻게 되는 유익

(고전14:39-40)"그런즉 내 형제들아 예언하기를 사모
하며 방언 말하기를 금하지 말라 모든 것을 적당하게 하고
질서대로 하라"

하나님은 성도들이 성령의 지배가운데 성령으로 방언으로 기
도하여 영적으로 성숙하기를 원하십니다. 방언에 대한 성경의 기
록은 예수님의 십자가와 부활 사건 이후 50일 만에 예수님의 제
자들이 마가 요한의 다락방에 모여 간절히 기도할 때 강한 바람
같은 소리가 나고 불의 혀같이 갈라지는 것이 각 사람 머리위에
하나씩 임하여 있더니 모두다 성령의 충만함을 받고 성령이 말하
게 하심을 따라 방언으로 말하기 시작했다고 기록되고 있습니다.
그 후에 베드로가 이탈리아의 백부장 고넬료의 집에 가서 말씀을
전할 때 듣는 자들 위에 성령이 임하시고, 그들이 방언도 하고 예
언도 했다고 성경은 기록하고 있습니다. 그일 후에 상당한 기간이
지난 때에 바울이 에베소에 가서 그곳에 모인 제자들에게 말씀을
증거하고 안수하매 성령이 임하시므로 그들이 성령을 받고 방언
도 하고 예언도 했다고 기록하고 있습니다.

첫째, 방언은 성령 충만의 확신을 준다. 사도행전 2장 1절로 4절
에"오순절 날이 이미 이르매 그들이 다 같이 한 곳에 모였더니 홀

연히 하늘로부터 급하고 강한 바람 같은 소리가 있어 그들이 앉은 온 집에 가득하며 마치 불의 혀처럼 갈라지는 것들이 그들에게 보여 각 사람 위에 하나씩 임하여 있더니 그들이 다 성령의 충만함을 받고 성령이 말하게 하심을 따라 다른 언어들로 말하기를 시작하니라"고 기록되어 있는 것입니다. 사도행전 2장 33절에도 "하나님이 오른손으로 예수를 높이시매 그가 약속하신 성령을 아버지께 받아서 너희 보고 듣는 이것을 부어 주셨느니라"말씀하셨습니다.

성령이 감화, 감동하고 우리 마음에 임하신 것과 성령 세례 받는 것은 또 다른 체험인 것입니다. 성령 세례 받으면 눈으로 보고 귀로 들을 수 있는 증거로써 방언이 나타났다고 성경은 말하고 있습니다. 마가복음 16장 17절에도 "믿는 자들에게는 이런 표적이 따르리니 곧 저희가 내 이름으로 귀신을 쫓아내며 새 방언을 말하며"라고 성경은 분명히 말하고 있는 것입니다.

왜, 방언을 말하느냐고 사람들이 묻습니다. 그 대답은 방언을 말하게 되면 내가 성령으로 충만했다는 확증이 마음속에 생겨나기 때문입니다. 필자도 성령세례 받기 위해서 오랫동안 기도를 했습니다. 어떤 날은 성령이 충만한 것 같아서 기분이 매우 좋다가 어떤 날은 기운이 스산하고 괴로울 때는 '아~ 성령세례 안 받았구나!' 하루에도 몇 번이나 성령세례 받은 것 같기도 하고 안 받은 것 같기도 하고 그러다가 제가 방언을 말하기 시작하자 비로소 마음속에 확증이 생겼습니다. 사도들이 성령으로 세례받고 방언을 말한 것처럼 나도 방언을 말했으니 기분이 좋든 나쁘든 날이 맑은 날이나 날이 흐린 날이나 나는 성령세례 받은 사람이다. 성령님이 동행하는 사람이다. 왜, 그 증거가 내 입에서 나오는 방언이 있지 않느냐. 그래서 방언을 말하면 성령세례를 받았다는 확실한 증거를 가지고 의심하지 않고 믿음으로 나갈 수가 있기 때문입니다.

둘째, 방언은 하나님과 깊은 교통을 나누는 비밀한 언어이다. 고린도전서 14장 2절에 "방언을 말하는 자는 사람에게 하지 아니하고 하나님께 하나니 이는 알아 듣는 자가 없고 그 영으로 비밀을 말함이니라" 말씀을 했고, 고린도전서 14장 14절에도 "내가 만일 방언으로 기도하면 나의 영이 기도하거니와 나의 마음은 열매를 맺히지 못하리라" 한다고 말했습니다. 방언기도는 알아듣는 자가 없습니다. 내가 방언을 해도 나도 못 알아들으니까. 내 마음이 하는 것이 아니라, 내 영이 성령으로 더불어 하나님께 기도하고 그것은 하나님과 우리 사람 사이에 비밀의 기도이기 때문에 사탄도 알아듣지 못합니다. 비밀이란 누가 알아들으면 비밀이 안 됩니다. 공개된 것입니다. 방언기도만은 내 마음도 알아듣지 못하고 사탄도 알아듣지 못합니다. 비밀하게 하나님과 교통하는 것입니다.

요사이 젊은이들이 말하는 것을 들으면 사실 못 알아듣는 말이 많이 있습니다. 우리 어른들에게는 비밀스러운 말입니다. 젊은이들은 선생님을 요사이 '샘'이라고 말하고 있습니다. 정말 좋다. 최고다. 라는 표현으로는 '짱'이라고 말합니다. 그래서 얼굴이 예쁘면 '얼짱' 몸이 좋으면 '몸짱' 그렇게 말합니다.

우리가 알아들을 수 없습니다. 그리고 반가워요 하는 말은 '방가' 그렇게 말합니다. 그리고 '썰렁하다'하면 재미없다는 말입니다. '얄딱꾸리하다'는 것은 이상하다는 말인 것입니다. '열 받는다. 뚜껑이 열린다'는 것은 화가 난다는 말입니다. '초딩, 중딩, 고딩'하면 초등학교, 중등학교, 고등학교라는 것입니다.

알아들을 수가 없습니다. 자기들끼리 비밀을 말하는 것입니다. 컴퓨터 채팅을 하거나 핸드폰으로 문자를 보내는 것을 보면 기가 막힙니다. 글자는 하나도 없고 기호나 그림 같은 것을 서로 주고받는데 나 같은 사람이 보면 그게 글인지 그림인지 도무지 알 수가 없습니다. 그런데도 젊은이들끼리는 서로 잘 통합니다. 왜 그렇습니까? 그것은 그들만이 주고받는 언어이기 때문입니다.

이처럼 우리가 방언을 말하면 우리와 하나님 사이에만 통하는 말이 됩니다. 우리의 영은 우리의 사정을 알기 때문에 마귀가 알아듣지 못하게 하나님께 우리를 위해서 간절히 기도를 해주는 것입니다. 사탄이 알면 미리 가서 다 방해를 하기 때문에 안 됩니다. 우리가 말로 하면 마귀가 알아듣고서 미리 훼방을 놓을 수 있지만 우리의 영이 마귀도 알아듣지 못하고 우리 마음도 알아듣지 못하게 우리의 속사정을 하나님께 방언으로 다 아뢰면 하나님이 알아들으시고 우리를 위해서 역사해 주기 때문에 마귀도 속수무책이고 훼방할 수가 없게 되는 것입니다. 그러므로 하나님과 비밀적인 언어로써 기도한다는 것은 굉장히 중요하고 그 비밀의 언어가 바로 방언인 것입니다.

셋째, 방언은 자기 신앙의 덕을 세운다. 고린도전서 14장 4절에 "방언을 말하는 자는 자기의 덕을 세우고 예언하는 자는 교회의 덕을 세우나니"라고 말한 것입니다. 덕이란 말은 헬라어로 '호이코스 데모'라고 말합니다. 그것은 두 단어로 되어 있는데 '호이코스'라는 말은 '집'이라는 말이고 '데모'라는 말은 '집을 지어 올라간다'는 말입니다. 그러므로 방언을 말하는 사람은 자기의 신앙의 덕을 세운다는 것은 방언으로 계속 기도하면 자기 신앙의 집이 점-점-점 더 강하게 지어진다는 것입니다. 방언으로 기도를 많이 하면 마음속에 성령으로 믿음의 기운이 꽉 들어차게 되는 것입니다.

필자는 제 개인의 체험으로 언제나 치유집회에 나가서 말씀을 전하기 전에 30분 내지 1시간동안 마음속에서 올라오는 방언으로 기도하면 마음속에 성령이 충만하게 됩니다. 성령으로 말미암아 믿음이 충만하게 들어차는 것입니다. 치유집회 할 때 대중 앞에서 귀신도 쫓아내야 되고, 내적치유도 하여 많은 병자를 고쳐야 되는데 그때 방언으로 기도하지 아니하면 마음에 불안과 두려움이 찾아옵니다. 두려움이 마음에 들어차기 때문에 말씀이 있어도 실천을 할 수가 없습니다. 그러나 마음속에서 올라오는 방언으로 30분내지 1시간 기도하고 나면 마음에 평안이 찾아옵니다. 마음에 담대함이 생깁니다. 담대함으로 대중 앞에서 두려움 없이 귀신을 쫓아내고 병자를 위해 기도하고 내면의 상처를 치유하는 치료의 역사를 베풀 수가 있는 것입니다.

그러므로 방언기도는 목회하는 우리들에게는 얼마나 절실한지 모릅니다. 필자가 지금 원고를 적으면서도 마음속에서 올라오는 방언으로 기도하고 있습니다. 방언기도는 내가 다 아는 하나님 말씀, 내가 이미 믿고 있는 사실이지만, 그것이 하나님의 성령의 능력으로 내 마음에 꽉 들어차게 만들어 주는 놀라운 역사를 일으켜 주는 것입니다. 그렇기 때문에 방언 기도를 하면 자기의 신앙의 덕이 세워지고 예언을 하면 교회의 덕이 세워집니다. 예언은 오늘날 설교의 말씀을 말하는 것입니다.

　설교를 깊이 있게 은혜롭게 하면 성도들이 설교를 듣고 마음속에 믿음이 쌓아지고 힘이 있어지지 않습니까? 좋은 설교를 들으면 믿음이 덕이 세워지는 것입니다. 믿음이 강해지고 믿음이 높아지는 것입니다. 이처럼 방언기도는 다른 사람 들으라고 하는 것이 아닙니다. 자기와 하나님 사이에 기도하지만, 방언기도는 자기의 신앙의 집이 쌓아져 가는 것입니다. 그러므로 이 세상에 살면 마귀는 우리의 신앙의 집을 자꾸 허물려고 합니다. 마귀를 통해서 신앙의 집이 무너지고 문드러지지만은 방언을 말하면 신앙의 집을 자꾸 지어가는 것입니다. 그렇기 때문에 우리는 이 어려운 세상에 살면서 매일매일 방언기도를 함으로써 자기 신앙의 덕이 꽉 들어차서 자기도 신앙에 튼튼하고 다른 사람에게도 신앙을 전달할 수 있는 믿음의 기가 꽉 들어찬 사람이 되어야 합니다.

넷째, 방언은 심령의 허전함에서 해방시켜 준다. 이사야 28장

11절로 12절을 보겠습니다. "그러므로 생소한 입술과 다른 방언으로 이 백성에게 말씀하시리라 전에 그들에게 이르시기를 이것이 너희 안식이요, 이것이 너희 상쾌함이니 너희는 곤비한 자에게 안식을 주라 하셨으나 그들이 듣지 아니하였으므로" 생소한 입술과 다른 방언이라고 말한 것입니다. 생소한 입술을 영어로는 "스테머링 립스"라고 하는데 푸~우 하는 이것이 생소한 입술입니다.

어떠한 사람은 방언으로 기도한다고 하면서 '따따따따따' 하는 사람이 있습니다. "저게 무슨 소리냐. 저게 무슨 방언이냐?" 그러나 생소한 입술입니다. 성령이 오시면 방언을 말할 때 그렇게 우리가 듣기에는 입술 떠는 어린 아이의 소리 같지만 그러나 그것도 하나님이 우리에게 말씀하시는 일종의 방법인 것입니다. 생소한 입술과 다른 방언으로 이 백성에게 말씀하시리라. 전에 그들에게 이르시기를 이것이 너희 안식이요, 이것이 너희 상쾌함이라고 말한 것입니다. 방언은 우리에게 안식을 주고 우리에게 상쾌함을 준다고 말하고 있는 것입니다. 오늘날 많은 사람들은 마음에 상쾌함이 없고 여유와 기쁨을 잃은 채로 살아갑니다. 스트레스를 받아서 마음에 병이 들어차고 염려, 근심, 불안, 초조, 절망이 가득 들어찹니다. 아무리해도 마음에 다가오는 불안과 공포, 염려가 사라지지 않습니다. 오늘날 같이 경제적으로 어렵고 내일을 바라볼 수 없는 불안에 싸였을 때 모든 사람들은 스트레스에 처해 있고 즐거움이 없습니다. 슬픔이 꽉 들어차고 조금만 잘못하면 서로 분쟁을 하고 논쟁을 하게 되는 것입니다. 어떻게 하면 우리는 이 마음속에 깊이 있는 스트레스 염려, 근심, 불안, 초조, 절망에서 해방되어 마음에 상쾌함을 가지고 평안을 얻을 수가 있겠습니까? 마음 속에서 올라오는 방언으로 기도하면 마음에 상쾌함을 가지고 평안을 얻을 수가 있습니다.

오늘날 우리 모든 사람들은 무의식에 상처를 가지고 있습니다. 심리학자들은 말하기를 우리는 현재의식과 잠재의식이 있는데 우리가 깨닫지 못하는 우리의 의식 10분의 9가 잠재의식이라고 말합니다. 우리가 이 세상에서 당하는 염려, 근심, 불안, 초조, 절망, 고통을 현재에 감당하지 못하니까 전부 잠재의식 속에 밀어 넣습니다. 마음의 잠재의식 속에 모두 다 밀어 넣어 놓고 있습니다. 마음의 잠재의식 속에 밀어 넣은 염려, 근심, 불안, 초조, 절망, 고통, 괴로움이 냄새를 풍깁니다.

아무 일도 없는 것 같은데 냄새가 납니다. 마음에 슬프고 고통스럽고 혹은 머리가 아프고 관절염이 다가오고 가슴이 두근거리고 소화가 안 됩니다. 그런데 아무 이유가 없습니다. 왜 그럴까? 왜 그럴까? 왜 그럴까? 사람들은 그 마음속에 잠재의식 속에서 이러한 모든 것들이 부패하고 썩어져가고 있다는 것을 모르고 있는 것입니다. 우리의 잠재의식 속에 상처 입은 모든 것들이 어떻게 청소될 수 있습니까? 우리가 현재 생각하기 싫은 것은 전부다 밀어 넣고 있습니다. 나는 잊어 버렸다고 하지만 잊어버린 것은 하나도 없습니다. 모두다 우리의 잠재의식 속에 밀어 넣고 있는 것입니다. 이것을 청소할 수 있는 길이 어디 있습니까?

요사이는 정신분석학자나 심리학자를 찾아가서 꿈 해석을 해주고 여러 가지 질문을 해서 속에 감추어진 것을 풀어내 주어서 마음을 고치고 마음으로 말미암아 다가온 질병들을 고치려고 합니다. 그러나 마음속에서 올라오는 방언으로 기도하면 방언은 우리가 알지 못하는 말로써 우리 안에 계신 성령이 우리 마음의 잠재의식 속에 역사하셔서 청소해 주는 것입니다. 성령이 방언이란 빗자루를 들고 들어가서 깨끗하게 우리의 마음속에 있는 무의식과 잠재의식 속에 있는 모든 불안, 초조, 절망, 미움, 원한, 상처 입은 것을 다 쓸어서 청산해 주는 것입니다.

그렇기 때문에 쾌쾌한 냄새가 없어지는 것입니다. 마음이 평안해지고 상쾌해지는 것입니다. 방언기도를 오래하면 마음이 상쾌해지고 날이 갈 듯이 기뻐지는 것은 아주 어두컴컴한 방에 썩어져 가는 것이 잔뜩 있던 것들을 청소하고 나면 방안이 상쾌해지고 즐거워지는 것과 똑같은 것입니다. 내 마음의 무의식이 청소가 되고 깨끗해지면 마음속에서 향기가 나고 즐거움이 있습니다.

미국의 어느 종교단체에서 발표한 것을 보니까 방언을 말하는 사람 중에는 정신병을 앓고 있는 사람이 하나도 없었다고 말했습니다. 왜냐하면 방언기도를 하므로 성령이 역사하여 정신병을 유발할 수 있는 마음의 상처가 다 치료되고 청소되어 버리기 때문인 것입니다. 그렇기 때문에 마음속에서 올라오는 방언기도는 개인의 마음을 청소하고 내 마음에 감추어진 상처를 치료하는데 많은 도움이 되고 축복이 되는 것입니다. 왜 방언을 말하는가. 알아듣지도 못하는 것을 왜 하느냐?

우리 진공청소기로 청소 같은 것 할 때 어떻게 진공청소기가 작동하는지 모릅니다. 요란한 소리가 나지만 청소가 됩니다. 왜 그런지 이유는 몰라도 기계가 돌아가서 청소가 됩니다. 성령으로 지배된 가운데 마음속에서 올라오는 방언으로 기도하는 이유가 뭐냐, 알아듣지도 못하는데 왜 하느냐? 몰라도 우리 마음속에 청소가 되니까 하는 것입니다. 마음 안에 주인이신 성령으로 내 마음에 숨은 곳이 청소가 됩니다. 마음에 숨은 사람이 목욕을 하고, 청소가 되고, 건강하게 되고, 치료에 대해서 우리가 상쾌하고 평안하고 즐거운 긍정적인 신앙을 가질 수가 있게 되는 것입니다.

다섯째, 방언은 말할 수 없는 탄식의 기도이다. 로마서 8장 26절로 27절을 보십시다. "이와 같이 성령도 우리 연약함을 도우시나니 우리가 마땅히 빌바를 알지 못하나 오직 성령이 말할 수 없는 탄식으로 우리를 위하여 친히 간구하시느니라 마음을 감찰하시는 이가 성령의 생각을 아시나니 이는 성령이 하나님의 뜻대로 성도를 위하여 간구하심이니라" 성령도 우리 연약함을 도우십니다. 우리는 연약합니다. 우리는 미래에 한 치도 내다보지 못하고 있습니다. 앞날에 우리에게 무슨 일이 일어날지 모르죠. 자기 스스로 아무것도 할 수 없는 너무나 연약한 존재요. 그렇기 때문에 언제나 불확실 속에 살고 있기 때문에 늘 불안하죠. 그런데 이런 연약함을 성령이 우리를 도와주기 위해서 와서 친히 도와주십니다. 성령이 말할 수 없는 탄식으로 우리를 위해서 기도해 주므로 미래에 불확실성 속에 불안을 가지고 있는 우리 마음속에 평안을 주는 것입니다. 성령이 어떻게 말할 수 없는 탄식으로 기도합니까? 성령의 기도는 방언기도인 것입니다. 방언을 통하여 아주 탄식하듯이 간절한 마음으로 기도하는 것입니다.

성경은 약속해 주지 않습니까? 우리가 마땅히 빌 바를 알지 못하나 성령도 우리 연약함을 도우시나니. 성령이 말할 수 없는 탄식으로 우리를 위해서 친구 간구하시니라. 얼마나 좋습니까? 그러므로 성령은 우리를 돕기 위해서 24시간 우리와 함께 계시면서 우리가 성령께 맡기면 말할 수 없는 탄식으로 기도해 주시므로 위험에서 벗어날 수 있도록 도와주시는 것입니다.

여섯째, 방언은 통역이 따르면 예언과 같다. 고린도전서 14장 13절에 "그러므로 방언을 말하는 자는 통역하기를 기도할찌니"라고 말했고, 고린도전서 14장 3절에 "그러나 예언하는 자는 사람에게 말하여 덕을 세우며 권면하며 안위하는 깃이요"라고 밀했습니다. 방언을 통역하면 예언과 같습니다. 방언을 하면 성경에는 통역하기를 간구하라고 말씀하셨습니다. 방언을 직접 통역 안 해도 그 나라 말로써 알아듣게 할 때도 있고 또 통역을 통해서 예언처럼 알려 드릴수도 있는 것입니다.

일곱째, 방언은 깊고 오랜 기도를 가능하게 한다. 고린도전서 14장 15절에 "그러면 어떻게 할꼬 내가 영으로 기도하고 또 마음으로 기도하며 내가 영으로 찬미하고 또 마음으로 찬미하리라" 말씀합니다. "영으로 기도하고 또 마음으로 기도하며 내가 영으로 찬미하고 또 마음으로 찬미하리라"는 성령의 지배가운데 오래기도하라는 말씀으로 이해할 수도 있습니다. 성령의 지배가운데 오래 기도해야 성령으로 충만하게 살아갈 수가 있습니다.

바울선생은 방언기도를 많이 하신 분입니다. 기도란 오래하면 오래할수록 신령해지고 오래하면 오래할수록 하나님과 깊은 교제를 합니다. 바닷물도 찰랑거리는 해변에 있는 것보다도 자꾸 깊이 걸어서 들어가면 나중에 깊은 물속에 헤엄을 치게 됩니다. 에스겔의 환상에서 보면 그가 강을 건너는데 제일 처음에는 발목에 채입니다. 그 다음에는 무릎에 채입니다. 그 다음에는 강물이 허리에 채입니다. 그 다음 헤엄치게 되었다고 했습니다.

오늘날 성령이 충만한 것도 발목에 충만한 정도는 교회에 끌려 다니는 사람이고 무릎까지 충만한 사람은 꿇어 앉아 기도하는 사람이고 허리까지 충만한 사람은 이제 주님께 맡긴 사람이고 헤엄치는 사람은 충만한 사람인 것입니다.

성령이 충만해지려면 오래 기도해야 합니다. 한 5분 10분 기도해서는 성령 충만할 수 없습니다. 적어도 40분 이상을 해야 성령으로 충만 받을 수 있습니다. 오래 기도할 수 있으려면 어떻게 해야 합니까? 내가 아는 말로만 오래 기도할 수가 있을까요? 바울은 말하기를 "내가 아는 말로 기도하고 영으로 방언으로 기도하고 아는 말로 찬송하고 영으로 방언으로 찬송한다." 방언기도를 하면 내가 알아듣지 못하지만 오래오래 기도할 수 있는 것입니다. (엡6:18)"모든 기도와 간구로 하되 무시로 성령 안에서 기도하고 이를 위하여 깨어 구하기를 항상 힘쓰며 여러 성도를 위하여 구하고" 여기에 성령 안에서 기도하라는 것은 성령으로 방언기도를 하라, 그 말씀인 것입니다. 제가 3-4시간 이상씩 기도한다고 하면 사람들이 눈을 휘둥그레 뜹니다. 3-4시간 이상 할 말이 없지 않습니까? 하루에 1시간 이상 기도하라고 하면 할 말이 없다는 것입니다. 무슨 할 말이 그렇게 많으냐? 내 자신을 위한 기도와 가족을 위한 기도, 교회를 위한 기도하고 나면 할 말이 없는데, 많이 했다고 시계 보면 5분밖에 지나지 않았다고 합니다.

그런데 어떻게 30분 이상 1시간, 3시간을 기도하느냐. 그것은 방언으로 기도 안하기 때문인 것입니다. 방언으로 기도하는 사람은 아는 말로 기도하다가 할 말이 없으면 또 방언으로 기도합니다. 방언으로 한참 기도하면 또 은혜를 받아서 또 아는 말로 기도합니다. 아는 말로 기도하다가 또 지치면 또 방언으로 기도하고 밤새토록 할 수 있습니다. 하루 종일 할 수 있습니다. 며칠이고 계속 기도할 수 있습니다. 아는 말로 기도하고 방언으로 기도하고, 아는 말로 기도하고 방언으로 기도하고, 그래서 방언기도는 기도의 언어로써 굉장히 좋은 것입니다. 저는 그동안 목회를 돌이켜 볼 때 내가 만일 방언으로 기도 안했으면 이 목회를 계속할 수 없었을 것입니다. 기도하지 않으면 지치고 피곤하고 영감이 오지 아니하고 하나님께로부터 레마를 받지 못합니다. 그러나 방언으로 계속 기도하면 마음이 상쾌해지고 변화 받고 깊은 은혜 속에 들어갈 수 있게 됩니다. 1시간 이상 기도를 하기 시작하면 하나님의 계시가 오기 시작하는 것입니다. 오래 기도하지 않고 하나님이 계시를 받을 수가 없습니다.

방언은 놀라운 기도의 언어입니다. 바울은 어느 누구보다 방언을 많이 말함을 감사했습니다. 고린도전서 14장 18절에 "내가 너희 모든 사람보다 방언을 더 말하므로 하나님께 감사하노라" 했습니다. 바울선생은 고린도 교인들이 다 합쳐서 하는 방언보다 더 많이 방언을 했다는 것입니다. 바울은 감옥에 들어있으면서도 방언을 하고, 여행하면서도 방언을 하고, 그리고 천막을 만들면서도 방언을 했습니다. 우리 아는 기도는 아는 말에 집중해야 되기 때문에 한꺼번에 두 가지 일을 할 수 없습니다. 하지만, 방언기도는 내 마음이 하지 않고 내 영이 성령을 통해서 합니다. 그러기 때문에 설거지 하면서도 방언하고, 걸어가면서도 방언하고 일하면서도 방언하고 언제든지 할 수 있습니다. 방언은 자동기계입니다. 내가 모르는 사이에 숨을 쉬고 내가 모르는 사이에 심장이 뛰는 것처럼 내가 모르는 사이에 방언으로 늘 기도하게 됩니다. 저는 밤에 자다가 깨어나면 혼자 방언을 하고 있는 것을 종종 발견합니다. 잘 때 아무것도 모르는데 혼자서 성령이 폭풍우처럼 불어와서 방언으로 기도를 하고 있습니다.

그러므로 방언기도라는 것이 얼마나 우리가 신령하고 긴 기도를 할 수 있는데 도움이 되는지 말로다 할 수 없습니다. 방언은 우리의 신앙생활에 말로 표현할 수 없을 정도로 유익함이 있습니다. 방언기도를 많이 하시기를 바랍니다.

우리는 영혼의 성장을 위해 방언기도를 하되, 자신이 먼저 하나님으로부터 온 방언인지를 분별해야 하며, 의심이 되고 분별이 되지 않으면 목회자나 사역자에게 분별을 부탁하는 것이 좋습니다. 분별 후 만약 마귀가 주는 방언을 하고 있다면 방언기도를 일단 중단하고 스스로 마귀방언을 하게 하는 악한 영을 꾸짖고 대적하거나 목회자에게 부탁을 해서 쫓아내야 합니다. 그런 후 다시 성령님의 도우심으로 하나님께서 주시는 방언을 받아 기도를 해야 합니다. 어떤 목회자는 마귀가 주는 방언인지를 알면서 대적하여 쫓아주지 않고 오히려 신경 쓰지 말고 계속하라고 합니다. 그렇게 계속하다보면 하나님께서 주시는 방언으로 바뀐다고 성도를 안심시킵니다. 그러나 절대 그렇지 않습니다.

그러나 성령 안에서 성령으로 방언기도를 하지 않고 인간적인 열심으로 인간적인 소리로 마귀가 주는 방언을 계속하게 되면 악의 열매를 맺게 되어 영혼이 병들어 버리게 되는 것입니다. 이는 다 영적 무지에서 오는 것이므로 잘 분별하고 악한 영들을 대적해야 합니다. 마귀는 우리가 성령으로 방언으로 기도하는 것을 아주 싫어합니다. 그래서 방언기도를 못하게 방해를 하는 것이고, 자기들이 방언을 줘서까지 우리를 속임으로 성령으로 기도하지 못하게 하는 것입니다.

또한 마귀들은 우리가 하나님으로부터 온 방언기도를 할 때 그 기도의 내용을 알지 못하는 것 때문에 방해하기도 합니다. 예수님께서 계시로 "방언기도를 할 때 심령에서 성령의 불이 나타나면 마귀들이 고통을 당하고 떠나야 하기 때문에 어떻게 하든지 사용을 하지 못하게 방해를 하는 것이다. 방언 기도를 통하여 천사들이 공급되고 성령의 불을 통해 마귀들이 빠져나가는 현상이 있고, 영이 더 살아나며 영적인 힘이 강해진다."고 말씀해 주셨습니다.

우리는 방언으로도 기도해야 하지만, 성령님의 감동하심을 따라 우리말로도 얼마든지 마음껏 기도할 수 있는 균형 있는 기도의 훈련이 이루어져야 합니다. 저는 평소에 방언으로 기도하다가 기도내용이 떠오르면 우리말로 기도하고 또 방언으로 하면서 감동되는대로 자유롭게 기도하는 편입니다.

성령의 지배가운데 방언기도 중에는 무의식에 숨어있는 어둠의 쓰레기가 전율과 침으로 빠져나가면서 컨디션이 좋아지는 것을 느낍니다. 그리고 방언기도는 일을 하거나, 길을 걷거나, 운전 등 움직이면서도 얼마든지 할 수 있는 기도입니다. 방언기도는 영력을 채우고 짐 처리를 하는데도 아주 효과적인 능력이 있습니다. 그러므로 우리는 영혼의 유익을 위해서 꾸준히 방언기도를 해야 합니다. 조용히 묵상기도를 하기 전에 성령의 지배가운데 30분 이상 먼저 방언기도를 하게 될 때, 마음의 정화도 잘 되고 삶과 인격이 변화되는 놀라운 기적을 체험하게 될 것입니다.

방언기도하며 성령의 불세례를 받으실 분은 **"성령의 불세례에 숨은 비밀"** 책을 참고하시기를 바랍니다. 성령의 불로 충만 받아 하나님의 성전으로 살아가실 분은 **"하나님의 집 성전이 되는 비밀"** 책을 참고하시기를 바랍니다.

5장 방언기도는 언제 어떻게 임했나?

(행 2:1-4)"오순절 날이 이미 이르매 그들이 다같이 한 곳에 모였더니, 홀연히 하늘로부터 급하고 강한 바람 같은 소리가 있어 그들이 앉은 온 집에 가득하며, 마치 불의 혀처럼 갈라지는 것들이 그들에게 보여 각 사람 위에 하나씩 임하여 있더니, 그들이 다 성령의 충만함을 받고 성령이 말하게 하심을 따라 다른 언어들로 말하기를 시작하니라"

예수를 믿고 성령으로 거듭난 사람은 언어가 바뀌어야 합니다. 언어를 하늘의 언어로 바꾸기 위해서 오순절 날 하늘에서 성령의 세례가 임한 것입니다. 성령 세례받은 성도가 성령으로 말하면 하늘의 언어이기 때문에 방언으로 기도할 때 귀신이 소리치고 떠나가는 것입니다. 예수님이 그들에게 분부하여 이르시되 예루살렘을 떠나지 말고 내게서 들은 바 아버지께서 약속하신 것을 기다리라는 말씀을 순종하고 기도하는 사람들에게 오순절 날 임한 것입니다. 성령이 임하고 성령의 충만함을 따라 다른 언어로 말을 한 것입니다. 고로 성령 세례받고 하는 방언은 하늘의 언어입니다.

그런데 방언기도만 하늘언어라고 고집하면 안 됩니다. 왜냐하면 예수를 믿을 때 죽고 예수님으로 다시 태어나 찬양하고 예배드리다가 성령으로 세례를 받는 성도는 성령님이 주인이십니다. 성령님이 주인 된 성도가 하는 말은 성령님이 말하게 하시기 때문에 하늘언어가 되는 것입니다. 예를 든다면 일본사람들이 모여 있는 곳에서 성령으로 세례를 받은 성도가 "하나님 사랑합니다." 하면서 하나님을 찾는다면 하늘언어인 것입니다. 일본 사람들은 알아듣지 못해도 하나님은 알아듣고 기뻐하시기 때문입니다. 그래서 룰룰루…. 랄랄라…. 투투투…. 하면서 방언기도를 하는 것만 하늘의 언어라고 이해하면 안 된다는 것입니다. 성령의 지배가운데 성령의 말하게 하심에 따라 말하는 것은 하늘언어로 이해해야 합니다.

첫째, 방언의 세 가지 구분

1) 성령에 의한 방언: 이는 복음전파를 위해 전도자로 하여금 한 번도 들어보지 못한 외국 민족의 언어를 할 수 있도록 주어지는 은사로서 외국어 방언의 은사입니다. 이는 신앙적, 영적 성숙이나 능력의 외적인 징표로 주어지는 은사라고 볼 수 없습니다. 오직 복음 전파의 필요에 따라 하나님의 주권적 은사로 주어지는 것이며, 어떤 교리적 징표로 다루어질 성질의 은사가 아닙니다.

이 은사는 본인의 의지나 욕망으로 자유자재 되풀이되어 주어지는 것이 아닙니다. 따라서 이 은사는 초대교회 이후에 흔하게 나타나고 있습니다. 고로 현대에도 하나님의 섭리 하에 사모하고, 구하면 나타날 수 있는 은사입니다. 이 방언의 은사가 있다는 것이 선교사로 하여금 외국어 습득과 연구에 게을러도 좋다는 것을 의미하지는 않습니다.

2) 사단에 의한 방언: 인류학자, 역사고고학자, 언어학자 등의

전문가에 따르면 예로부터 지금까지 수많은 이교도들, 신비주의 밀교주의자들이 약물에 의해 흥분된 상태에서나 또는 우상신, 조상신의 심령술에 대한 예배의식에서 이상한 소리를 중얼대는 방언현상이 있음을 보고하고 있습니다. 현대에도 모슬렘, 힌두교, 불교 등에서는 예배의식의 한 부분으로 방언 현상이 있습니다.

3) 심령술에 의한 방언(사단에 의해 간접적 방언): 영·혼·육으로 창조된 인간은 애초 하나님과 완전한 교제를 이루게 창조되었습니다. 그러나 타락 이후 그의 영은 죽게 되어 하나님과의 교제가 끊어졌습니다. 그러나 인구가 늘어가면서 사단은 인간의 혼(soul)을 계발하여 영적인 힘을 얻는 방법을 인간에게 가르쳤으니 이것이 심령과학에 속하는 것들입니다.

레위기 19장 26절에는 "너희는 무엇이든지 피와 함께 먹지 말라. 너희는 마법을 사용하지 말며 때를 살피지 말라"고 성경은 이를 엄격히 금하고 있는데 이미 바벨탑 사건이후 세계적으로 점술, 점성술, 무당굿 등이 있어 왔습니다. 바벨탑 사건에 관계되는 니므롯 등이 이러한 사단에 의한 심령술을 계발한 것으로 추정이 됩니다. 그리하여 스스로 계발한 심령술로 초능력을 행하거나 사람을 미혹하였습니다.

둘째, 성령 안에서의 기도(엡 6:18, 유 1:20)

1) 마가복음 16장 9-20절: 이 부분은 성령사역자들이 즐겨 인용하는 것으로 방언과 병자에 대한 안수기도의 정당성을 보이는

구절들입니다. 그러나 마가복음 16장 17절의"새 방언들로"는 예수께서 제자들에게 땅 끝까지 전파하라는 지상 명령을 주시면서 들어보지도 못한 각 민족의 방언들도 할 수 있는 은사를 주실 것임을 뜻합니다. 이 구절에 쓰인 '방언'에 해당하는 희랍어 성경의 원어는 '글로싸'입니다. 그 뜻은 전 세계에서 쓰이는 민족의 언어를 뜻하는 것으로서 글로싸는 1개 이상의 언어를 가리키는 복수 명사입니다. 따라서 오늘날 성령이 충만한 교회에서 행하고 있는 방언기도와는 성격이 다른 것입니다.

2) 사도행전 2:1-4: 사도행전 1:15에 120명의 성도가 있었습니다. 사도행전 1:15과 2:1에 등장하는 사람은 120문도들입니다. 사도들만 방언을 말한 것이 아니라, 성실한 다수의 그리스도인들이 방언을 말하였음을 알 수 있습니다.

3) 사도행전 2장 4-11절:사도행전 2장의 오순절 성령강림 사건은 사도행전 10장의 이방인 고넬료의 집안에 임한 성령의 역사와 함께 마가복음 16장의 명령과 예언이 성취된 사건입니다. 사도행전 2장은 유태인 교회의 탄생을 뜻하며, 사도행전 10장은 이방인 교회의 탄생을 뜻하는 것입니다. 유대인과 이방인은 서로 미워하는 적대 관계였으나 위 두 사건을 통해서 하나님은 결코 유대인만의 하나님이 아니며 이방인의 하나님도 됨을 보여줍니다.

오순절 사건에서의 120명의 성도들이 방언을 말함은 특수한 사건입니다. 그들은 타지방의 언어로 말하였습니다. 이것은 오늘날 우리가 하고 있는 방언과는 다른 것입니다.

그러나 사도행전 2:12-15에서는 오늘날과 같은 유형의 방언이 시작되었음을 볼 수 있습니다. 사도행전 10:44-46에서는 성령이 충만히 내려 이방인들도 방언을 하게 되었으며, 성령으로 인하여 그 의미를 깨닫게 되어 하나님께 영광을 돌렸습니다. 방언은 사람에게 하는 것이 아니라, 하나님에게 하는 우리 영의 기도입니다(고전 14:2). 성경은 성령 안에서의 기도를 여러 가지 다양한 표현으로 설명하고 있습니다. '방언으로 기도'(고전 14:14), '내 영으로 기도'(고전 14:15), '영으로 기도'(엡 6:18), '성령 안에서 기도'(유 1:20)로 표현되고 있습니다.

4) 사도행전 2:4-12: 120문도들이 방언으로 하나님을 찬미하고 기뻐하는 모습을 본 모여든 사람들이 모두 하나님에게 영광을 돌렸습니다(시 40:5, 66:3). 이는 방언이 주어진 기본적인 목적입니다. 그들은 성령으로 하나님께 아뢴 것입니다(성령 안에서의 기도). 그들은 방언으로 복음을 나눈 것은 아닙니다. 방언은 하나님에게 찬미로 영광을 돌리는 행위인 것입니다.

기도는 다양한 형태가 있습니다. 예를 들면 회개의 기도, 봉헌기도, 감사기도, 찬양기도 등입니다. 제자들은 성령 안에서 방언으로 찬미의 기도를 한 것입니다. 방언의 목적은 외국인에게 자국어로 복음을 증거 하기 위해서 주어진 것이 아닙니다. 신약 성경은 어느 곳에서도 이를 지지하는 구절이 없습니다.

성경을 자세히 살펴보면 120문도가 모였을 때 그곳에 함께 모여온 사람들은 모두 외국에서 출생하여 예루살렘에 온 유대인들입니다. 그들은 태어날 때 외국에서 태어났으므로 실질적 모국인 유대 말 뿐만 아니라, 출생한 나라의 말을 모국어로 익숙하게 할 수 있는 사람들입니다. 그러므로 그들에게 굳이 복음 전파를 위해서 외국어로 말할 이유가 없습니다.

5) 사도행전 2:12-15: 베드로가 군중들 가운데 서서 그 사실을 설명하고 있습니다. 그는 유대 말 밖에는 모르는 사람입니다. 그런데 군중들은 모두 그의 말을 알아들었습니다. 베드로의 말을 알아들을 수 있도록 하나님이 기적을 보였다고 가정하지만, 그러한 가정을 뒷받침할 아무런 증거를 찾을 수 없습니다.

6) 사도행전 10:44-46: 사도 베드로가 고넬료의 집에서 그리스도에 관하여 가르침을 주고 있을 때, 베드로를 지배하시던 성령님이 복음을 듣는 모든 사람에게 전이되었습니다. 그리고 그들은 모두 방언을 말하게 되었습니다. 이방인의 집이었지만 그들은 이미 예수를 영접한 사람들이었습니다. 그들에게 구원을 위하여 방언이 필요한 것은 아니었습니다.

7) 사도행전 19:1-7: 사도 바울이 이들 12명에게 안수할 때, 바울을 지배하시던 성령님이 안수받는 사람들에게 전이되어 그들 모두가 방언을 말하게 되었습니다. 이들 12명이 방언으로 외국인에게 증거를 하였다는 시사점은 어느 곳에서도 찾을 수 없습니다.

셋째, 고린도전서 13장의 방언

1) 신약 성경은 두 가지 형태의 방언 말함이 있음을 언급하고

있습니다.

① 방언으로 예언을 전하는 경우 자신이나 회중의 누군가가 통역을 해야 한다는 것입니다. 방언의 은사는 통역의 은사와 조화를 이루어야 합니다.

② 성도는 성령 안에서 기도합니다. 성령 안에서의 기도는 모두 통역해야 할 필요는 없습니다. 하나님은 성령이 하시는 말씀을 알고 계시기 때문입니다.

2) 고린도전서 13:1 - 천사의 말은 인간의 말과 다름을 언급하고 있습니다. 바울은 실제로 삼층천에 올라가서 천사들이 하는 말을 직접 들은 유일한 사람입니다. 따라서 방언이 천사의 말과 흡사함을 언급하고 있습니다. 성령이 우리 안에서 기도할 때 때로는 사람의 말을 이용하기도 하고, 때로는 천사의 말을 이용하기도 하며 때로는 우리가 알 수 없는 어떤 음성(방언)을 이용하기도 합니다.

3) 고전13:8-10 - 사도 바울은 천사의 말이 있음을 언급하고 있습니다. 이 말은 사람의 언어와는 다릅니다. 그는 직접 그 말을 경험한 사람입니다(고후 12:1-7). 성령께서 우리를 통하여 말씀하실 때 천사의 말을 사용하실지 사람의 말을 사용하실지 알 수 없습니다. 바울은 성령의 은사를 언급함에 있어서 예언의 말씀, 지식의 말씀, 방언 등은 방언의 공적인 형태임을 언급하고 있습니다. 방언의 개인적 형태는 성령 안에서의 기도이며, 공적 형태는 방언의 은사입니다.

넷째, 고린도전서 14장에서의 방언

고린도 교인들은 개인적 형태의 방언을 공개적인 형태로 사용하는 잘못을 범하고 있었습니다. 바울은 이 점을 바로잡고자 하였습니다. 교회 안에서 예배 때에 일어나 방언을 말하는 경우가 있었고 회중은 아무런 유익을 얻지 못하였습니다. 왜냐하면 그 방언은 회중을 위한 것이 아니었기 때문입니다. 공개적으로 방언을 말할 때 통역이 되지 않으면 말하는 사람은 자리에 앉아 개별적으로 성령 안에서 조용히 기도해야 한다는 것입니다.

1) 고린도전서 14:1-3 - 사도 바울은 방언장이라 할 수 있는 고린도전서 14장에서 예언하기를 구하라고 말합니다. 그것은 계속되는 내용을 통하여 예언의 유익과 방언의 교회에서 사용함에 있어서 무익함을 대조적으로 설명하기 위한 것입니다. 바울은 방언으로 하나님에게 기도한다고 정의합니다. 이것은 개인적인 형태입니다. 방언기도는 영으로 비밀을 말하는 것입니다. 성령은 말씀을 우리에게 주실 때 우리의 마음이 아닌 우리의 영에게 주십니다.

2) 고린도전서 14:4 - 덕을 세운다는 말의 헬라어는 '오이코도메오'입니다. 이 말은 '믿음을 세운다'는 뜻을 가지고 있습니다. 유다서는 성령 안에서 기도함으로써 믿음을 세우게 된다고 언급하고 있습니다(유 1:20). 유다는 성령 안에서의 기도가 우리를 세우고 유익케 한다고 말합니다. 바울은 방언기도가 우리를 세우고 유익케 한다고 말함으로써 두 사람은 같은 내용을 다른 말로 표현

하고 있습니다.

3) 고린도전서 14:5 - 모든 사람이 다 방언 말하기를 바울은 원했습니다. 방언은 성령 세례받은 사람이 하는 것이기 때문입니다. 왜냐하면 그것은 우리를 유익케 하기 때문입니다. 방언이 통역이 되면 그것은 곧 예언이 되며, 이는 교회를 유익하게 하는 것입니다. 이는 예언의 은사와 동일한 효과를 나타내는 것입니다.

4) 고린도전서 14:14 -방언으로 기도하면 그것은 우리의 영이 기도하는 것이라고 바울은 말합니다. '방언으로 기도하다' '내 영으로 기도하다' '성령 안에서 기도하다'라는 말들은 표현은 다르지만 같은 내용을 말하고 있습니다. 우리가 방언으로 기도하면 성령은 말씀을 우리의 영에 계시하십니다. 이 말씀이 통역되어지면 방언의 기도가 자신의 말이 아닌 성령의 말씀하심을 알게 됩니다. 기도는 우리의 마음으로 하는 것과 영으로 하는 것이 있습니다.

5) 고린도전서 14:15 - 이 본문은 영어 성경으로 보면 더욱 분명해집니다. 바울은 그도 때로는 성령 안에서 기도하며, 때로는 자신의 의식으로 기도하기도 한다고 말합니다. 그는 영으로 노래하며, 성령께서 주시는 영감으로 노래한다고 합니다(엡 5:19, 골 3:16).

6) 고린도전서 14:18-19 - 바울은 다른 사람들보다 더 많이 방언으로 기도하게 됨을 감사합니다. 그는 교회 밖에서 영으로 하나님을 찬미하게 됨을 감사했습니다. 교회 내에서 일어서서 방언을 말하면 자동적으로 통역이 된다는 어떤 보장이 있는 것이 아니기

때문에 교회에서의 방언은 매우 신중하여야 함을 말하고 있습니다. 그러므로 사람들이 다 알아들을 수 있는 말로 기도하는 편이 더 유익하다고 했습니다.

7)고린도전서 14:21-25 -바울은 이사야 28장 11절에서 12절의 말씀을 염두에 두고 이 말을 하였습니다. 해석되지 않은 방언은 믿지 않는 자들에게 하나님의 심판의 표적이 됩니다. 이는 이스라엘의 역사상 하나님의 말씀이 올바르게 해석되지 못했을 때 곧 하나님의 심판이 있음을 예고하는 표적이었기 때문입니다. 이사야의 예언은 방언이 다른 앗시리아의 침공으로 성취되었습니다.

여기에 근거해서 해석되지 않은 방언은 믿지 않는 자들이 하나님의 심판을 받게 되는 표적으로 해석했습니다. 바울은 믿지 않는 자가 교회에 들어와 성도들이 이상한 소리로 방언하는 것을 보면 그것이 자신들에게 심판이 임하였음을 의미하는 것이라기보다는 그리스도인들이 정신이 나갔다고 생각할 것이며, 이런 까닭에 믿지 않는 사람이 교회에 출석해 있을 경우 예언이 보다 더 유익하다고 말합니다.

8) 고린도전서 14:26-29- 오늘날 이 말씀이 적용되는 집회는 찾아보기가 쉽지 않습니다. 많은 그리스도인들이 성령의 은사를 받고 있습니다. 그러나 교회의 집회에서 이와 같이 진행되는 모습은 찾을 길이 없습니다. 여러 사람이 방언으로 기도할 때 순서에 따라서 예언하며, 다른 사람들은 이를 분별함으로써 성령의 유익

케 하심이 집회를 통하여 교회에 주어집니다. 초대 교회에서는 여러 사람이 모여 기도할 때 항상 방언으로 기도하였음을 알 수 있습니다. 이를 통하여 성령이 교회에 직접 관여하였습니다.

다섯째, 사도행전에서의 방언에 대한 결론

이상에서 본 세 가지 방언사건(오순절 방언, 고넬료의 집에서의 방언, 에베소에서의 새 결신자)은 신약 성경 안에서 사람들이 방언을 말하는 예의 전부입니다. 다른 부분에서 방언에 관하여 언급하고 있지만 사건적인 것은 아닙니다. 사도행전에서 사람들이 방언을 말하는 것을 언급한 구절에서 볼 때 새로운 신자들은 모두 방언을 말했다는 사실입니다.

앞의 두 가지 예에서 방언을 주시는 목적은 하나님을 찬미하기 위함이었습니다. 마지막 예는 새로운 결신자들이 방언을 말하고 예언도 하였습니다. 그들은 방언을 통역함으로 예언을 하였다고 봅니다. 물론 방언으로 하나님을 찬미하였습니다. 어떤 사람들은 방언이 외국인을 전도하기 위해서 주어졌다고 주장하지만 성경은 이 주장을 지지하지 않습니다. 바울이 고린도전서 14장 2절에서 "방언 말하는 자는 사람에게 하지 아니하고 하나님에게 하나니"라고 한 말을 마음에 새겨 보아야 할 것입니다.

오늘날 기성교회에서 말하는 아따따따'나 '쭈쭈쭈쭈', '랄랄랄라', '따랍따' '또로또' '뿌뿌뿌' 등 알 수 없는 말로 하나님과 대화하는 것이 방언이라고 합니다. 성경에도 "방언을 말하는 자는 사람에게 하지 아니하고 하나님께 하나니 이는 알아듣는 자가 없고 영으로 비밀을 말함이라."(고전 14:2) 말씀하셨습니다. 한번 생각하여 보시기를 바랍니다. 일본사람들이 모여 있는 곳에서 성령으로 충만한 가운데 한국말로 "하나님 사랑합니다." 한다면 영으로 비밀을 말하는 것이 아니라고 할 수가 있습니까? 일본 사람들은 알아듣지 못해도 하나님만은 알아들으시기 때문에 영으로 비밀을 말하는 것이 되는 것입니다.

또 성경은 이렇게 말씀하고 있습니다. "방언을 말하는 자는 자기의 덕을 세우고 예언하는 자는 교회의 덕을 세우나니 (5) 나는 너희가 다 방언 말하기를 원하나 특별히 예언하기를 원하노라 만일 방언을 말하는 자가 통역하여 교회의 덕을 세우지 아니하면 예언하는 자만 못하니라 (6) 그런즉 형제들아 내가 너희에게 나아가서 방언으로 말하고 계시나 지식이나 예언이나 가르치는 것으로 말하지 아니하면 너희에게 무엇이 유익하리요"(고전 14:4-6). 분명하게 "만일 방언을 말하는 자가 통역하여 교회의 덕을 세우지 아니하면 예언하는 자만 못하니라" 말씀하십니다. 그러니까, 자신이 기도하는 방언을 통역할 수가 있어야 한다는 것입니다. 분명하게 자기 혼자 기도할 때는 방언으로 해도 가하나 여러 사람에게 분명하게 알아듣는 말로 권면하라고 말씀하십니다. 우리는 방언으로도 기도해야 하지만, 성령님의 감동하심을 따라 우리말로도 얼마든지 마음껏 기도할 수 있는 균형 있는 기도의 훈련이 이루어져야 합니다.

2부 방언기도 은사를 받아라.

6장 방언기도를 해야 하는 이유

(막 16:17)"믿는 자들에게는 이런 표적이 따르리니 곧
저희가 내 이름으로 귀신을 쫓아내며 새 방언을 말하며"

하나님은 예수를 믿는 성도들이 성령의 인도를 받기를 원하십
니다. 성령의 인도를 받으려면 성령으로 세례를 받아야 합니다.
성령으로 세례를 받고 방언으로 기도하며 성령 충만을 받아야 가
능합니다. 성령세례에 대하여 알고 싶은 분은 **"성령의 불세례에
숨은 비밀"** 책을 참고하시기를 바랍니다. 방언기도는 성령으로
충만 받아 성령의 인도를 받기 위한 적극적인 수단입니다. 바울은
방언이라는 주제에 대하여 많이 서술하였습니다. 그가 "내가 너
희 모든 사람보다 방언을 더 말하므로 하나님께 감사하노라 (고린
도전서 14:18)"라고 말한 것을 보면, 그는 그가 설교한 것을 또한
스스로 열심히 실행으로 옮겼던 것이 분명합니다. 필자 또한 내가
지속적으로 방언을 말함을 하나님께 감사드리며, 모든 성도들 또
한 마찬가지로 매일 매일의 삶 속에 나타나는 축복이자 권능의 원
천인 방언의 은혜를 누리기를 소망합니다.

이장의 목적은 왜 모든 그리스도인들이 방언을 꼭 해야 하는가
하는 중요한 이유들을 제시하고, 또 성도들로 하여금 매일 성령의

능력을 사용함으로써 자기 것으로 만들 수 있는 축복을 깨닫게 하려는 데 있습니다.

첫째, 방언은 첫 표적이다. 방언은 오순절 마가의 다락방에서 일심으로 기도하던 120명의 사람들에게 성령의 세례가 임함과 동시에 다른 방언을 말하는 표적이 임했습니다. "저희가 다 성령의 충만함을 받고 성령이 말하게 하심을 따라 다른 방언으로 말하기를 시작하니라."(행2:4). 다른 방언이란 하나님만 알아듣는 말을 말합니다. 모통 하늘 언어라고 말합니다. 분명하게 알고 행해야 할 것은 성령의 말하게 하심에 따라 하나님과 통하는 하늘언어로 기도하는 것을 말합니다.

하나님의 말씀에 따르면 우리가 성령으로 충만함을 받으면 성령이 말하게 하심을 따라(as the Spirit of God gives utterance) 방언을 말한다는 것입니다. 이것이 성령세례의 첫 증거이자 표적인 것입니다. 그러므로 방언을 말해야 하는 첫 번째 이유는 이것이 성령의 내주를 나타내는 초자연적인 증거이기 때문입니다.

사도행전 10장에 보면 베드로와 함께 고넬료의 집에 왔던 유대인 형제들이 성령의 은사가 이방인들에게도 부어진 것을 보고 깜짝 놀라는 것이 나옵니다. 그들은 그것이 유대인들만을 위한 것으로 생각했었습니다. 그러면 어떻게 이들 유대인들이 고넬료의 가속들이 성령의 은사를 받은 것을 알았을까요? "이는 방언을 말하며 하나님 높임을 들음이러라"(사도행전 10:46). 방언을 말했다는 사실이 유대인들로 하여금 이방인들도 같은 은사를 받았다는 것을 믿게 한 초자연적 표적이었던 것입니다.

둘째, 방언은 성령으로 영성을 강하게 하는 것이다. 영을 강하게 한다. 성경에 보면 방언은 자기의 신앙의 덕을 세운다고 말씀하고 있습니다. "방언을 말하는 자는 자기의 덕을 세우고"(고전 14:4). 고린도 교회에게 쓴 편지에서 바울은 영적 계발을 위한 방법의 하나로써 하나님께 대한 찬양 중에나 혹은 개인적 기도 중에 방언으로 말하기를 힘 쓸 것을 당부하였습니다. 헬라어 학자들에 의하면 "덕을 세우다 (edify)"라는 표현보다 더 현대어에 맞는 표현이 있는데 그것은 바로 "충전하다 (charge)"라는 것입니다. 즉, 마치 축전지(battery)를 충전하다는 의미로 이해할 수 있다는 것입니다. 그러므로 위절을 "방언을 말하는 자는 자기의 덕을 세우고, 마치 축전지와 같이 자신을 충전시키며 일으켜 세운다"라고 바꿔서 말할 수 있을 것입니다. 따라서 이처럼 놀랍고 초자연적인 영적 계발의 수단이 정신적 혹은 신체적 계발이 아님을 주목하십시오. 모든 하나님의 자녀들을 위하여 주어졌다는 것입니다.

"방언을 말하는 자는 사람에게 하지 아니하고 하나님께 하나니 이는 알아듣는 자가 없고 그 영으로 비밀을 말함이니라."(고전 14:2). 방언을 말하는 "그는 하나님의 비밀(divine secrets)을 말한다"라는 것입니다. 하나님은 교회에게 자신과 교통할 수 있는 신성하고 초자연적인 수단을 주신 것입니다. 고린도전서 14장 14

절에 보면 "내가 만일 방언으로 기도하면 나의 영이 기도하거니와 나의 마음은 열매를 맺지 못하리라."말씀하십니다. "나의 영이 기도 한다"라고 말한 것을 주목하십시오. 확장번역본 (Amplified Bible: 헬라어 원어의 의미에 충실하게 폭넓게 해석한 성경)에 의하면, "내안에 계신 성령의 도우심에 따라 나의 영이 기도 한다"라고 되어 있습니다. 성령님이 기도하도록 역사하신다는 것입니다.

하나님은 영이십니다. 우리가 방언으로 기도할 때 우리의 영이 그 또한 영이신 하나님과 직접 교통하는 관계에 들어가게 됩니다. 그리하여 우리가 신성하고 초자연적인 방법으로 하나님과 대화하게 된다는 것입니다. 이러한 말씀 구절들을 놓고 볼 때 사람들이 방언으로 말해야 되는 가치를 모르겠다고 의문을 갖는 것을 보면 그저 놀라울 따름입니다. 만약 하나님 말씀에 방언으로 말함이 귀중한 것이라 한다면 귀중한 것입니다.

하나님 말씀이 방언이 덕을 세운다 하시면 덕을 세우는 것입니다. 만약 하나님께서 방언이 그 자신과 교통하게 되는 초자연적인 방법이라 하시면 그 자신과 교통할 수 있는 초자연적인 방법이 되는 것입니다. 만약 하나님께서 모든 성도들이 방언을 말해야 한다고 하시면 모든 성도들이 방언을 말해야 하는 것입니다. 예수께서는 그저 소수가 방언을 말할 것이라고 하시지 아니 하셨습니다. 그는 "믿는 자들에게는 이러한 표적이 따르리니"라고 하셨습니다. '자들'은 복수이며 모든 이들을 뜻합니다. 그리고 그중의 한 표적이 바로 "저희가 새 방언을 말하며…"(마가복음 16:17)라는 것입니다.

셋째, 방언은 성령의 내주하심을 상기시킨다. 방언기도는 마음 안에 임재하신 하나님의 나라에서 나오는 기도입니다. 성령께서 영 안에 좌정하신 증거로 방언기도가 나오는 것입니다. 성령은 영원토록 우리와 함께 하시다고 말씀하셨습니다. "내가 아버지께 구하겠으니 그가 또 다른 보혜사를 너희에게 주사 영원토록 너희와 함께 있게 하시리니 저는 진리의 영이라 세상은 능히 저를 받지 못하나니 이는 저를 보지도 못하고 알지도 못함이라 그러나 너희는 저를 아나니 저는 너희와 함께 거하심이요 또 너희 속에 계시겠음이라."(요14:16-17).

하워드 카터 (Howard Carter)는 여러 해 동안 영국 하나님의 성회 (Assemblies of God)의 감독이셨으며 세계에서 가장 오래된 오순절파 성경학교를 세우신 분입니다. 그분이 강조하시기를 방언을 말함은 성령 충만을 받을 때 나타나는 최초의 증거일 뿐만 아니라 평생에 걸쳐 계속적으로 체험해야 하는 것임을 잊어서는 안 된다는 것입니다. 왜 그럴까요? 우리는 육을 가지고 있기 때문입니다. 하시라도 성령님을 떠나서는 살수가 없기 때문입니다. 성령님은 우리와 영원토록 함께 하시면서 하나님을 영과 진리로 경배하는 것을 도와주기 위해서입니다.

방언을 말함은 결코 마르지 않으면서 우리의 영적인 삶을 풍요롭게 해주는 흐르는 시냇물과 같은 것입니다. 계속하여 방언으로 기도하고 찬양하면 성령님의 내주하심을 우리가 항상 의식할 수 있게 됩니다. 만약 내가 성령님의 내주하심을 매일 같이 의식하고 살 수 있다면 내 삶이 바뀌지 않을 수 없습니다.

넷째, 성령 안에서 방언으로 기도하면 하나님의 뜻을 따라 기도할 수 있다. 반드시 성령 안에서 기도할 때 가능합니다. 하나님은 로마서 8장 26-27절에서 "이와 같이 성령도 우리 연약함을 도우시나니 우리가 마땅히 빌 바를 알지 못하나 오직 성령이 말할 수 없는 탄식으로 우리를 위하여 친히 간구하시느니라. 마음을 감찰하시는 이가 성령의 생각을 아시나니 이는 성령이 하나님의 뜻대로 성도를 위하여 간구하심이니라." 성령께서 하나님의 뜻을 알고 우리가 하나님의 뜻에 따라 기도하게 도우십니다.

방언기도는 우리가 이기적인 기도를 하게 되는 것을 막아줍니다. 자기 생각이나 머리에서 나오는 기도는 비성경적인 기도가 될 가능성이 있습니다. 이기적인 기도가 될 수도 있습니다. 종종 우리의 기도가 예수를 믿었으나 샤머니즘의 신앙을 탈피하지 못한 분의 기도와 같이 되기도 합니다. "주여! 나와 나의 남편, 내 아들과 그 아내 이렇게 네 사람 만을 축복해 주소서." 앞에 인용한 말씀에서 바울은 우리가 어떻게 기도하는가를 모른다고 하지 않았습니다. 왜냐하면 우리가 알기 때문입니다. 우리는 주 예수의 이름으로 아버지께 기도를 드리며, 이는 올바른 기도방법입니다.

그러나 어떻게 기도하는지 안다고 해서 내가 온당히 구할 것을 아는 것은 아닙니다. 바울은 "우리가 마땅히 빌 바를 알지 못하나 오직 성령이 말할 수 없는 탄식으로 우리를 위하여 친히 간구하시느니라"라고 했습니다.

우리가 방언으로 기도하면 자신 안에 내주하시는 성령의 도움으로 우리의 영이 기도하는 것입니다. 우리 안에 계신 성령께서 말할 내용(또는 소리, utterance)을 주시고, 성도는 그것을 영으로부터 내어 말하게 되는 것입니다. 이러한 방법으로 성령은 성도가 하나님의 뜻에 맞게, 즉, 온당히 기도드려야 할 내용대로 기도할 수 있도록 도와주는 것입니다. 그렇다고 성령께서 이를 우리와 동떨어져서 하시는 것이 아닙니다.

그러한 신음은 우리의 속에서 비롯되어 나오는 것이며, 우리의 입술을 통해 밖으로 나오는 것입니다. 성령께서 우리의 기도를 대신 해주실 수는 없습니다. 하나님께서 그를 보혜사(helper)로서, 그리고 중보자(intercessor)로서 우리 안에 내주 하시도록 보내셨습니다. 성령은 우리 기도생활이 잘 되는지 아닌지에 대해 책임이 없습니다. 그는 오직 우리의 기도를 도와주기 위해서 오신 것입니다. 방언으로 기도함은 성령께서 소리를 주시는 대로 기도하는 것입니다. 이것은 성령에 의하여 인도된 기도입니다. 이러한 기도는 우리의 기도가 이기적으로 될 가능성을 제거해 줍니다.

많은 경우에 사람들이 자기 생각에 기초하여 기도를 드림으로 인해서 실제로 하나님의 뜻도 아니고 최상의 응답도 아닌 다른 것을 받게 됩니다. 만약 성도들이 어떤 일이 특정한 방법으로 이루어지기를 고집할 때, 하나님께서는 비록 그것이 그들을 위한 최선이 아니고, 그의 온전한 뜻이 아닐지라도 종종 그들이 원하는 대로 허용하시곤 합니다. 하나님께서는 이스라엘 백성들이 왕을 가지기를 원하지 않으셨습니다. 그러나 그들이 계속 왕을 달라고 고집하였기 때문에 왕을 허락하셨습니다. 그러나 그것은 그의 완전하신 뜻이 아니었습니다.

다섯째, 성령 안에서 방언으로 기도하면 믿음이 제고된다. 방언으로 기도하는 것은 성령으로 기도하는 것이기 때문에 방언으로 기도할 때 믿음이 충만해지는 것입니다. 더불어 담대해지는 것입니다. 하나님은 성령으로 기도하라고 하십니다. "사랑하는 자들아 너희는 너희의 지극히 거룩한 믿음 위에 자기를 건축하며 성령으로 기도하며"(유다서 20절).

방언기도를 하면 믿음이 제고되고 우리가 하나님을 좀 더 온전히 신뢰할 수 있게 됩니다. 만약 성령께서 초자연적으로 나의 기도하는 말을 인도하신다고 한다면, 방언으로 말하기위하여 반드시 믿음을 사용해야 합니다. 성령으로 충만한 영적인 상태에서 말한대로 이루어지기 때문입니다. 다음에 나올 말이 무엇인지 내가 알지 못하므로 오로지 하나님께 의지할 수밖에 없습니다. 한 줄을 그를 의지하여 구하고 나면 다음 줄을 위해 또 하나님을 의지하게 됩니다.

바울이 말하기를 교회 예배 중에 "만일 누가 방언으로 말하거든 두 사람이나 많아야 세 사람이 차례를 따라 하고 한 사람이 통역할 것이요. 만약 통역하는 자가 없거든 교회에서는 잠잠하고 자기와 하나님께 말할 것이요"이라고 고린도전서 14장 27-28에서 강조합니다. 만약 우리가 교회 예배 중에 우리 자신과 하나님께 말할 수 있다면, 직장에서도 그렇게 할 수 있습니다. 아무한테도 방해가 되지 않습니다. 세속에 물들지 않는다는 것입니다. 세상은 마귀에게 처해있습니다. 세상 사람들과 대화를 할 때 세상 것이 언어를 타고 들어올 수가 있는 것입니다.

예를 들면 세상 식당 같은 곳에서 사람들이 음탕한 농담을 할 때, 마음을 놓고 상대하면 음탕하게 하는 영이 침입을 할 수가 있습니다. 필자는 그런 경우에 거기에 관심을 두지 않고 하나님께 마음속에서 나오는 방언으로 기도합니다. 자동차를 운전하면서도, 전철이나 버스를 타고 가면서도 우리는 하나님께 마음속에서 올라오는 방언으로 기도를 할 수 있습니다. 방언으로 하나님께 말(기도)하는 것은 세상의 오염으로부터 성도를 자유롭게 해 주는 방법이 될 것입니다. 영들의 전이에 대해서는 **"영적피해 방지하기"** 책을 참고하시기를 바랍니다.

여섯째, 성령 안에서 성령으로 방언기도를 하면 세상에 의해서 오염되는 것을 막아준다. 마음속에서 올라오는 방언으로 기도를 하니 성령으로 충만해집니다. 성령으로 충만하니 세상의 오염된 것들이 침입하지 못하기 때문입니다. 내 안에 주인으로 계신 분이 세상 것보다 크시기 때문입니다. "자녀들아 너희는 하나님께 속하였고 또 그들을 이기었나니 이는 너희 안에 계신 이가 세상에 있는 자보다 크심이라."(요일4:4). 우리는 세상에 있는 자보다 크신 하나님이 우리 안에 성전삼고 계시다는 것을 믿어야 합니다. 성전에 대하여는 **"하나님의 집 성전이 되는 비밀"** 책을 참고하시기를 바랍니다. 성도는 모두 하나님의 성전이 되어야 합니다.

모든 그리스도인들이 방언을 말해야 하는 여섯 번째 이유는 이것이 불신앙과 신성모독과 직장에서 또는 바깥세상에서 우리가 듣는 모든 세속적인 말들이 주는 오염으로부터 우리를 순수하게 지킬 수 있는 방법이기 때문입니다. 위 말씀구절에서 우리가 방언으로 기도할 수 있다는 것에 자부심을 갖기를 바랍니다.

바울이 말하기를 교회 예배 중에 "만일 누가 방언으로 말하거든 두 사람이나 많아야 세 사람이 차례를 따라 하고 한 사람이 통역할 것이요. 만약 통역하는 자가 없거든 교회에서는 잠잠하고 자기와 하나님께 말할 것이요."라고 고린도전서 14장 27-28절에서 말합니다. 자신에게 방언으로 말할 수 있다고 한 것을 주목하십시오. 만약 우리가 교회 예배 중에 우리 자신이 방언으로 하나님께 말할 수 있다면, 직장에서도 그렇게 할 수 있습니다. 방언으로 기도하면 성령이 충만하여 상대방의 영의 전이가 이루어지지 않는 다는 것입니다.

필자는 영들의 전이에 대하여 아주 관심이 많습니다. 필자는 내 양을 지키는 일을 중요하게 생각을 합니다. 영들의 전이는 세상 어느 곳에서나 일어날 수 있습니다. 그러므로 크리스천들은 세상에서 자신의 영을 지키는 방법을 터득하고 사용해야 합니다. 필자는 이렇게 합니다. 예를 들면 이발소에서 사람들이 음란한 농담을 할 때 저는 그저 가만히 앉아서 하나님께 마음속에서 나오는 방언으로 기도합니다. 길을 걸어가면서도 운동을 하면서도 우리는 하나님께 방언으로 기도할 수 있습니다. 방언으로 하나님께 기도하는 것은 세상적 오염으로부터 자신의 영을 지키는 적극적인 방법이 될 것입니다. 걸어 다니는 성전으로 사는 방법입니다. 방언으로 기도할 때 성령으로 충만해지기 때문입니다.

일곱째, 방언으로 기도하면 우리가 모르는 이를 위해서도 기도할 수 있다. 방언기도는 아무도 이 문제에 대해서 기도해야 되겠다고 생각할 수 없는, 더 나아가 인식조차 하지 못하는 일들에 대하여 기도할 수 있게 해줍니다. 우리는 이미 성령께서 우리가 어떻게 기도하는 것이 합당한 것인지 모를 때, 우리의 기도를 도와주신다는 것을 배웠습니다. 그런데 그에 더하여 모든 것을 다 아시는 성령님께서 우리를 통하여 우리 육신의 지각으로 전혀 아는 바 없는 그런 일들에 대해서도 기도를 하실 수가 있는 것입니다.

예를 든다면 이렇습니다. 자매님 한 분이 어린 아기를 업고, 치유집회 하는 낮 시간에 참석을 했습니다. 남편은 버스 운전기사인데 시외버스를 운전했습니다. 낮 시간에 강사님이 한참 말씀 전하는데 "갑자기 이 자매님 마음에 어이구 기도해야 되겠다." 마음이 막 갈급해서 기도가 나오는데 어쩔 수 없습니다. 그런데 지금 말씀을 듣고 있는데 혼자서 고함치고 기도할 수 없어서, 입을 다물고 머리를 숙이고 막 마음속으로 방언으로 기도를 강하게 했습니다. 방언을 한참하고 나니까 마음이 시원했습니다. 그래서 집으로 돌아와서 아무 일도 없어서 왜 이러는가 모르는데 저녁에 남편이 들어오는데 얼굴이 새하얗게 들어오는 것입니다. 그러면서 하는 말이 "오늘 누가 나를 위해서 기도했을 것이다. 안 그랬으면 내가 죽었을 것이다."

시외버스를 타고 경사진 곳으로 올라가다가 버스가 고장이 나서 안 가므로 승객들을 다 내려놓고 타이어가 굴러가지 않도록 돌을 받혀놓고 안에 들어가서 기계를 조작하는데 받혀놓은 돌이 어긋나면서 버스가 뒷걸음쳐서 벼랑으로 떨어져 나갔습니다. 아주 천길 만길 벼랑인데 거기에 떨어졌으면 틀림없이 죽었는데 벼랑으로 밀려나간 차가 앞바퀴가 벼랑에 달려서 달랑달랑 달렸습니다. 그래서 살살 기어서 차에서 나오자마자 앞바퀴가 턱 떨어지면서 벼랑에 차가 뒹굴어 떨어졌습니다. 아주 기절초풍을 했습니다.

순식간에 죽을 수 있는데 순간적으로 그런 역사가 일어나서 누가 꼭 떨어지는 차를 밀어 놓은 것 같았습니다. 왜 바퀴가 난간에 걸립니까? 그래서 누가 나를 위해서 기도했다고 해서 그 시간을 알아보니까 자기가 교회에서 치유의 말씀을 듣는 시간에 기도가 하고 싶어서 기도했던 그때, 그 기도하는 시간에 바로 그 사고가 일어난 것입니다. 만일 그 부인이 성령의 인도를 따라서 간절히 기도를 안했더라면 그 남편은 죽었을 것입니다. 그러나 하나님 성령께서는 그 남편의 위급을 아시고 그 부인을 통해서 기도하게 만들어 주신 것입니다.

　이렇기 때문에 어디 계시든지 성령이 마음속에 강하게 충격을 주시면서 "기도하라. 기도하라. 기도하라"하시거든 미루지 마시고 곧장 엎드려 기도하십시오. 자신의 가족이 아니면 친척이나 이웃이라도 당신의 기도가 필요해서 하나님이 기도를 시키는 것입니다. 그 기도를 통해서 많은 문제가 해결될 수 있기 때문인 것입니다.

　여덟째, 방언으로 기도하면 영이 새롭게 된다. 방언으로 기도를 하면 영이 맑아지고 깨어나게 됩니다. 성령이 마음 속 성전에서 역사하기 때문입니다. 그래서 자연스럽게 영이 새로워지면서 예민해지는 것입니다. "그러므로 생소한 입술과 다른 방언으로 이 백성에게 말씀하시리라."(이사야서 28:11-12).

　성경 말씀에 그들에게 이르시기를 이것이 너희 안식이요. 이것이 너의 상쾌함이니 너희는 곤비한 자에게 안식을 주라 하셨으나 그들이 듣지 아니하였으므로 무엇이 위에서 말하는 안식이며 무엇이 상쾌함일까요? 방언으로 말함입니다. 간혹 의사가 안식을 위한 여러 가지 처방을 해주지만, 저는 이 세상에서 최고의 처방을 알고 있습니다. 흔히들 휴가를 갖다가 와서도 다시 직장에 나아가기 전에 집에 와서 쉬어야만 합니다. 그런데 우리가 이러한 안식의 처방을 매일 누릴 수 있다는 것이 놀랍지 않습니까? 안식의 처방은 바로 마음속에서 나오는 소리로 방언기도를 하는 것입니다. 마음속에서 나오는 방언기도를 하니 성령으로 충만해집니다. 성령으로 충만해지니 초자연적인 성령의 역사로 세상에서의 피로가 물러가는 것입니다. 성령의 역사로 전인격이 장악이 되니 피로가 물러가는 것입니다. 이것은 체험해보지 못한 분은 이해가 안될 것입니다. 체험해보면 이해가 됩니다. 이것이 안식이요. 이것이 상쾌함이라. 불안하고 혼란스럽고 긴장된 이 세상 속에서 이러한 영적 소성함이 우리에게 필요한 것입니다.

아홉째, 감사를 위한 방언. 우리는 항상 하나님께 감사해야 합니다. 하나님께서는 우리에게 "항상 기뻐하라. 쉬지 말고 기도하라. 범사에 감사하라. 이것이 그리스도 예수 안에서 너희를 향하신 하나님의 뜻이니라"(살전 5:16-18). 말씀하십니다. 이는 우리를 위하여 하시는 말씀입니다. 우리가 잘 이해하지 못해서 그렇지 하나님께 감사할 것이 많습니다.

"그러면 어떻게 할꼬 내가 영으로 기도하고 또 마음으로 기도하며 내가 영으로 찬미하고 또 마음으로 찬미하리라. 그렇지 아니하면 네가 영으로 축복할 때에 무식한 처지에 있는 자가 네가 무슨 말을 하는지 알지 못하고 네 감사에 어찌 아멘하리요. 너는 감사를 잘하였으나 그러나 다른 사람은 덕 세움을 받지 못하리라."(고린도전서 14:15-17).

바울이 16절에서 '무식한 처지에 있는 자'라고 한 것은 영적인 일들에 대하여 배우지 못한 자들을 지칭하는 것입니다. 만약 저녁식사에 초대받아 가서 감사 기도를 드려주십시오 하였을 때 내가 방언으로 기도한다면 다른 사람이 내가 무슨 말을 했는지 모를 것입니다. 듣는 사람이 전혀 은혜 받지 못할 것입니다. 그런 이유로 바울은 그런 자리에서 '마음으로 기도하는 (pray in understanding - 이해할 수 있는 기도)' 것이 낫다는 것입니다. 만약 내가 방언으로 기도했다면 내가 또한 통변을 해서 듣는 자가 무엇을 기도했는지 알게 해주어야 한다는 것입니다.

그러나 방언기도가 가장 완벽한 기도와 감사를 드리는 방법이 된다고 바울이 말한 것을 주목하십시오. 왜냐하면 17절에서 이르기를 너는 감사를 잘 하였으나, 라고 했기 때문입니다. 단지 바울이 말하고자 하는 것은 영적인 일들에 무지한 사람들 앞에서는 그들이 무슨 말인지 알아듣고 은혜 받을 수 있도록 이해되는 말로 기도해야 된다는 것입니다.

열 번째, 방언으로 말하면 혀를 복종시킬 수가 있다. 성도들은 혀를 복종시키는 훈련이 필요합니다. 영적인 세계는 말 한대로 이루어지기 때문입니다. "혀는 능히 길들일 사람이 없나니 쉬지 아니하는 악이요 죽이는 독이 가득한 것이라."(약3:8).

혀를 성령님께 순종시켜서 다른 방언으로 말하게 함은 우리 육신의 모든 지체를 하나님께 완전히 순종시키는데 이르는 큰 한 걸음 (a giant step)입니다. 왜냐하면 우리가 방언으로 기도하면 성령이 충만하게 됩니다. 성령이 충만하면 전인격이 성령에게 장악이 됩니다. 자연스럽게 성령에게 입술이 장악이 되니 혀가 성령의 인도를 받게 됩니다. 혀가 성령의 인도를 받으니 혀가 성령에게 복종하게 되는 것입니다. 자연스럽게 성령의 말하게 하심에 따라 혀가 움직이게 된다는 뜻입니다. 우리가 가장 다스리기 힘든 지체를 순종시킬 수 있다면 육신의 어떤 다른 지체도 다스릴 수가 있습니다. 혀가 성령에게 순종하면 다른 지체도 자연스럽게 성령의 감동에 순종하는 것입니다.

방언기도는 기도의 모든 것이 아닙니다. 기도에는 여러 가지가 있습니다. 방언기도를 한다고 다된 것이 아니라는 것입니다. 반드시 성령으로 세례를 받고 성령의 이끌림을 받아가며 방안기도를 해야 합니다. 필자가 지난 20년이 넘도록 성령치유 목회를 하면서 체험한 바로는 방언기도를 하는 분들도 성령으로 세례를 받지 못한 분들이 있었다는 것입니다. 반대로 방언기도를 하지 못하는 분들도 성령으로 세례 받아 마음 안에 주인으로 계시는 성령께서 잠재의식을 정화하면서 성전을 견고하게 지어가는 분들이 많습니다. 그렇기 때문에 방언기도를 하게 되면 성령세례를 받은 것이라고 인정하는 것은 이해하기 쉽지 않다는 것입니다.

어떤 특정한 교파에서는 성령세례를 받아야 천국에 갈 수가 있다고 한다는 것입니다. 그렇기 때문에 방언기도를 자신이 만들어서 인위적으로 하는 경우가 많더라는 것입니다. 반드시 방언기도는 성령 안에서 성령으로 해야 되는 것입니다. 방언기도는 기독교의 전용물이 아니라는 것입니다. 불교에서도 방언기도를 하고 있기 때문입니다. 그렇기 때문에 성령 안에서 방언기도를 해야 합니다.

7장 방언기도는 해야 하는 시기와 때

(고전14:18)"내가 너희 모든 사람보다 방언을 더 말하므로 하나님께 감사하노라"

하나님은 예수를 믿는 성도들과 대화하기를 원하십니다. 성령의 지배가운데 성령 안에서 하는 방언기도는 영으로 하나님과 교통하는 적극적인 수단입니다. 예수님 승천하신 후 120명의 제자들이 마가 요한의 다락방에 모여 일심으로 기도를 했습니다. 그래서 오순절 날이 이르매 갑자기 방안에 큰 소리가 나면서 바람이 가득한 것 같더니 각사람 머리 위에 하나씩 성령의 불길이 임하였습니다. 그러자 그들이 성령의 충만함을 받고 성령이 말하게 하심을 따라 다른 방언으로 말하기 시작한 것입니다.

첫째, 방언 기도는 성령님이 우리의 입을 통해 기도해 주시는 보혜사의 역할을 한다. 보혜사 성령이라고 하지 않습니까? 보혜사란 하나님께로부터 보냄을 받아 우리를 돕기 위해서 항상 곁에 계신 분이라는 말인 것입니다. 그러므로 성령은 눈에 안보이지만 바람같이 항상 우리 곁에 있어서 우리를 도우려고 애를 쓰시는 것입니다. 이 보혜사 성령께서 우리를 위해서 직접 기도해 주는 것이 방언 기도입니다.

이는 마치 어머니가 기도할 줄 모르는 어린 아이가 손을 잡고 있으나 말을 못해서 더듬더듬 할 때 어린 아이 손을 덥석 잡고 대신 기도를 해줍니다. 어린 아이가 기도하는 것보다도 어머니가 유창하게 대신 기도해 주는 것이 하나님 앞에 훨씬 빨리 상달되는 것처럼 우리가 더듬거리고 기도를 잘 못하는데 성령께서 보혜사가 되셔서 직접 우리의 입을 통하여 방언으로 기도하면 하나님의 은혜가 신속히 임하게 되는 것입니다.

하나님은 고린도전서 14장 2절에서 "방언을 말하는 자는 사람에게 하지 아니하고 하나님께 하나니 이는 알아듣는 자가 없고 영으로 비밀을 말함이라"고 말씀하십니다. 방언은 사람에게 하는 것이 아니며 사람 들으라고 하지 않습니다. 경험이 없는 사람은 자기 방언하는 것 자랑하려고 사람들이 있는데서 고함을 치고 방언을 목으로 입술로 따다다…. 따다다…. 따다다…. 해대는데 이는 잘못입니다. 방언기도는 영으로 하나님께 비밀을 말하는 것입니다. 그리고 성령의 지배가운데 성령 안에서 성령으로 하는 방언은 비밀을 말하는 것이기 때문에 사람들은 알아듣지 못하고 심지어 마귀들도 알아듣지 못합니다. 방언은 오직 내속에 있는 성령님이 나를 위해서 하나님께 비밀로 기도해 주시는 것이기 때문에 아주 비밀 통로인 것입니다. 아무 사람도 하나님이 허락하지 아니하시면, 통역을 하지 아니하면 알아듣는 자가 없고 더구나 마귀가 못 알아들으니까 얼마나 좋습니까? 대책을 세울 수가 없지요. 그렇기 때문에 방언은 우리에게 큰 도움이 됩니다.

피고가 법정에 불려가서 원고 측 변호사의 질문을 받습니다. 피고는 별로 학식도 없고 언변도 없어서 대답을 못하고 우물쭈물하고 몸을 비틀고 당황합니다. 그럴 때 피고 측 변호사가 "앉으십시오. 내가 대신 이야기 할 테니까." 엄청나게 조리정연하고 유창하게 변호를 하기 때문에 원고 측에서 아무리 해도 이길 수가 없게 되고, 나중에 재판관이 피고 측이 무죄 석방되도록 선고를 해 내려주는 것입니다. 이런 것이 바로 보혜사의 일인 것입니다.

보혜사는 우리의 연약함을 도우시기 위해서 와 있는 것입니다. 우리 스스로가 힘 있고 강해서 도움이 필요 없다면 안하지만, 우리가 성령님의 도우심을 간절히 간구하고 의지하면 보혜사 성령님이 말할 수 없는 탄식으로 우리를 위해서 친히 간구한다고 말했습니다. 이 성경에 우리가 기도하는데 그냥 도와주는 것이 아니라 '말할 수 없는 탄식'으로 우리를 위하여 친히 간구하신다. 직접 기도를 해주시는 것입니다. 얼마나 좋습니까? 나 혼자 기도하는 것보다 성령님이 나를 통해서 직접으로 기도해 주시니 말할 수 없이 힘 있는 기도지요. 그러니 마음을 살피는 이가 성령의 생각을 아시나니 성령은 아버지의 뜻을 알기 때문에 아버지의 뜻에 합당하게 기도하는 것입니다. 그렇기 때문에 일반적으로 기도해서 응답받지 못하는 사람들도 방언으로 기도하면 많은 응답이 다가오는 것을 체험할 수 있는 것입니다.

둘째, 큰 시련과 고난으로 기도하지 못할 때 방언으로 기도한다. 우리가 어지간한 고난을 당할 때는 기도할 수 있습니다. 엎드

려서 "하나님, 고통당하고 괴롭습니다. 도와주시옵소서." 탄식이
라도 하지만, 너무 기가차면 말이 안 나옵니다. 당신도 살아오면
서 그런 체험을 한 적이 있을 것입니다. 기가 차서 말이 안 나온
다. 아예 정신이 아뜩하고 무슨 말을 해야 될지 모릅니다. 그때는
기도를 해야 되겠는데 기도를 할 수가 없습니다. 숨이 넘어가는
것 같고 사람이 돌아 버릴 것 같습니다.

그때는 성령님께 의지하면 성령께서 말할 수 없는 탄식으로 방
언으로 직접 기도해 주므로 그 어려운 고난에서 해방되어 나올 수
가 있는 것입니다. 큰 시련을 당해보지 않는 사람은 모릅니다. 그
러나 큰 시련을 인생에서 당한 사람은 기도를 해야 그 시련을 이
길 수 있는데 기도를 할 수가 없습니다. 시련 당한 사람 가서 우리
가 기도하라. 더 열심히 기도하라고 격려는 하지만 사정을 모르는
데 우리도 기도해 줄 수 없지 않습니까?

그러나 성령은 그 사정을 아시므로 성령께 내어 맡기면 성령이
말할 수 없는 탄식으로 기도해 주기 때문에 그 형언할 수 없는 고
난에서 건져냄을 받을 수가 있는 것입니다. 많은 사람이 철야기도
할 때 보면 초저녁에는 기도를 열심히 하다가 초저녁이 지나가면
꾸벅꾸벅 졸고 할 말이 없어서 기도를 못합니다. 몇 시간씩 무슨
말로 그렇게 기도합니까? 저는 목회자 되었어도 1시간만 말로써
기도하고 나면 할 말이 없어요. 되풀이 하지 않고는 할 말이 없습
니다. 그러니 하나님께 오래 기도하려고 해도 말 할 줄 알아야 기
도를 하지 할 말이 없는데 어떻게 기도를 합니까? 그러나 방언 기

도를 하면 다릅니다.

우리가 우리말로 기도하다가 말이 끊어지고 할 말이 없으면 그 다음에는 방언으로 기도합니다. 방언은 내가 노력해서 하는 것이 아니고, 성령이 직접 내 입을 통해서 하는 것이기 때문에 방언으로 잔뜩 기도합니다. 그러다가 내 말을 할 수 있는 기억이 돌아오면 방언을 그치고 또 내 말로 기도합니다. 그러다가 또 기도가 막히면 방언으로 기도합니다.

그래서 바울 선생이 말하기를 "내가 어떻게 할꼬? 나는 말로써 기도하고, 영으로, 방언으로, 기도하고 찬송도 말로써 찬송하고, 찬송을 모르면 방언으로 찬송하면 되는 것입니다." 우리가 찬송을 다 외우지 못하지 않습니까? 산이나 들에 가서 예배를 드리는데 찬송가책을 안가지고 왔으면 자기가 아는 정도의 찬송으로 찬송을 한 다음 찬송할 것이 없습니다.

그때는 방언으로 찬송하면 성령께서 직접 여러분의 입술과 목청을 통하여 찬송을 해주는 것입니다. 그러므로 성령이 우리와 같이 계셔서 고난당할 때 도움을 주는 큰 역사를 합니다.

셋째, 마음을 다스릴 수 없을 때 방언기도하면 귀신이 쫓겨나간다. 이것도 체험했을 것입니다. 필자도 이런 것을 종종 체험합니다. 이유가 없습니다. 미운 사람도 없고, 싸운 적도 없고, 그렇게 답답한 일도 없고, 일이 별로 없는데 마음이 이상하게 답답하고, 슬프고, 우울하고, 살고 싶은 생각이 없어지고, 마음이 싱숭생숭

하고, 꼭 미쳐 버릴 것 같습니다. 이것 왜 이럴까? 그래서 "하나님 내 마음이 왜 이렇습니까? 왜 이렇습니까?" 그러자 마음에서 방언기도가 나옵니다.

방언기도를 한참 하니까, 아~ 그 다음부터 귀신이 튀어 나가는데 한 놈 튀어 나오고, 두 놈 튀어 나오고, 세 놈 튀어 나오고, 귀신이 튀어나가고 난 다음에 마음이 완전히 쾌활해지고 편안해지고 기뻐지고 즐거워지는 것을 여러 번 체험했습니다. 귀신은 마음에서 올라오는 소리로 방언기도를 할 때 제일 고통스러워합니다. 마음으로 방언기도를 하여 성령으로 충만해지니 귀신이 성령의 권능에 밀려서 튀어나오는 것입니다. 필자는 내가 모르는 사이에 귀신이 내 마음을 누른 것을 어떻게 아느냐면 비정상적으로 마음이 슬퍼지고, 괴로워지고, 억압이 다가오고, 우울이 찾아오고, 고통이 다가오고, 이럴 리가 없는데 답답해 할 일이 없는데 왜 이럴까? 귀신이 역사하는 것입니다. 그때 그대로 두면 병이 되는 것입니다. 귀신이 집을 짓게 됩니다. 이때 호흡을 들이쉬고 내쉬면서 마음속에서 올라오는 방언으로 기도하면 무슨 귀신이든지 성령의 권능으로 쫓겨 나가게 되는 것입니다.

마가복음 16장 17절에 "믿는 자들에게는 이런 표적이 따르리니 곧 그들이 내 이름으로 귀신을 쫓아내며 새 방언을 말하겠다"고 말한 것입니다. 새 방언을 말하면 성령의 권능으로 귀신이 쫓겨나가게 되는 것입니다. 로마서 8장 1절로 2절에도 "그러므로 이제 그리스도 예수 안에 있는 자에게는 결코 정죄함이 없나니 이는 그리스도 예수 안에 있는 생명의 성령의 법이 죄와 사망의 법에서 너를 해방하였음이라" 성령으로 기도하면 죄와 사망이 쫓겨나가는 것입니다. 죄와 사망이 내 마음을 눌렀다가도 성령으로 기도하면 죄와 사망의 영이 쫓겨나가고 마는 것입니다. 그렇기 때문에 우리가 항상 마음에 평안과 기쁨을 누리기 위해서는 말로써 기도하고 방언으로 기도하는 것이 굉장히 필요한 것입니다.

다섯째, 마음에 기쁨과 평안을 잃었을 때 방언으로 기도한다. 마음에 아무래도 기쁨이 안 생겨요. 밥도 먹고 옷도 입고 집도 편안한대도 마음이 기쁘지 않고 우울한 것입니다. 다른 사람들은 기뻐하는데 왜 마음이 나는 기쁘지 않을까. 마음이 평안하지 않고 늘 불안합니다. 그럴 때 그 마음에 기쁨이 없고 불안할 때 치료하는 것은 방언기도인 것입니다.

하나님은 이사야 28장 11-12절에서 "그러므로 더듬는 입술과 다른 방언으로 그가 이 백성에게 말씀하시리라 전에 그들에게 이르시기를 이것이 너희 안식이요 이것이 너희 상쾌함이니 너희는 곤비한 자에게 안식을 주라 하셨으나 그들이 듣지 아니하였으므로"라고 말씀하십니다. 이 말씀을 보십시오. 하나님께서 떨리는 입술과 다른 방언, 어떤 사람은 성령 받고 부르르하며, 어린 아이 입술 떠는 것처럼 떱니다. 떨리는 입술을 가진 사람도 있고, 또 유창하게 방언을 말하는 사람도 있습니다. 그러나 떨리는 입술과 다른 방언으로 하나님이 말씀하겠다는 것입니다. 다른 방언으로 그가 이 백성에게 말씀하리라. 전에 그들에게 이르시기를 이것이 '너희 안식이요 이것이 너희 상쾌함이다' 떨리는 입술과 다른 방언으로 말하면 마음에 안식이 다가오고 상쾌함이 다가온다. 얼마나 좋습니까?

하나님이 직접 우리를 통해서 기도해 주시면서 불안을 밀어내 버리고 슬픔을 밀어내 버리고 안식과 기쁨을 갖다 주는 역사가 방언을 통해서 일어나는 것입니다. 그러므로 어느 교회든지 가보면 방언을 많이 하는 교회는 교인들이 다 활기차고 생기가 넘칩니다. 방언으로 기도하여 성령이 충만해지니 마음에 안식과 기쁨이 있기 때문인 것입니다.

다섯째, 개인적인 신앙의 덕으로 타인보다 자신의 유익을 위하여. 덕이라는 것은 무엇이냐면 헬라원어로는 벽돌을 한 장씩 한 장씩 쌓아 올리는 것을 덕(德)이라고 해석을 하는 것입니다. 우리가 방언으로 기도하면 다른 사람에게 덕이 되는 것이 아니라 내게 덕이 되는 것입니다. 다른 사람 들으라고 하는 것이 아닙니다. 내 덕 되라고 기도하는 것입니다. 방언으로 기도하면 내 신앙의 벽돌이 한 장씩 한 장씩 쌓아 올라가는 것입니다.

그러므로 내 신앙이 강화되는 것입니다. 그렇기 때문에 고린도전서 14장 4절에 "방언을 말하는 자는 자기의 덕을 세우고 예언하는 자는 교회의 덕을 세우나니"예언을 하면 교인들이 다 알아듣기 때문에 교인들이 신앙의 덕이 생기지요. 그러나 방언은 자기도 못 알아듣고 교인도 알아듣지 못하니 교인들 듣는데서 할 필요 없이 개인적으로 자기 혼자서 골방에 들어가서 기도합니다. 그러면 자기 덕이 세워지는 것입니다. 좋은 설교를 들으면 큰 은혜를 받고 덕을 얻는 것처럼, 내가 방언으로 유창하게 기도를 하고 나면 개인적으로 큰 은혜를 받고 신앙의 덕이 생기는 것입니다. 그러므로 방언기도를 많이 하고 하나님 말씀을 증거 하면 좋습니다.

그러므로 옛날 초대교회에는 예배를 보면 찬송가도 있고 가르치는 말씀도 있고 하나님의 계시도 받아서 증거 하는 것도 있고 방언기도도 하고 또 방언통역도 있고 한 것입니다. 예배에 반드시 방언이 있었습니다. 그러나 오늘날에 와서는 그 전통을 잃어버리고 방언하는 사람이 없어지고 만 것입니다.

로버트 리어든이 쓴「방언기도는 즐겁다」는 책에서 방언기도가 즐거운 이유를 7가지 이유를 말했습니다.

첫째, 방언기도는 표적으로서 성령 충만을 받았다는 확신을 갖게 됩니다. 자꾸 마귀가 와서 "너는 성령 충만하지 않다. 너는 성령이 안 계신다." 그렇게 말합니다. 그러나 "나는 증거가 있다." "무슨 증거냐?" "방언을 말한다. 사도시대에 그들이 다 성령의 충만을 받고 성령이 말하게 하심을 따라 방언으로 말했다. 그러므로 나도 방언을 말하기 때문에 나는 성령이 충만하다. 사탄아 물러가라!" 성령이 충만하다는 증거를 가지고 있으니 신앙의 확신이 생깁니다.

둘째, 방언기도는 영적으로 강한 사람을 만들어 줍니다. 영적으로 약한 사람이 방언으로 기도하면 점점 신앙에 덕이 쌓아져서 영적으로 강한 초자연적인 사람이 되는 것입니다.

셋째로, 방언을 하면 영적으로 민감하게 하여 영적 사건들을 분별하는데 더욱 민감하게 되는 것입니다. 영이 날카로워져서 마귀의 역사를 분별해 내고, 하나님의 역사를 알아내서 하나님의 뜻을 쉽게 순종할 수 있게 만들어 주는 것입니다. 마음이 날카로워 지는 것입니다. 칼이 있어도 잘 갈아 놓으면 칼이 날카로워져서 음식을 만들 때 잘 들어서 잘 요리할 수 있지 않습니까? 무딘 칼로써는 무도 안 베어지고 두부 같은 것이나 뻘까 소고기도 안 베어지지 않습니까? 그러나 칼을 베어 날카롭게 해놓으면 음식물 만들 때 잘 베어지는 것처럼, 그냥 기도하면 그것도 좋지요. 그러나 방언으로 기도하면 자신의 영의 직감의 칼날이 날카로워지는 것입니다. 그래서 날카롭게 마귀의 일을 분별해 내고, 성령의 권능을 사용할 수 있게 만들어 주는 것입니다.

넷째로, 방언기도는 영으로 하나님과 대화함으로써 믿음을 굳게 하며…. 영으로 기도하니까 하나님이 살아 계시냐? 안살아 계시냐? 그런 질문이 없어지는 것입니다. 내가 지금 하나님과 이야기하고 있는데요. 어떤 사람이 저보고 그런 말을 해요. "당신 교회 목회를 하는데 정말 하나님이 살아 계시냐?" 그래요 나보고…. 그래서 내가 "오늘 아침에도 하나님과 이야기하고 왔는데요? 하나님이 안살아 계시면 어떻게 하나님과 이야기 하나요?" "하나님과 어떻게 이야기 하나요?" "하나님 말로써 이야기 한다. 한국말로 영어로 이야기하지 않고, 하나님 말로 이야기 한다." "하나님 말로 어떻게 하느냐?" "방언으로 하나님과 직접 나는 이야기한다." 그러니 하나님 계셔서 하나님과 대화를 하고 왔는데 자꾸 하나님 있냐고 없냐고 하면 어떻게 하느냐? 당신도 그렇습니다.

하나님이 정말 살아서 역사하시냐! 살아계시지 않느냐! 마음에 의심이 되면 성령으로 방언기도를 해보세요. 자신이 스스로 하는 것이 아니고, 성령의 능력으로 하나님께 기도하고 대화를 했는데 하나님과 이야기 하고 난 다음 하나님이 안계시다고 말할 수가 있나요? 하나님이 살아계신 것에 대한 믿음이 확실해 지는 것입니다.

다섯째, 방언으로 기도하면 언어 사용에 더욱 신중하게 되는 것입니다. 방언을 하게 되면 내가 아닌 하나님의 성령께서 내 입술을 사용해서 말을 하기 때문에 발음이 정확해 지는 것입니다. 영어 공부하는 사람은 방언으로 기도 많이 하면 영어 발음이 좋아지고, 아마 중국어 공부하는 사람 방언으로 기도 많이 하면 중국어 발음이 좋아질 것입니다. 발음이 똑똑해지는 것은 전혀 우리 한국말이 아닌 하늘나라 말을 할 수 있도록 혀와 입술이 훈련을 받기 때문인 것입니다. 그러므로 방언은 성령님께 우리의 입을 복종케 함으로 혀를 잘 다스리도록 하기 때문인 것입니다.

여섯째, 방언기도는 영적으로 새 힘을 주어 우리 신앙생활에 신선함과 활력을 잃지 않게 만들어 주는 것입니다. 방언기도하면 성령으로 충만해지기 때문입니다. 오래 예수 믿은 사람은 그만 늙어서 지쳐 버리는 것입니다. 신앙에 지쳐져서 생동감이 없어요. 막 박수를 치고 찬송을 하고 뛰고 구르면 "우리도 옛날에 그렇게 했다. 그러나 세월이 지나가 봐라. 너도 다 우리처럼 된다." 신앙에 늙어서 맥이 끊어지는 것입니다. 그러나 방언으로 기도하면 항상 신앙의 젊음을 유지할 수 있는 것입니다. 항상 마음이 새로워지고 쾌활해지고 활달해지므로 신앙의 젊음을 유지할 수 있는 것입니다. 육은 날로 연약해지나 영은 날로 강건해집니다.

일곱째, 우리가 방언으로 기도 많이 하면 성령의 권능을 받아서 능력전도를 열심히 할 수 있는 것입니다. 전도는 성령의 권능이 있어야 할 수 있습니다. 전도는 마귀와의 전쟁이기 때문입니다. 과거에 믿음의 선조들에게 하나님이 성령의 은사를 주어서, 방언으로 기도하므로 믿음이 강해지고, 살아계신 하나님에 대한 은혜가 넘쳐나서 담대하게 전도했기 때문에 지금 시대에 이런 은혜의 역사를 누리고 있는 것입니다.

방언기도를 하는 습관이 중요합니다. 기도는 습관이 되어야 합니다. 무시로 하나님을 찾는 습관이 기도하게 하는 것입니다. 길을 걸어가면서도 마음속에서 나오는 소리로 방언기도를 하는 습관을 갖기를 바랍니다.

8장 방언기도의 은사를 쉽게 받는 비결

(고전14:2)"방언을 말하는 자는 사람에게 하지 아니하고 하나님께 하나니 이는 알아듣는 자가 없고 그 영으로 비밀을 말함이니라"

성도는 예수를 믿고 성령으로 거듭난 하나님의 자녀입니다. 하나님의 자녀는 영적인 존재들입니다. 하나님의 나라에 소속된 사람답게 영으로 말을 해야 합니다. 영으로 말하는 것이 바로 방언으로 기도하는 것입니다. '방언을 말하는 것' 또는 '영으로 기도하는 것'은 기독교 신자가 발설하는 말의 형태를 자기 내부에 내주하시는 성령의 인도하심에 맡김으로써 일어나는 현상입니다. 이것은 하나님과 인간 사이에 협동 사역으로 인한 것입니다.

"저희가 다 성령의 충만함을 받고·····다른 방언으로 말하기를 시작하니라."(행2:41)

'방언의 은사'는 그것을 간절히 사모하는 사람에게 주어지는 것이지, 반드시 '성령 충만'의 징표로서 나타나는 것은 아닙니다. 또한 실제로 성령 충만한 사람들이 반드시 이러한 은사를 나타내는 것도 아닙니다. 하나님의 영으로 거듭남이 없이는 진정한 방언의 은사를 받을 수 없습니다. 방언의 은사는 구약에서는 나타나 있지 않습니다. 방언의 은사는 각자 스스로 자기 자신의 덕(유익)을 세우기 위해 사용할 수 있는 유일한 은사입니다. 방언을 말하는 사람에게는 몇 가지 종류의 방언이 함께 주어짐으로써 그때그때의 목적에 따라 각기 다른 방언을 사용할 수도 있습니다.

첫째, 방언기도의 은사를 받아야 하는 이유. 은사는 받겠다고 해서 다 받아지는 것은 아닙니다. 아무리 그 은사를 사모하고 오랫동안 기도해도 하나님의 뜻이 아니라면 그 은사는 오지 않는 것입니다. 그러나 예외가 하나 있습니다. 방언의 은사는 달라고 간절히 기도하기만 하면 누구에게나 주십니다. 방언의 은사는 누구나 받는 은사이고, 누구에게나 주시는 은사이고, 누구나 받아야 하는 은사인 것입니다. 방언의 은사는 제일 작은 은사, 별로 귀한 은사가 아닌 것같이 생각하는 사람이 많습니다. 물론 방언의 은사는 성령의 모든 은사 중 가장 흔한 은사입니다.

그러나 어느 면에서는 성령의 모든 은사 중 가장 귀한 은사가 방언의 은사라고 말할 수도 있을 것입니다. 사람의 생각으로는 희귀한 것이 귀한 것처럼 보이지만, 하나님은 인간이 사는데 꼭 있어야 하는 귀한 것일수록 그것을 아주 흔하게 공급해 주십니다. 그것 없이는 단 몇 분도 살지 못하고 죽고 마는 공기 같은 것은 하나님은 무한량으로 공급해 주십니다. 방언의 은사는 매우 흔한 은사이고, 누구나 원하기만 하면 주시는 것은 그것이 우리가 신앙생활을 해 가는데 있어서 꼭 필요한 아주 귀중한 은사이기 때문입니다. 그럼 방언이 어째서 그토록 귀한 은사인가? 하는 이유를 생각해 보기를 원합니다.

1) 방언은 나의 영이 하나님과 교통하는 수단입니다. 방언의 은사를 받았다는 것은 하나님과 나의 영 사이에 전용 무전기를 설치해 놓은 것과 같은 것입니다. 이 무전기를 통해 아침저녁으로 그리고 수시로 하나님과 나의 영이 비밀 통화를 하는 것입니다.

2) 방언으로 기도를 하면 나의 영이 나도 모르는 것을 기도합니다. 사람이 기도를 할 때, 곧 인간의 언어로 기도를 할 때, 그 기도의 내용은 매우 제한적입니다. 자신의 머리로 생각하는 것, 생각할 수 있는 것 밖에는 기도할 수 없습니다.

그러나 영으로 기도를 할 때에는 곧 방언으로 기도를 할 때에는 내 속에 있는 영이 직접 하나님께 기도를 하는 것이기 때문에 나의 생각, 나의 육신의 욕망이나 세상적인 욕심을 떠난 순수한 영적 소원을 위해 기도하게 됩니다.

3) 방언은 신령한 곳으로 들어가는 문입니다. 방언을 받은 사람이라면 입술과 혀에 경련이 일어나면서 방언이 터져 나오던 그 첫 순간을 잊지 못할 것입니다. 이것은 신령한 것을 몸으로 직접 느끼는 하나의 강렬한 체험입니다. 그때 느꼈던 희열과 하나님께 바쳤던 뜨거운 감사를 잊지 못할 것입니다. 이때부터 그는 신령한 영계에 그 한 발을 들여놓게 되는 것입니다.

4) 방언은 다른 신령한 은사로 통하는 문입니다. 성령의 신령한 은사, 예언, 병 고치는 능력, 능력 행함의 은사 등 은사를 받은 사람 중에 방언을 하지 못하는 사람은 없습니다. 말하자면 방언은 신령한 은사로 들어가는 활짝 열린 문인 것입니다. 방언을 받지

못하고는 다른 신령한 은사를 받을 수가 없는 것입니다. 방언은 성령을 충만하게 하는 적극적인 수단이기 때문입니다.

5) 방언 기도하는 것에 의해서 영이 자랍니다. 방언 기도를 통해 나의 영이 하나님과 교통을 하게 되고, 이 하나님과의 계속적인 교통을 통해 나의 영이 성장을 하게 됩니다. 그리고 영이 성장하게 되면 그 만큼 하나님을 더 가까이 체험하게 됩니다.

둘째, 사모하는 마음이 있어야 한다. 하나님은 사모하는 영혼에게 만족함을 주십니다. 주린 영혼에게 좋은 것으로 채워주십니다. "그가 사모하는 영혼에게 만족을 주시며 주린 영혼에게 좋은 것으로 채워주심이로다."(시107:9)

방언기도의 은사는 성령하나님이 선물로 주시는 것입니다. 그러나 사모하는 마음을 가져야 합니다. 예언의 은사는 예언의 은사를 받으려는 소원이 있어야 합니다. 그리고 예언을 하려고 해야 하나님이 예언의 은사를 주시는 것입니다. 방언의 은사를 사모해야 합니다. 입을 열어 주여! 주여! 소리를 내면서 방언기도를 하려고 하십시오. 그러면 하나님이 방언의 은사를 주실 것입니다. 은사는 선물로 주시는 것이지만 사모하고 간구해야 받는 것입니다. 반드시 성령의 역사에 따라갈 때 은사를 받는 것입니다.

셋째, 나도 방언기도를 할 수 있다는 믿음이 중요하다. 방언의 은사를 받으려면 무엇보다 나도 방언을 할 수 있다는 자신감이 중요합니다. 하나님은 사람의 의지를 통하여 역사하시기 때문입니다. 오순절 마가의 다락방에서 성령이 임하신 이후로 성령은 예수를 믿는 자의 영안에 거하십니다. 영은 사람의 마음 안에 있습니다. 예수를 믿는 우리는 모두 영 안에 성령을 모시고 사는 사람들입니다. 그러기 때문에 구약의 선자자 보다 성령이 임하신 신약시대의 성도들에게 더욱 강한 성령의 은사가 역사하는 것입니다. 당신(나)도 방언할 수 있습니다.

담대한 믿음을 가지시기를 바랍니다. 그러면 당신(나)도 방언의 은사를 받을 수가 있습니다. 이런 변하지 않는 믿음이 있으면 당신(나)은 분명하게 방언을 할 수가 있습니다. 믿음대로 방언기도를 하려고 하면 반드시 방언으로 기도를 하게 됩니다.

넷째, 성령이 역사하는 장소로 가야한다. 방언의 은사를 받으려면 성령이 역사하는 장소로 가야 합니다. 성령으로 세례를 받고 방언기도를 인정하는 사역자를 찾아가야 합니다. 절대로 혼자 기도하여 방언을 받을 수가 없습니다. 방언은 성령의 은사이기 때문입니다. 성령의 역사가 있는 장소에 가서 성령으로 장악을 당해야 방언의 은사가 열립니다. 자기가 성령으로 장악이 되는 시간이 필요합니다. 빨리 성령으로 장악을 당하려면 뜨겁게 기도를 해야 합니다. 숨을 코로 깊게 들이쉬면서 배에서 나오는 소리로 주여! 주여! 주여!를 하면서 부르짖던지, 아니면 할렐루야! 할렐루야! 할렐루야! 하면서 입을 열어 소리를 내야 빨리 성령으로 장악이 됩니다. 성령으로 장악이 되면 방언이 순간 터지는 것입니다. 그런데 빨리 방언기도가 열리는 사람이 있는가 하면, 시간이 많이 소요되는 사람도 있습니다. 마음을 열고 소리내어 기도를 뜨겁게 해야 합니다. 그러므로 방언의 은사를 받으려면 의지를 가지고 부르짖어 기도하면서 방언기도가 열릴 때까지 기다려야 합니다.

제가 지금까지 체험한 바로는 성령의 강한 사로잡힘, 임재가 있어야 방언기도가 열립니다. 자기 힘을 다하여 한계가 넘을 때까지 부르짖을 때 방언이 열립니다. 고린도전서 12장의 은사는 성령을 받을 때 9가지 은사가 모두 우리 안에 은사(선물)로 주어졌습니다. 내면에 주어진 은혜의 선물들이 역사하기 위하여서는 주신 것을 믿고 승복하고 믿음으로 실시하며 훈련하는 길뿐입니다. 방언의 은사는 입으로 발설하지 않으면 언제 까지나 잠정적으로 있을 뿐입니다. 입을 열어 말을 하려고 노력해야 방언이 열리는 것입니다. 의지를 다하여 소리를 내야 방언의 은사가 열리는 것입니다. 우리가 바르게 알아야 할 것은 방언의 은사가 열리는 것으로 끝나는 것이 아니라는 것입니다. 일부 성도들이나 목회자들이 그냥 방언기도만 하면 성령의 세례를 받은 것으로 알고 있습니다.

그러나 내가 지금까지 성령사역을 하면서 체험한 바로는 방언의 은사가 임한 다음에 성령의 강한 역사가 일어나더라는 것입니다. 그러므로 방언의 은사를 받았지만 성령의 강한 역사를 체험하지 못했다면 성령의 강력한 역사를 체험하려고 해야 합니다.

방언의 은사가 열리고 성령으로 세례 받을 때 체험적으로 나타나는 현상을 이렇습니다. 잘 이해하고 성령의 세례를 거부하지 않도록 하시기 바랍니다. 우리 충만한 교회 기도 시간에 보편적으로 일어나는 현상은 이렇습니다.

① 호흡이 깊어지거나 빨라지고 손이 찌릿찌릿 하기도 합니다. 이는 악영과 성령의 대립 현상이나 상처를 풀어주는 현상이기도 합니다. ② 주체 못하게 울음이 터지거나. 웃음이 터지는 경우도 있습니다. 방언이 나오게 됩니다. ③ 가슴을 찌르고 무엇이 빠져나오는 아픔을 느낄 수 있습니다. ④ 위장이나 아랫배 부근에서 어떤 뭉치 같은 것이 움직이는 것을 느낄 수도 있습니다.

⑤ 큰소리가 속에서 터져 나오기도 하고 온 몸에 불이 붙은 것 같이 뜨겁기도 합니다. ⑥ 가슴이 답답하고 기침이 나오고 손과 입에서 불이 나오는 것을 느끼기도 합니다. ⑦ 기침, 하품, 트림이 나오고. 토하기도 하고 메스꺼움을 느끼기도 합니다. ⑧ 멀미하는 것처럼 속이 울렁거리며 아랫배가 심히 아프기도 합니다. ⑨ 머리가 아프고 어지럽고 몸이 감당하지 못하게 흔들리기도 합니다. ⑩ 때로는 얼굴이나 몸 전체가 뒤틀리다가 풀어져 평안해지기도 합니다. ⑪ 때로는 집에 돌아가서도 심신의 괴로움 현상이 일어날 수 있습니다. 이것은 일종의 성령의 임재와 치유의 현상이니 두려워말고 조금 있으면 없어집니다. 많은 분들이 이런 체험이 있은 후 방언이 열리고 능력이 나타납니다. 그런데 모두 방언기도가 열리는 것이 아닙니다. 방언기도가 열리지 않았다고 실망할 필요가 없습니다. 성령께서 하시는 일이기 때문입니다. 성령세례를 받았

어도 방언기도를 하지 못하는 분들이 있기 때문입니다. 성령의 세례는 단회적인 사건입니다. 성령의 세례를 체험했다면 이제 성령의 불세례를 받으면서 자신의 심령을 정화해야 합니다. 심령을 정화하면서 성령으로 충만하려고 노력해야 합니다. 성령의 충만이 지속적이 되도록 노력해야 합니다.

다섯째, 방언은사를 받는 방법. 방언을 받는 방법은 오직 한 가지뿐입니다. 간절히 사모하며 주야로 그것을 위해 기도하는 것입니다. 은사 중에는 그 은사가 이미 임해 있는데도 본인이 그것을 모르고 있는 경우가 있습니다. 그러나 방언의 은사는 본인의 입으로 방언이 터져 나오는 것이기 때문에 은사가 임하는 즉시 본인이 그것을 알게 됩니다. 방언은 반드시 기도하는 중에 받게 됩니다. 입 다물고 가만히 있는데 갑자기 방언이 터져 나오는 일은 절대로 없습니다. 주여! 주여! 하면서 소리를 내면서 하나님을 찾아야 합니다. 마음을 열고 주여! 하면서 소리를 내지 않으면 방언기도는 열리지 않습니다. 때문에, 평소 기도하지 않는 사람에게는 방언의 은사는 결코 임하지 않습니다. 방언 그 자체가 기도하기 위한 은사이기 때문입니다. 예수님을 오래 믿고도 방언도 받지 못한 사람은 대개는 기도하지 않는 사람들입니다.

방언의 은사는 속으로 묵상 기도를 할 때에도 임하지 않습니다. 배에서 나오는 소리로 크게 소리 내어 외치며 기도할 때에 방언의 은사가 임합니다. 혼자서 기도할 때보다도 여러 사람이 한 자리에 모여 배에서 나오는 큰 소리를 내며 열정적으로 기도할 때에 방언의 은사는 더 잘 나타납니다. 그러므로 방언의 은사를 받고자 하는 사람은 될 수 있는 대로 큰 소리로 기도를 해야 하며, 기회가 있을 때마다 성령치유센터에 가거나. 금요 철야기도나, 교회에서 하는 성령은사 치유집회 등에 자주 참석해서 모두들 배에서 나오는 큰 소리로 통성 기도를 할 때, 그 속에 끼어 힘을 다해 큰소리로 외치며 기도를 해야 합니다. 방언의 은사를 달라고 외치며 기도할 때 방언이 갑자기 터져 나오기도 하지만, 그 보다는 다른 것을 위한 기도를 배에서 나오는 소리로 정신없이 하고 있을 때 예기치 않게 방언이 터져 나오는 수가 많습니다.

1)처음 방언은 어떻게 터져 나오는가? 입술이 비틀리거나 혀가 경련을 일으키거나, 혀가 굳어져 입천장에 올라붙거나, 하여간 발성 기관인 입술이나 혀에 갑작스런 이상이 생겨서 이상하고 묘한 소리가 튀어나옵니다. 이게 방언입니다. 방언의 은사가 임한 것입니다. 이때 주의할 것이 있습니다. 방언의 은사가 왔구나! 하고 입술과 혀의 움직임을 멈추면 안 됩니다. 계속 입술과 혀를 놀려야 합니다. 계속 입술과 혀를 움직여 소리를 내야 합니다.

있는 힘을 다해 큰 소리로 정신없이 땀을 흘리며 미친 사람처럼 뜻도 모르는 소리를 질러대야 합니다. 이렇게 2분이고 5분이고 계속하고 나면 이제 방언의 은사하는 내 것이 된 것입니다. 그러나 이것으로 다 끝난 것은 아닙니다. 다음은 방언기도를 계속 해야 합니다. 시간 나는 대로 혼자 앉아서 소리를 내어 방언으로 기도를 해야 합니다. 또 여러 사람들이 모여 큰 소리로 통성 기도를 할 때, 특히 방언으로 기도를 할 때, 그 틈에 끼어 방언 기도를 열심있게 해야 합니다. 그래서 아무 때고 마음만 먹으면 방언을 자연스럽게 술술 나오도록 지속적으로 하는 것입니다. 어느 정도 소리 내는 방언기도가 숙달이 되면, 다음에는 그 소리에 내 마음의 간절함을 싣는 방언기도를 합니다. 이상한 소리만 내는 것이 방언기도는 아닙니다. 마음속의 간절함을 그 소리에 실어 드리는 것이 방언 기도인 것입니다.

2) 방언을 받지 못하고 있는 사람들. 방언을 받기 위해 열심히 기도를 하며 노력은 하는데 방언을 받지 못하고 있는 사람들이 있습니다. 이들이 방언을 받지 못하고 있는 이유 중 가장 큰 것은 방언을 잘못 이해하고 있는데 있습니다. 아직 방언을 받지 못하고 있는 사람들 중에는 방언이란 시동을 걸어 놓은 자동차 엔진처럼, 가만히 있어도 방언이 저 혼자 나오는 것인 줄 알고 있는 사람들이 많은 것입니다. 그래서 "방언의 은사를 주시옵소서."하고 기도하고는 이제 입속에서 방언이 나오나 안 나오나 입 다물고 기다리고 있는 것입니다. 이렇게 해서는 방언의 은사는 받지 못합니다. 방언의 은사는 입술이나 혀에서 오는 것이 아니라 내 심령 속에 오는 것입니다. 처음 방언이 터져 나올 때, 입술이나 혀가 경련을 일으키거나 마비되거나 하는 것은 하나님께 이제부터 너에게 방언의 은사를 주노니 앞으로는 방언으로 기도를 해도 좋다고, 하시는 하나님의 신호인 것입니다. 이 하나님의 신호를 통해 내가

방언의 은사를 받았다는 사실을 알게 되면 그때부터는 내 힘으로, 나의 의지로 내 혀와 입술을 움직여 방언을 해야 하는 것입니다. 한마디로 말해서 방언은 가만히 있어도 저절로 입에서 술술 나오는 것이 아니라, 내가 의식적으로 해야 하는 것입니다. 그럼, 어떻게 그게 하나님의 은사냐? 하고 물으실 분도 계시겠지만, 방언이란 소리가 아니라, 그 소리에 실려 올라가는 나의 영의 기도이기 때문입니다.

3) 방언은 소리에 그 뜻이 있지 않다. 아직 방언을 받지 못하고 있는 사람들 중 많은 사람들이, 그리고 방언을 이미 받아서 방언 기도를 하고 있는 사람들 중에서도, 적지 않은 사람들이 잘 못 알고 있는 것이 있는데, 그것은 방언할 때 내는 소리 그 자체에 뜻이 있을 것이란 생각입니다. 마치 인간들의 언어처럼 소리나 소리의 순서에 어떤 뜻을 가지고 있을 것이란 것입니다.

명확하게 말하지만, 방언 기도를 할 때 내는 그 소리 자체에는 아무 뜻도 없습니다. 랄랄랄 하든 룰룰룰 하든, 또 뭐라고 하던, 소리, 그 자체에는 아무 뜻도 없다는 말입니다. 저도 처음 방언을 받았을 때에는 소리 그 자체에 어떤 뜻이 있는 줄 알았습니다. 그러나 그 후, 그렇지 않다는 것을 깨달아 알게 되었습니다. 내가 방언으로 기도를 시작하면 나의 영이 하나님을 향해, 성령의 이끌림으로 영이 기도를 드리기 시작합니다.

그러니까 밤새도록 입으로는 랄랄랄랄 하고, 한 가지 소리만 하고 있어도, 기도하는 영은 하나님을 향해 온갖 내용의 기도를 다

드리고 있는 것입니다. 그렇다면, 방언 소리를 듣고 어떻게 그것을 통역하는가 하는 문제가 나옵니다. 이 문제는 방언 통역의 은사를 말 할 때 자세히 이야기하기로 합니다.

방언 기도를 하는 사람들 중에는 그저 입술만 놀리고 뭐라고 소리만 내고 있으면 그것이 방언 기도인 줄 알고 있는 사람들도 있는데, 이것 또한 잘못된 생각입니다. 모든 기도는 기도하는 사람의 진정과 간절함과 뜨거운 열정이 있어야 합니다.

그래야 그것이 기도가 되는 것입니다. 입술로만 중언부언하는 기도는 기도가 아닙니다. 마찬가지로 혀와 입술만 움직여 이상한 소리만 낸다고 그것이 방언 기도는 아닙니다. 그 방언에 하나님을 향한 나의 진정과 간절함과 열정이 실려야 하는 것입니다.

여섯째, 방언기도 은사를 받고 조심해야 할 일. 방언기도의 은사가 열린 다음에 유지하기 위하여 방언으로 뜨겁게 기도해야 합니다. 반드시 성령의 지배가운데 해야 합니다. 많은 분들이 방언의 은사가 열려서 방언으로 기도를 합니다. 방언으로 기도하니 무슨 말을 하는지 모르니까 답답하단 말입니다.

계속 간구하는 기도를 하다가 랄랄랄랄하면서 방언으로 기도하니 답답합니다. 답답하니까 다시 생각하여 말로 기도를 합니다. 말로기도를 하다가 보니 방언의 은사가 소멸이 됩니다. 그러므로 방언의 은사를 받았으면 지속적으로 방언으로 기도를 해야 합니다.

방언으로 기도할 때 유의해야 할 사항은 반드시 호흡을 배꼽아래까지 들이쉬고 내쉬면서 방언기도를 해야 성령이 자신을 완전하게 장악을 하게 됩니다. 세상 사람들은 깊은(단전)호흡을 한다고 돈을 주고 배우고 있습니다. 우리는 성령으로 방언기도를 하면서 복식호흡을 하는 것입니다. 이렇게 성령의 역사가 일어나는 방언기도를 해야 기도하면서 자신의 심령이 치유가 되는 것입니다. 이렇게 방언기도를 해야 영적으로 변합니다. 잘못하면 기도는 많이 하면서 구습이 변하지 않는 바리새인이 될 수가 있습니다.

방언은 가장 귀한 은사입니다. 방언은 나의 영이 하나님과 직접 교통하는 수단입니다. 방언은 이렇게 귀한 것이기 때문에 하나님은 믿는 사람 모두가 다 이 방언의 은사 받기를 원하십니다. 그렇긴 하지만, 한 가지 명심해야 할 것은 방언은 모든 은사 중 가장 낮은 은사라는 사실입니다.

가장 귀한 은사지만, 영적으로는 가장 낮은 수준의 은사입니다. 방언의 은사는 모든 신령한 것으로 통하는 문일 뿐입니다. 방언의 은사를 받았다는 것은 이제 내 앞에 신령한 영의 나라로 통하는 문이 막 열렸을 뿐이라는 뜻입니다.

우리가 이 은사를 받고 조심해야 할 첫째는 교만해져서는 안 된다는 것입니다. 모든 은사가 다 그렇지만, 방언도 내 노력으로 된 것이 아니고, 오직 하나님께서 은혜로 거저 주신 것이기 때문에 결코 그것을 남들 앞에 자랑할 것이 못되는 것입니다. 천사 루시퍼는 자기의 그 아름다움으로 인해서 교만해졌습니다. 그는 자신의 아름다움이 하나님께서 주신 것이란 사실을 잊고 하나님처럼 뭇 천사들의 찬양을 받으려고 하다가 하늘에서 쫓겨 마귀가 되었습니다. 하나님께서 주신 것으로 인하여 교만해지는 것은 그것이 바로 마귀의 마음인 것입니다. 교만은 마귀의 특성이며, 교만하다는 것은 마귀를 닮았다는 것입니다.

방언은 모든 신령한 것으로 통하는 문입니다. 이 은사 받아 더욱 겸손해지고 경건한 생활을 하게 되면 차츰 하나님의 더욱 신령한 세계가 눈앞에 펼쳐지기 시작합니다. 방언이 귀한 은사라는 것은 그것이 신령한 하나님이 세계로 들어가는 입구하는 점입니다. 그러나 자칫 교만해져서 그것을 남에게 자랑을 하거나 경박하게 사용하면 그 신령한 세계로 들어가는 문이 닫히고 맙니다. 하나님께서는 교만한 사람이 신령한 하나님의 세계로 들어오는 것을 원치 않으시기 때문입니다.

여럿이서 한 자리에 모여 방언으로 기도를 할 때에 유념해야 할 것이 있습니다. 남들이 조용조용 기도를 하면 나도 조용히 작은 소리로 기도를 하고, 모두들 큰 소리로 외치며 기도를 하면 나도 크게 외치며 기도를 합니다. 사람들이 모두 조용히 기도를 하는데 혼자서 큰 소리로 외쳐대는 것은 옳은 태도가 아닙니다. 어느 작은 교회의 새벽기도 시간이었습니다.

모두들 조용히 소곤소곤 기도를 하는데, 근처에 사는 다른 교회 성도들이 몇 사람 와서 큰 소리로 방언을 외쳐대는 바람에 그만 그 교회의 경건하고 조용한 새벽기도 분위기가 엉망이 되고 말았습니다. 이렇게 자기만 생각하고 외쳐대는 방언은 결코 하나님께서 기쁘게 받아 주시지 않습니다.

방언을 잘 하는 사람들끼리 한 자리에 모여 방언 기도를 하면 처음에는 조용조용 시작하다가 차츰 기도 분위기가 고조되기 시작하면 모두들 힘을 다해 외쳐대다가 다시 낮아지기 시작해서 조용해지고, 그러다가 또다시 고조되기 시작하면 모두들 있는 힘을 다해 외쳐댑니다.

여럿이서 한 자리에 모여 기도할 때에는 이렇게 높게 낮게 파도를 타면서 때로는 격렬하게 때로는 잔잔하게 기도를 해 나갑니다. 이렇게 기도를 해 나가면 어느덧 서로의 마음이 하나가 되고, 각자의 영이 하나로 융합이 되고, 각기 외쳐대는 기도의 내용이 하나가 됩니다.

그리고 놀라운 기도의 응답이 나타납니다. 거듭 말하거니와, 방언을 받았다는 것은 이제 하나님의 신령한 세계를 체험하기 시작해다는 것을 뜻합니다. 하나님의 신령한 세계를 체험하기 시작했다는 것은 귀로만 듣고 알던 하나님을 이제는 직접 체험하게 되었다는 것을 뜻합니다.

열려라 참깨! 하면 보물을 가득히 숨겨 둔 바위 문이 열리듯, 성령의 지배가운에 성령으로 방언기도를 하면 하늘나라 놀라운 보화가 가득 숨겨진 신비한 하늘나라의 문이 내 앞에 스르르 열리기 시작하는 것입니다. 성령으로 성령 안에서 방언기도할 때 신령한 하늘의 보화가 열리는 것입니다.

9장 예배드릴 때 방언사역을 하는 방법

(행10:44-46)"베드로가 이 말을 할 때에 성령이 말씀 듣
는 모든 사람에게 내려오시니 베드로와 함께 온 할례 받은
신자들이 이방인들에게도 성령 부어 주심으로 말미암아 놀
라니 이는 방언을 말하며 하나님 높임을 들음이러라."

하나님은 사모하는 영혼에게 만족함을 주십니다. 방언기도 은
사를 받아 방언으로 기도하기를 사모하면 주신다는 것입니다. 하
나님은 사모하는 영혼에게 만족을 주시는 분입니다. 저는 하나님
의 은혜로 성령사역을 전문으로 20년이상을 하고 있습니다. 그래
서 책도 많이 출간을 했습니다. 여러 성도님들과 목회자분들이 책
을 읽고 궁금증을 물어옵니다. 그중에 제일 많은 것이 방언기도에
관한 것입니다.

방언기도를 하고 싶은데 방언을 받지 못했다고 어떻게 하면 방
언을 받을 수 있는지 질문을 합니다. 다음으로는 자기가 방언기도
를 하는데 정확하게 성령의 이끌림을 받는 기도인지 분별을 해달
라는 것입니다. 그래서 이장에서는 성령 집회간 방언사역을 하는
비결을 알려드립니다.

첫째, 찬양으로 마음을 연다. 방언기도는 마음을 열고 입을 열
어야 성령의 역사로 열리게 됩니다. 그러므로 마음을 열도록 찬양

을 합니다. 될 수 있는 대로 모두 쉽게 따라할 수 있는 찬양을 부릅니다. 뜨겁게 박수를 치면서 부르도록 합니다. 마음이 열려야 하므로 한곡을 반복해서 부르는 것도 좋습니다.

둘째, 방언기도에 대한 말씀을 전한다. 모든 은사는 말씀 안에서 나타납니다. 방언은 성령의 역사에 대한 말씀을 전해야 성령이 역사하는 것입니다. 이를 위하여 평소에 자신만의 레퍼토리를 개발해야 합니다. 자신 있게 성령의 감동을 받으면서 영으로 전해야 합니다. 그래야 말씀을 듣는 청중들이 영으로 말씀을 받기 때문에 말씀을 듣는 중에 성령의 임재를 느끼게 됩니다. 영으로 말씀을 전해야 성령이 역사합니다.

그러므로 방언사역의 성패는 말씀 증거에 달려있다고 해도 과언은 아닙니다. 인도자는 성령의 임재로 평안한 상태에서 말씀을 전합니다. 말씀을 전하는 시간은 약 40분에서 한 시간이 가장 적당합니다. 너무 말씀전하는 시간이 적으면 그 만큼 기도하는 시간이 많이 걸리게 됩니다. 말씀 안에서 성령의 불의 역사가 전이 된다고 믿고 담대하게 전해야 합니다. 왜 방언기도를 해야 하는가, 방언기도를 하면 무슨 유익이 있는가, 방언기도를 사모하는 마음에 사로잡히도록 말씀을 전합니다.

셋째, 뜨겁게 찬송을 한다. 말씀을 전하고 나면 바로 기도에 들어가지 말고, 찬송을 하는 것이 좋습니다. 최대한 청중들이 입을 열수 있는 상황을 많이 조성해야 합니다. 입을 많이 열면 열수록 성령의 역사는 더 강해집니다. 찬송을 한 10분 정도 부릅니다. 최대한 영으로 찬양을 부르도록 유도합니다. 저의 경우는 찬양을 하는 중에도 성령의 임재로 역사가 강하게 나타납니다. 어느 정도 성령의 임재가 되었다고 생각이 되면 배에서 나오는 소리로 기도를 하게 합니다.

넷째, 소리내면서 뜨겁게 기도하게 한다. 성령이 장악을 해야 성령의 세례도 임하고 방언도 터집니다. 자신의 육체의 한계를 넘는 소리로 기도를 해야 합니다. 사력을 다해서 뜨겁게 기도하게 합니다. 주여! 주여! 주여! 나 할렐루야! 할렐루야! 할렐루야! 하면서 소리를 내며 기도해야 합니다. 그래야 성령이 빨리 장악을 합니다. 절대로 성령이 장악되지 않으면 성령의 세례도 방언도 받지 못합니다. 성령의 임재와 방언을 빨리 받는 성도는 열려있는 성도입니다. 내가 지금까지 체험한 바로는 이런 유형의 성도입니다.

상처가 많은 성도가 빨리 성령체험을 합니다. 가계에 무당의 내력이 있는 성도가 빨리 성령체험을 합니다. 남묘호랭객교를 믿던 사람이 빨리 성령체험을 합니다. 반대로 성령의 체험이 늦는 성도는 마음이 단단한 사람입니다.

율법적인 신앙으로 자아가 강한 성도가 성령의 체험이 늦습니다. 지적인 성도가 성령의 체험이 늦습니다. 성도를 성령이 장악하는 시간이 소요됩니다. 성령이 역사하는 장소에 가서 성령의 세

레가 임할 때까지 기도해야 합니다.

다섯째, 방언사역을 한다. 성령세례에 대한 논리적인 말씀을 자연스럽게 전해야 합니다. 이를 위해 자신의 레파토리를 개발하는 것이 좋습니다. 구원의 씨앗, 복음을 뿌리라는 것입니다. 씨앗이 없는데 어떻게 발 하 할 수 있겠습니까? 성도들의 마음을 열게 해야 합니다. 성령 세례를 사모하는 마음을 일어나게 하여야한다는 말입니다. 성령세례가 임할 때 나타나는 현상들을 다시 한 번 설명하는 것이 좋습니다. 거부감이나 두려움이나 의문점을 가지지 않도록 하는 것이 좋습니다. 성령으로 세례를 베푸는 방법은 이렇습니다.

1방법: 성령이 역사 하시는 성령세례에 대한 논리적이고 영감 있는 말씀을 증거 한 후 일으켜 세워서 영감 있는 찬양을 10분 정도 합니다. 그리고 뜨겁게 소리를 내어 기도하게 합니다. 주여! 주여! 하면서 사력을 다하여 소리 내어 기도하게 합니다.

2방법: 앉은자리에서 뜨겁게 개별기도를 하게하는 것입니다. 예를 들어서 성령사역자가 이렇게 선포를 합니다. 자 지금부터 10분 동안만 배 속에서 올라오는 소리로 할렐루야! 할렐루야! 할렐루야! 나, 주여! 주여! 주여! 를 자기 힘의 한계를 넘어서 강하게 호흡을 들이쉬고 내쉬면서 기도하라고 선포하는 것입니다. 자~

뱃속에서 올라오는 소리로 앞으로 십 분간 뜨겁게 소리를 내어 기도합니다. 그리고 어느 정도 시간이 경과하면 확인하세요. 방언이 아직 터지지 않은 성도가 있다면 다시 10분간 연장하여 같은 방법으로 기도하게 하는 것입니다.

이렇게 지속적으로 하다가 보면 거의 대부분의 성도가 방언이 터지고 성령의 세례가 임합니다. 성령 사역자는 뜨겁게 기도를 시키고 강단 아래로 내려가 개별적으로 안수를 하면 더욱 쉽게 성령 세례가 임하고 방언이 터집니다. 안수 기도할 때 방언이 터지지 않은 성도는 등을 살살 두드리면서 "영의 기도가 터질지어다." "방언기도가 터질지어다."하며 명령하세요.

3방법: 방언하며 강사 앞으로 나와서, 강사를 지나가면서 뜨겁게 기도하라고 하세요. 그래서 지나가는 사람마다 머리에 안수기도를 하세요. 이때 성령사역자는 안수를 하면서 더 강하게 더 강하게 하며 명령을 하세요. 그러면 성령이 역사하여 강하게 기도하게 됩니다. 그러면서 방언이 터지고 성령의 세례가 임하게 됩니다. 성도가 방언을 하지 못하면 할렐루야! 할렐루야! 할렐루야! 주여! 주여! 주여! 를 배에서 나오는 소리로 힘을 다하여 소리를 내면서 기도가 나오게 하라는 것입니다. 더 자세한 것은 성령사역자가 스스로 사역을 많이 하여 체험해 보면 알게 될 것입니다.

여섯째, 방언받기 위해 해야 하는 영의 활동. 어떤 교회에서는 방언을 받지 못한 사람들을 위해 방언을 가르치고 훈련합니다. 반면, 방언을 가르치고 배우고 훈련하는 일을 부정적으로 보는 사람들도 많습니다. 이들에 의하면 방언이란 성령께서 주시는 은사인데 어떻게 그것을 가르치고 배우고 할 수 있느냐 하는 것입니다. 맞는 말입니다. 성령의 은사는 성령께서 주시는 것이므로 사람이 노력해서 그것을 배울 수도 없고, 또 가르칠 수도 없는 것입니다.

그런데 여기에 예외가 하나 있습니다. 방언의 은사가 바로 그것입니다. 방언의 은사만은 배워서 할 수가 있는 것입니다. 어째서 방언의 은사만은 배워서 할 수가 있는가? 사실은 방언의 은사를 받지 못한 사람들에게 방언을 가르치는 것이 아니라, 방언의 은사가 이미 와 있는데도 그 사실을 모르고 있거나, 은사가 왔다는 것을 마음속으로 느껴도 방언을 하는 방법을 몰라서 못하는 사람들에게 방언하는 방법을 가르치는 것입니다.

따라서 방언을 가르친다는 것은 방언의 은사 자체를 가르치는 것이 아니라, 이미 와 있는 은사를 입으로 내서 말할 수 있게 소리를 내는 연습을 시키는 것에 불과합니다. 너무나 꼬집지 마시고 넓은 아량으로 이해를 하고 넘어가야 할 일입니다. 방언기도를 할 수 있도록 목소리를 터트려 주는 것입니다. 그러면 구체적으로 방언 할 수 있도록 목소리는 어떻게 낼까요?

1) 다른 사람이 방언하는 소리를 듣고 그 흉내를 내어 혼자서 소리를 여러 번 반복해서 해 봅니다. 이때, 소리 그 자체에는 아무

뜻도 없으니까 소리에 너무 신경 쓸 것 없이 그저 혀 돌아가는 대로 아무렇게나 소리만 내면 됩니다. 다섯 살짜리 어린이가 엉터리 영어 흉내 내듯 해도 되고, 하여튼 쉴 새 없이 혀와 입술을 놀려서 아무 소리나 끊기지 않고 나오게 하면 됩니다.

2) 다음에는 많은 사람들이 모여 방언으로 기도하는 곳에 가서 그 속에 끼어 앉아 크게 소리를 내어 방언 기도를 해 봅니다. 모두들 열심히 소리 내어 기도를 하기 때문에 옆 사람이 뭐라고 기도를 하는지 알지도 못하고 또 알려고 하지도 않습니다. 그러므로 옆 사람이 혹시나 내 엉터리 방언을 듣고 흉보지나 않을까 따위 신경 쓸 필요는 없습니다. 마음껏 큰 소리를 내어 방언을 해 봅니다. 집중하여 하는 것입니다.

3) 이제는 정성을 다해 열심히 소리를 내면서 나의 영혼을 그 방언 소리에 신도록 노력해 봅니다. 지속적으로 소리를 내면서 방언으로 기도하는 것입니다. 계속 호흡을 코를 이용하여 깊게 들이쉬고 내쉬면서 방언을 합니다. 최대한 깊게 코를 이용하여 호흡을 들이쉽니다. 저는 배꼽아래 15센티 아래까지 들이쉬라고 합니다. 내쉬면서 방언을 합니다. 그래야 인위적인 방언이 성령의 이끌림 받는 방언으로 바뀌기 때문입니다.

4) 좀 더 숙달된 방언을 하기 위해서는 자주 방언 기도를 해야

합니다. 신령한 사람이 방언 기도를 하면 그 옆에 함께 앉아 그의 방언기도 소리를 들으면서 그를 따라 방언기도를 합니다. 이런 것을 자주하면 방언 기도의 영력이 자랍니다.

영적으로 깊은 방언을 하기 위해서는 방언을 하면서 나의 마음과 정성을 그 방언 기도 위에 다 쏟아 넣어야 합니다. 한 가지 유의할 것은, 성령을 받지 못한 사람도 연습을 해서 방언 흉내를 낼수가 있습니다. 그러나 그것은 결코 방언은 아닙니다. 방언은 사람의 힘으로 배워서 되는 것이 아니라, 성령께서 주셔야 하는 은사이기 때문입니다.

성령을 받고도 방언을 못하는 사람은 소리 내는 방법만 배우면 곧 방언을 할 수 있지만, 성령을 받지 못한 사람은 아무리 소리를 배워 방언 같은 소리를 낸다 해도 그것은 방언이 아닙니다. 사실은, 우리들 주위에 방언을 한다고 하는 사람들 중에 성령을 받지 못하고 입으로 소리만 내는 방언 아닌 가짜 방언을 하는 사람들도 적지 않습니다. 방언 통역의 은사를 받아 이들 방언하는 것을 들어보면 가짜라는 것을 금방 알 수 있습니다.

마귀는 우리가 성령으로 방언으로 기도하는 것을 아주 싫어합니다. 성령 안에서 성령으로 방언기도를 하지 않고 인간적인 열심으로 인간적인 소리로 마귀가 주는 방언을 계속하게 되면 악의 열매를 맺게 되어 영혼이 병들어 버리게 되는 것입니다. 이는 다 영적 무지에서 오는 것이므로 잘 분별하고 악한 영들을 대적해야 합니다. 반드시 성령으로 방언기도를 해야 합니다.

3부 방언기도의 오묘한 신비

10장 기도를 돕기 위한 방언

(고전14:2)"방언을 말하는 자는 사람에게 하지 아니하고 하나님께 하나니 이는 알아 듣는 자가 없고 영으로 비밀을 말함이라"

우리가 알아야 할 것은 방언기도에도 단계가 있다는 것입니다. 방언기도는 7단계로 나누어집니다. 첫 단계가 기도를 돕기 위한 방언입니다. 둘째 단계가 성령의 은사로서 방언기도입니다. 셋째 단계가 고통 중에 하나님께 아뢰는 방언기도입니다. 넷째 단계가 성령의 열매를 맺고 거두는 방언기도입니다. 다섯째 단계가 상황이 급박할 때하는 응급 방언기도입니다. 여섯째 단계가 하나님의 권능을 받고 선포하는 방언기도입니다. 일곱째 단계가 하나님과 대화하는 방언기도입니다.

방언기도의 첫 단계인 기도를 돕기 위한 방언은 기도하는 성도의 영을 강화하는 방언입니다. 기도를 돕기 위한 방언은 통역이 필요하지 않을 수도 있습니다. 기도를 돕기 위한 방언은 성령으로 충만하여 개인의 영을 민감하게 하는 것에 목적이 있기 때문입니다. 기도를 돕기 위한 방언이 오면 기도하기가 쉬워지는 것입니다. 기도를 오래할 수가 있다는 말입니다.

기도를 돕기 위한 방언을 몰입하여 오랫동안 하면 여러 가지 신비한 현상을 체험하기도 합니다. 기도를 돕기 위한 방언은 모두 할 수 있는 흔한 방언기도입니다. 기도를 돕기 위한 방언은 영을 신선하게 하는 방언을 말하는 것입니다. 방언 기도를 할 때 내 안에 영적인 집이 지어집니다. 거룩한 집이 세워지는 것입니다. 내 안에 무엇인가 무너진 곳이 다시 세워집니다. 방언기도를 할 때 내가 성령님과 하나가 되는 것입니다. 왜냐하면 성령과 나는 하나의 기도를 하기 때문입니다. 어떤 때는 성령은 탄식하며 기도하시는데 나는 엉뚱한 기도를 할 수도 있습니다.

그러나 우리가 방언으로 기도하면 성령과 나는 하나가 됩니다. 구체적으로 성령과 내가 하나 되는 모습을 봅시다. 사도행전 2:11을 보면 예루살렘에 순례객들이 많이 모였는데 방언으로 말하는 사람들의 방언기도 소리를 각 민족의 말로 들었습니다. 자기들의 언어로 들린 것입니다. 그런데 그 방언의 내용은 "하나님의 큰일"을 말하는 것이었습니다. 여기서 "큰일"은 헬라어로 "메가라이어스"입니다.

뜻은 하나님이 이스라엘을 구원 하실 때 행하신 "대사", "위엄있는 역사"를 가리킵니다. 이 말은 장차 하나님이 이 땅에 나타내실 큰일들을 말하는 것입니다. 사도행전에는 하나님이 행하신 큰일들이 많이 기록되어 있습니다. 신약성경에는 이 단어가 또 한군데 나타납니다. 누가복음 1:49에 나오는 마리아가 엘리사벳을 방문 했을 때 마리아가 자신에 대하여 예언으로 노래할 때 한 말에 이 단어가 나타납니다. "능하신 이가 큰일을 내게 행하셨으니 그 이름이 거룩하시며." 마리아가 능하신 하나님이 행하시는 일을 말 할 때 "메가라이어스"를 사용하였습니다. 마리아가 말하는 능하신 하나님의 큰 일, 메가라이어스는 무엇인가? 인류의 구원자 메시야이신 예수를 탄생시키는 것입니다. 인류의 구원자 하나님의 아들 예수 그리스도를 출생시키는 것입니다. 마리아는 이 방언으로 예수를 잉태하였고 예수를 출생시킬 준비가 되었습니다. 그리고 결국에는 예수를 출생시켰습니다. 마리아는 메가라이어스라는 말로 하나님의 큰일을 이루었습니다. 예수님의 제자들은 메가라이어스라는 방언으로 장차 하나님이 행하실 큰일을 말하였고, 그들이 말한 대로 하나님은 이 땅에 큰일을 행하셨습니다.

　기도를 돕기 위한 방언의 유익은 무엇인가? 우리가 방언으로 기도할 때 우리도 능하신 이의 큰일을 하나님께 구하게 될 것이고, 하나님은 우리의 기도에 큰일을 행하시는 것으로 응답하실 것입니다. 그러면 하나님의 가장 큰 일은 무엇입니까? 하나님의 가장 큰 일은 세상에, 그리스도를 알지 못하는 곳에, 예수를 알지 못하는 자에게 예수 그리스도가 있게 하시는 것입니다.

　우리가 기도를 돕기 위한 방언을 하면 하나님이 예수를 필요로 하는 자에게 예수님이 주인으로 있으시게 하고, 우리의 삶의 큰 문제에 유일한 해답이 되시는 예수 그리스도가 있으시게 하시므로 문제를 해결하게 하십니다. 예수님이 필요하고 예수가 계셔야 하는 곳에 우리로 하여금 예수를 출생시키게 하십니다. 메가라이어스 방언은 오늘도 마리아처럼 예수님을 출생시키는 하나님의 큰일을 이룹니다.

로마서 8장 26절에 보면 성령의 기도에 대하여 말씀하고 있습니다. "이와 같이 성령도 우리의 연약함을 도우시나니 우리는 마땅히 기도할 바를 알지 못하나 오직 성령이 말할 수 없는 탄식으로 우리를 위하여 친히 간구하시느니라." 성령님은 우리를 위하여 탄식으로 기도하십니다. 무슨 뜻인가요? 우리가 방언으로 기도하면 내 안에 계신 성령이 벌떡 일어나십니다. 바로 이것이 성령의 임재입니다. 우리가 다급한 일을 당하여 기도하면 성령께서도 다급하여 벌떡 일어나시는 것입니다.

그가 내 안에서 일어나셔서 내 안에서 근심하며 탄식하며 기도하실 때 방언기도를 하는 사람들은 성령과 함께 기도하게 됩니다. 성령이 탄식하는 기도를 우리가 방언으로 기도하면 무슨 일이 일어나는가요? 성령이 내 안에서 일어나 기도하실 때 우리 바깥에 있는 여러 가지 어려운 일에 무슨 일이 일어납니다. 구체적으로 무슨 일이 일어나는가? 성령께서 탄식하며 기도하신다고 하였습니다. 여기 탄식이라는 말에는 "나를 좁은 공간으로 밀어 넣는다"는 뜻이 있습니다. 우리는 좁은 공간에 꽁꽁 묶여있는 상황에 놓일 때가 있습니다. 그 때 성령께서는 내 영과 함께 탄식하며 기도하십니다. 그 기도가 기도를 돕기 위한 방언입니다. 우리가 그 때 기도의 방언을 하면 성령께서 우리가 꽁꽁 묶인 상황을 뚫고 넓은 공간으로 나가는 경험을 하게 하십니다. 자신의 상황이 지금 탄식할 수밖에 없는 꽁꽁 묶인 아주 어려운 상황인가요? 기도의 방언을 하세요. 마음의 상처로 고통 중에 있습니까? 성령 안에서 방언기도를 하십시오. 그러면 마음의 상처가 치유될 것입니다. 방언기도하면서 마음을 치유하여 치매를 예방하실 분은 **"치매예방 건강 장수하는 비결"**책을 참고하시기를 바랍니다.

성령께서도 지금 당신을 위하여 탄식하며 기도하고 계십니다. 성령과 함께 방언으로 기도하세요. 메가아리어스 기도를 하세요. 하나님이 큰일을 행하실 것입니다. 성령께서 꽁꽁 묶인 우리를 넓은 곳으로 우리를 밀어내어 자유하게 하실 것입니다. 오늘 우리가 성령께서 주시는 기도의 방언으로 꽁꽁 묶인 아주 어려운 상황을 뚫고 저 넓은 곳으로 나가 저 높은 곳, 하이 플레이스로 올라가는 경험을 합시다.

오순절에 처음 성령 받은 사람들이 말한 최초의 방언은 하나님의 "큰일"을 말하는 것이었습니다. 헬라어로 "메가라이어스"입니다. 마리아는 누가복음 1장 49절에서 "능하신 이가 내게 큰일을 행하셨다"라고 하였습니다. 이때도 "메가라이어스"를 사용했습니다. 마리아의 이 기도로 예수를 탄생시키는 큰일을 하나님이 행하셨습니다. 기도의 방언은 하나님의 큰일을 말하는 것입니다. 기도를 돕기 위한 방언은 하나님의 큰일을 가져오는 기도입니다. 이사야서 43장 18절에 보면 바벨론 포로생활을 하고 있는 이스라엘 백성에게 선지자는 말합니다.

"너희는 이전 일을 기억하지 말며 옛날 일을 생각하지 말라."

하나님은 이스라엘이 애굽에서 출애굽한 것과 홍해를 지나고, 광야에서 구름기둥과 불기둥으로 인도하시고, 만나와 메추라기를 내려 먹이신 것은 하나님의 큰일이었지만 이제는 더 이상 생각하지 말라고 말씀합니다. 왜냐하면 이제 하나님이 그것과는 비교가 안 되는 새로운 일을 행하실 것이기 때문입니다. 잊어버리라는 말이 아닙니다.

이사야서 43장 19절에 보면 "보라 내가 새 일을 행하리니 이제 나타낼 것이라"고 말씀하십니다. 하나님이 우리에게 새로운 일을 계획하고 계십니다. 이제 그것을 나타내시려고 하십니다. 우리가 할 일은 그 새 일을 구하는 것입니다. 우리가 기도를 돕기 위한 방언을 하면 이런 하나님이 행하시는 큰일을 구하게 됩니다. 하나님은 과거에 행하신 어떤 일보다 큰일, 새로운 일을 행하실 것입니다. 방언기도를 많이 하세요.

방언기도를 하되 성령으로 성령 안에서 성령의 이끌림을 받아가며 해야 합니다. 성령의 이끌림을 받아가며 방언기도를 많이 하다가 보면 자신이 변하는 것을 체험하게 될 것입니다. 자신이 하나님의 큰일을 할 수 있는 사람이라는 것이 체험적으로 느껴질 것입니다. 하나님은 우리가 군사가 되기를 원하십니다. 성령의 인도를 받으면서 지속적으로 방언기도를 하다가 보면 한 단계씩 올라가는 것을 느낄 것입니다. 자신이 변하여 새사람이 되어가고 있다는 것을 알게 될 것입니다. 우리가 예수를 믿고 성령으로 세례를 받아 방언으로 기도를 하면 변해야 합니다.

방언으로 기도를 한다고 하면서 구습이 변하지 않는다면 무엇인가 잘못되고 있는 것입니다. 빠른 시간 내에 원인을 찾아서 해결해야 합니다. 시간이 가면 갈수록 타성에 젖어서 자신을 망하게 할지도 모르기 때문입니다. 정확하게 성령의 이끌림을 받아 방언기도를 하다가 보면 자신이 변하고 있다는 것을 알 수 있을 것입니다. 방언으로 기도하면서 마음의 상처가 치유되니 심령이 정화됩니다. 방언기도하면서 성령의 감동을 받기도 합니다. 방언기도하면서 환상도 보게 됩니다. 방언으로 기도하면서 성령의 깊은 임재(입신)도 체험하게 될 것입니다. 방언기도하면서 말씀을 읽으면 말씀 속에서 비밀을 발견하게 될 것입니다.

성령님과 인격적인 관계가 되어 순간순간 레마를 받으며 기도하게 됩니다. 하나님과 주거니 받거니 하면서 교통하게 될 것입니다. 절대로 단 시일 내에 될 수가 없습니다. 차차로 말씀과 성령으로 변하게 되는 것입니다. 우리가 알아야 할 것은 아브라함도 처음에는 육신에 속했었다는 것입니다. 차차로 영적으로 바뀌었습니다. 우리도 성령의 인도를 받으며 기도하다가 보면 영적으로 바뀌게 되어 있습니다. 변하는데 시간이 걸립니다. 자기가 급하지 하나님은 하나도 급하지 않습니다. 하나님의 보폭에 맞추시기를 바랍니다. 그러면 생각하는 것보다 빨리 자신이 변하는 것을 느끼게 될 것입니다. 성령의 끌림을 받는 깊은 방언기도를 훈련하여 깊은 경지를 체험하기를 바랍니다. 성령 안에서 성령으로 하는 방언기도는 우리에게 하나님의 깊은 은혜를 알게 하십니다.

11장 성령의 은사로서 방언기도

(고전14:12-15)"그러므로 너희도 영적인 것을 사모하는 자인즉 교회의 덕을 세우기 위하여 그것이 풍성하기를 구하라. 그러므로 방언을 말하는 자는 통역하기를 기도할지니, 내가 만일 방언으로 기도하면 나의 영이 기도하거니와 나의 마음은 열매를 맺지 못하리라. 그러면 어떻게 할까 내가 영으로 기도하고 또 마음으로 기도하며 내가 영으로 찬송하고 또 마음으로 찬송하리라"

성령의 은사로서의 방언은 방언기도를 통해서 다양한 은사가 나타나게 됩니다. 성령의 은사 사역에 따라 다양한 방언을 말할 수 있다는 점이 독특합니다. 각종 방언이라고 기록한 성경말씀에서 보듯이 은사로서의 방언은 다양한 방언을 말할 수 있습니다. 치유를 위한 방언과 축귀를 위한 방언이 다릅니다. 성령이 임재해서 말씀하시는 방언도 다릅니다. 자신이 평소에 하던 방언과 전혀 다른 음색과 억양과 사용되는 단어가 다릅니다.

방언의 은사를 받은 사람은 한 가지 방언을 말하지 않고 때에 따라서, 성령사역의 목적에 따라서, 방언이 바뀝니다. 은사 사역의 주체가 바뀔 때마다 방언이 수시로 다르게 나옵니다. 통역을 위한 방언, 즉 예언적 방언의 경우 통역이 되며, 방언의 은사는 자신을 위한 것도 되지만, 교회를 섬기기 위한 것도 되기 때문에 방언기도를 통하여 치유, 축사, 예언, 지식의 말씀, 지혜의 말씀, 영분별, 능력행함, 예언 등과 같은 은사들을 더욱 강력하게 나타나게 하는 역할을 합니다.

각종 은사를 제대로 활용하기 위해서 성령의 이끌림을 받는 영의 기도는 물론이거니와 그 은사가 지니는 독특한 성향을 드러내기 위해서 방언은 필수적인 것입니다. 다른 은사를 행할 때 우리의 의지와 지식으로 하는 것이 아니라, 주님이 주신 능력으로 하는 것이기 때문에, 그 능력을 가져온 영과의 대화를 위해서 각각 다른 방언을 하게 되는 것입니다. 이런 사실은 방언 통역을 통해서 알 수 있는 것입니다. 방언이 통역될 때 우리는 천사와 대화가 가능하다는 사실을 알게 되며, 주의 영과 대화할 수 있는 것입니다. 이런 경우에 우리는 방언의 은사로서 가능하며, 단순히 우리 영의 기도인 개인적인 방언은 우리를 세우기 위한 것이며, 우리 영이 하나님에게 기도하는 단순한 개인적인 기도입니다.

성령의 은사로서의 방언은 흔하지 않기 때문에 우리가 하는 일반적인 방언기도는 우리 영이 하는 기도라고 보면 될 것입니다. 이 방언은 단조로운 것이 일차적인 특징입니다. 간혹 통역이 되지만 대부분은 통역을 필요로 하지 않습니다. 단순히 자신의 영을 강건하게 하기 위한 영의 함양(edification)이 주된 목적입니다. 대부분의 성도들이 하고 있는 방언은 이런 목적으로 주어진 것이며, 방언이 자신에게 임하기 위해서는 무엇보다 사모하는 마음이 있어야 하고, 하고자 하는 열정이 있어야 합니다. 은사로서 주어지는 방언은 자신의 의지와는 전혀 상관이 없이 달란트, 사명, 기질에 따라 하나님의 주권적역사로 나타납니다. 개인적인 영을 강건하게 하기 위한 방언은 구하고 사모하는 마음이 있어야 합니다.

우리의 유익을 위한 요소들은 대부분이 우리가 열심히 구해야 하는 법칙의 적용을 받습니다. 믿음도 강해지기 위해서는 구해야 합니다. 성경은 우리에게 믿음을 더해 주시기를 간구해야 함을 분명히 하고 있습니다(눅 17:5, 고전 12:31). 이렇듯이 구해야 하지만 억지로 흉내 내듯이 일부로 만들어서 해서는 안 됩니다. 인위적으로 방언을 흉내 내어 하는 것은 바람직하지 못합니다.

그러면 성령의 은사적인 방언기도는 어떻게 나타나는 것인가 입니다. 저는 예배나 집회를 인도하기 전에 성령의 이끌림을 받아 가면서 방언으로 기도를 많이 합니다. 성령으로 충만하기 위해서 입니다. 여기까지 방언은 기도의 방언입니다. 기도의 방언으로 성령이 충만해지면 이제 은사의 방언으로 이끌어 가십니다. 방언으로 기도하여 성령이 충만한 가운데 강단에 서서 말씀을 전하면 성령이 감동을 주십니다. 원고를 준비하여 말씀을 전해도 그때그때 성령께서 필요한 지식의 말씀과 지혜의 말씀을 주셔서 전하게 하십니다. 이것이 성령으로 충만하여 성령께서 저를 사로잡고 은사를 나타내면서 이끌어 가시는 것입니다. 그리고 말씀을 전하고 나면 일으켜 세워서 찬양을 하라! 그냥 기도하게 하라! 이렇게 감동을 하십니다. 그러면 저는 성령께서 감동하신대로 순종합니다. 저는 청중들에게 전심으로 기도를 하게한 후에 강단 아래로 내려가서 일일이 안수를 하면서 치유와 은사 사역을 합니다. 이때 저는 방언으로 기도를 합니다. 그러면 성령께서 저에게 은사의 방언으로 역사하십니다. 방언기도하며 안수할 때 저에게 성령께서 감동을 하십니다. "이 사람은 마음이 갑갑하여 영이 잠자고 있다. 영이 깨어나게 하라!" 그러면 제가 순종합니다. 다른 사람을 안수하면 "이 사람은 서러움의 상처가 있다. 서러움의 상처가 치유되게 하라!" 그러면 제가 조치를 합니다. "이 사람은 귀신이 역사한다. 축귀를 하라!" 그러면 축귀를 합니다. "이 사람은 자아가 너무 강하게 시간이 오래 걸리겠다! 이 사람은 아직 성령이 장악을 못했다! 이 사람은 앞으로 데리고 나가서 기도하라!" 이렇게 방언기도하면서 안수를 하면 성령께서 알려주십니다.

심방의 예를 든다면 심방을 가면서부터 마음의 방언으로 기도를 합니다. 그러면 대략적인 가정의 상태를 알게 하십니다. 가정에 도착하면 성령께서 감동을 하시기 시작을 합니다. "이 가정을 영적으로 많이 눌려있는 가정이다! 이 가정은 부부간에 문제가 있다! 이 가정은 자녀문제로 고통을 당한다! 이 가정은 물질문제를 어렵게 하는 영이 역사한다! 이 가정은 질병이 많이 있다!" 이렇게 감동을 합니다. 저는 성령께서 감동하신대로 영적인 조치를 취합니다. 상담을 할 때도 마찬가지입니다. 마음으로 방언을 하면서 성령과 교통하는 것입니다. 성령님 문제가 무엇입니까? 그러면 지식의 말씀에 은사로 역사하여 문제를 알게 합니다. 성령님 문제의 원인은 무엇입니까? 그러면 원인을 알게 하십니다. 어떻게 조치를 합니까? 생각하지도 못한 지혜를 주십니다. 그래서 문제를 해결하게 하십니다. 이것이 은사적인 방언입니다.

저는 성도님들에게 세상의 삶을 살아갈 때도 방언으로 기도하며 지혜를 구하라고 합니다. 이것은 습관이 되어야 합니다. 자기가 하는 사업의 지혜를 성령님에게 물어서 지혜를 구하는 것입니다. 사람을 고용할 때도 방언으로 기도하며 성령님에게 물어봅니다. 성실한 사람인가? 영적으로 어떤 사람인가? 사업의 대소사가 있을 때마다 방언으로 기도하며 성령님에게 물어봅니다.

그러면 누구든지 은사적인 방언기도가 열리게 된다고 저는 확신합니다. 방언은 하나님이 은혜로 부어주시는 것이지만, 그렇다고 그것이 전부 성령의 은사로 보아서는 안 되며, 개별적인 방언은 우리 영을 강하게 할 목적으로 주시는 것이며, 영의 대화를 수월하게 하기 위해서 주시는 것이므로 열심히 방언으로 기도해야 합니다. 방언은 다른 영적 요소들처럼 사용할수록 풍성해지며, 더욱 깊어집니다. 우리 가운데 방언으로 기도하지 못하는 사람이 더 많습니다. 구하고 찾아야 하는 것임에도 불구하고 은사라는 생각으로 적극적으로 구하지 않는 경우가 많습니다. 구한다고 해도 끈질기게 구하지 못합니다. 기도 응답은 어떤 것은 쉽게 얻어지지만 어떤 것은 오랫동안 끈질기게 간구해야만 얻을 수 있습니다.

그런데 이렇게 끈질긴 기도를 통해서 얻는 것이 더 많습니다. 하나님이 우리를 사랑하시고 우리에게 필요한 것임에도 불구하고 쉽게 허락하시지 않는 것은 도대체 무슨 까닭일까요. 주께 헌신하고자 하는 순수한 열정으로 구하는데도 쉽게 허락하지 않습니다. 우리 마음 같아서는 어서 주고 싶지 않겠습니까? 그러나 그렇지 않습니다. 병 고침을 받기 위해서 얼마나 간절히 기도합니까? 주의 나라의 확장을 위해서 교회 부흥을 얼마나 간절하게 소망하며 기도합니까?

그런데도 불구하고 응답되지 않아 우리의 마음이 녹아내리지 않습니까? 하나님이 원하시는 일을 위해서 간구함에도 불구하고 쉽게 응답되지 않는 까닭은 하나님의 신비이며, 이것이 하나님 됨의 특성입니다. 사람들 마음 같아서는 모두 주고 싶고, 다 들어주고 싶지 않겠습니까? 그러나 하나님은 그렇지 않다는 사실을 우리는 이해해야 합니다. 하나님은 성도가 영적인 수준이 될 때까지 인내하시며 기다립니다. 그것이 하나님의 생각과 우리의 생각이 다른 까닭입니다. 그리고 방언을 받은 사람은 자신의 영을 강하게 하기 위해서 방언으로 많이 기도해야 합니다.

방언은 중보기도의 수단입니다. 성령께서 우리를 대신해서 간구하는 것이며, 이를 통해서 우리와 하나님 사이에 있는 보이지 않는 장애물들이 제거되는 것입니다. 이 보이지 않은 효과는 우리의 영 안에서 나타납니다. 우리의 영이 하나님으로부터 더 많은 말씀을 받을 수 있으며, 그렇게 되면 우리는 주님의 인도하심을 더욱 풍성하게 받을 수 있습니다.

우리 영이 강해지면 그곳(영)으로부터 나오는 신호가 강력해집니다. 이는 방언으로 기도할 때 마음이 뜨거워지며, 헌신하고자 하는 믿음이 우러나오며, 평안한 마음이 되어 시련을 이길 수 있게 됩니다. 근심과 두려움이 사라지고 주님의 평안으로 가득 채워집니다. 이런 영의 함양의 은혜는 묵상과 깊은 영의기도로도 얻어지는 것이며, 방언기도는 쉽게 얻을 수 있는 편리함이 있습니다. 개인적인 방언기도는 통역을 할 수 있으면 더욱 은혜롭습니다. 모든 방언이 다 통역을 해야 하는 것이 아니지만, 자신이 하는 기도 가운데 부분적으로 통역이 이루어지는 경우가 있습니다. 처음에는 지식의 말씀처럼 자신의 내면에서 어떤 생각들이 떠오르며 방언과 동시에 그 생각이 구체적으로 이야기를 만들어갑니다.

방언을 말하면서 마음은 어떤 내용을 가진 이야기로 채워지기 시작하는 것입니다. 이 이야기는 자신이 알고 있는 내용이 아니며, 머리에서 오는 것이 아니라, 영으로부터 흘러나오는 것임을 알게 됩니다. 방언이 단조롭고 더듬거리는 수준이 아니라, 사용되는 단어는 풍부하지 않아서 반복되지만, 그 흐름은 매끄럽고 유창하여야 합니다. 자주 끊기고 거친 발음이 나온다면 이는 아직 성숙하지 못한 것이며, 더 많이 방언으로 기도해야 합니다. 자신이 방언으로 기도하면서 생각이 육체적이라면, 이것은 내 지성과 감성이 영으로 향하지 못하고 분리되어 있기 때문입니다.

영 안에서 기도하며, 그 영을 집중해서 살피는 노력을 해야 합니다. 방언으로 기도하며 방언에 생각을 집중시키고, 그 언어를 살펴야 합니다. 성령이 충만해지면 우리는 방언에 몰입하게 되며, 영에 모든 것이 집중됩니다. 이런 상태가 되어야 방언의 효과가 나타나기 시작하는 것입니다. 방언기도에 몰두하면 우리의 지성과 감성은 영으로부터 오는 신호에 민감해지며, 그 신호를 이성적으로 깨닫게 됩니다. 이것을 통해서 우리는 하나님과의 대화가 이루어지게 되는 것입니다.

방언기도는 많은 훈련이 필요합니다. 먼저는 성령의 충만을 유지할 수 있어야 하고, 영의 작용에 따라서 방언의 흐름이 다르게 나타나는 변화를 가져올 수 있어야 합니다. 방언기도를 함으로써 우리 영이 활발해지며, 영이 운동력을 얻어 우리 기도를 주체적으로 이끌 수 있게 됩니다. 그러면 우리는 육성으로 기도하는 시간이 줄어들기 때문에 하나님께 아뢰어야 할 것을 다 하지 못하지 않을까 하는 걱정을 하게 되지만 그럴 필요가 없습니다.

우리의 겉 사람의 기도보다도 주님은 우리 속사람의 기도를 더 귀하게 여깁니다. 바울은 개인기도에 누구보다도 더 많이 방언으로 기도한 사람입니다. 영으로 기도하는 것이 우리 기도의 본질이 되어야 합니다. 기도는 영의 호흡이며, 이런 차원에서 방언기도는 많이 해야 합니다. 속사람이 강건해져야 주님으로부터 인도함을 받기가 쉬워집니다. 성령의 은사들이 밝게 개발이 되는 것입니다. 그래야 하나님에게 쓰임을 받을 수 있는 것입니다. 우리가 방언으로 기도를 많이 하여 영적인 상태가 되어야 하나님의 뜻을 더 확실하게 확신할 수 있게 되는 것입니다.

기도방언인지 성령의 은사방언인지를 정확하게 구별하고 싶으면 **"영안 열림의 혼동과 구별하는 법"** 책을 참고하시기를 바랍니다.

12장 고통 중에 주님께 부르짖는 방언기도

(벧전 5:8)"근신하라 깨어라 너희 대적 마귀가 우는 사자 같이 두루 다니며 삼킬 자를 찾나니"

우리는 앞서 하나님의 큰일을 말하는 기도의 방언과 통역을 통하여 하나님의 뜻을 알고 행하고 사역하게 되는 은사적인 방언을 살펴보았습니다. 기도를 돕는 방언기도를 하면 하나님의 큰일을 구하게 되고 놀라운 일을 보게 될 것입니다. 그리고 성령의 은사적인 방언을 하면 통역의 은사가 따라오고, 하나님의 뜻을 알게되며, 하나님의 뜻을 따라 사역을 하게 되므로 표적이 나타나는 것을 보게 됩니다.

이장에서는 방언의 제3단계인 고통 중에 부르짖는 방언에 대하여 살펴보고자 합니다. 애기 낳는 것과 같은 방언이라는 뜻입니다. 이 기도를 할 때는 해산의 고통을 느끼기도 합니다. 왜냐하면 해산의 고통을 지불해야 해결되는 문제가 있기 때문입니다. 로마서 6장 13절에 보면 이런 말씀이 있습니다. "또한 너희 지체를 불의의 무기로 죄에게 내어주지 말고 오직 너희 자신을 죽은 자 가운데서 다시 살아난 자 같이 하나님께 드리며 너희 지체를 의의 무기로 하나님께 드리라." 하나님의 자녀들은 의의 무기입니다. 그리스도인들은 하나님이 사용하시는 무기입니다. 우리가 하나님이 사용하시는 무기가 되려면 영적으로 변해야 합니다. 고통 중에 부르짖는 방언은 영적으로 변하기 위해서 기도하는 것입니다. 나의 전인격이 성령으로 변하기 위하여 드리는 기도가 고통 중에 부르짖는 방언입니다.

이사야 41장 14절에 보면 "보라 내가 너로 이가 날카로운 새 타작 기계를 삼으리니 네가 산들을 쳐서 부스러기를 만들며 작은 산들로 겨 같게 할 것이라."고 말씀하고 있습니다. 하나님은 그의 백성을 이가 날카로운 새 기계로 만드셔서 산을 쳐서 부스러기와 겨 같이 만드실 것을 말씀 하셨습니다. 우리는 하나님의 날카로운 이처럼 만들어져 사용되어야 합니다. 우리 앞에서 높은 산도 부스러기처럼 되어져야 합니다. 우리 앞에 큰 산과 같은 문제가 나타나면 대개 두려워합니다. 두려워 할 필요가 없습니다.

어떻게 하면 되는가? 넘어가라. 넘어 갈 수 없으면 돌아가라. 돌아갈 수 없으면 뚫고 지나가라. 터널을 만들 수 없으면 쳐서 가루로 만들어버리라. 가루로 만들 수 없으면 그냥 들고 가라. 우리가 날카로운 기계와 같은 무기라면 우리가 사용하는 최고의 영적 무기는 무엇인가요? 우리에게는 어떤 무기가 있는가요? 그것은 바로 방언기도라는 무기입니다.

우리가 영적 전쟁을 할 때 최고의 무기는 방언입니다. 방언은 좋은 영적 무기입니다. 우리가 영적전쟁을 할 때 사용하는 방언이 바로 고통 중에 부르짖는 방언입니다. 우리가 방언으로 영적 전쟁을 할 때는 힘이 매우 듭니다. 산고의 고통이 있습니다. 마귀의 진은 그냥 쉽게 무너지지 않습니다. 아기를 낳을 때 산고의 고통을 치러야 합니다. 아기를 낳으려면 땀이 흐르고, 피가나오고, 물이 쏟아지는고통을 치루어야 하듯이 우리가 마귀의 진을 무너뜨릴 때도 산고의 값을 지불해야 합니다. 고통 중에 부르짖는 방언기도는 성령의 이끌림을 받으면서 배에서 나오는 소리로 자신의 육체의 한계를 넘어서 뜨겁게 하는 기도입니다. 우리가 고통 중에 부르짖는 방언을 할 때 자신 안에 있는 마귀의 견고한 진은 무너집니다. 견고한 진을 무너뜨리는 병기는 다름 아닌 고통 중에 부르짖는 방언입니다. 자신이 성령으로 장악 당해 영적으로 변해야 견고한 진이 무너지기 때문입니다. 자신을 쳐서 복종시키기 위한 기도입니다.

영적전쟁의 무기는 방언기도입니다. 하나님은 우리에게 영적전쟁을 명하시고 승리로 이끌 수 있는 영적전략을 주셨습니다. 성령이 우리에게 주시는 그 영적전략이 바로 방언기도입니다. 영적전쟁이 선포되었고 이미 싸움은 시작되었습니다. 당신에게는 어떤 영적전략이 마련되어 있는가요? 적의 전략을 무력화시키고 견고한 진을 무너뜨릴 수 있는 전략은 무엇인가요? 하나님은 우리를 싸움터로 보내실 때 전략을 주십니다. 하나님이 주신 것을 사용하세요. 우리는 하나님이 주신 권세를 사용할 줄 알아야 합니다.

그럼 하나님이 당신에게 주신 적을 이길 수 있는 전략은 무엇인가요? 그것이 방언기도입니다. 우리가 성령의 이끌림을 받으며 방언기도를 할 때 적의 견고한 진이 무너집니다. 고통 중에 부르짖는 방언 후에 우리에게 찾아오는 것은 무엇인가요? 고통 중에 부르짖는 방언 후에 하나님의 안식 가운데로 들어갑니다. 우리 영이 안식을 얻게 됩니다. 적이 무너질 때 참 안식을 얻게 되는 것입니다. 자신에게 역사하는 적이 무력화되기 전까지는 안식은 없습니다.

안식은 무엇인가요? 안식을 헬라어로 "캐나파시스"라고 합니다. 캐나파시스에는 "견고한 진을 무너뜨린다"는 의미가 있습니다. 무슨 말이냐 하면 마귀의 견고한 진이 무너졌을 때 비로소 참 안식이 온다는 것입니다. 적이 견고한 진을 치고 버티고 있는데 무슨 안식이 있겠는가요? 하나님이 주시는 안식은 이렇게 우리에게 주십니다. 우리가 영적전쟁으로 마귀의 견고한 진을 부수고 무너뜨릴 때 하나님이 거기에 좌정하십니다. 하나님이 좌정하시기에 거기에 하나님의 안식이 찾아오는 것입니다. 결국 고통 중에 부르짖는 방언기도는 안식을 가져옵니다. 고통 중에 부르짖는 방언기도를 통하여 마귀가 물러가기 때문입니다.

마음에 안식이 없는가? 적의 견고한 진이 자신을 가로막고 있는가요? 고통 중에 부르짖는 방언기도를 하십시오. 고통 중에 부르짖는 방언기도는 새로운 것을 낳습니다. 적을 무너뜨리고 안식을 낳습니다. 고통 중에 부르짖는 방언기도로 모든 원수를 무무너뜨려라. 질병도 무너뜨리고, 재정문제도 돌파하세요. 걱정만하지 말고 산고의 방언기도로 마귀의 견고한 진을 무너뜨려야 합니다. 성령의 이끌림을 받으며 하는 고통 중에 부르짖는 방언은 이 모든 것을 돌파하고 평안과 안식을 우리에게 줍니다.

13장 성령의 열매를 맺고 거두는 방언기도

(막1:38-39)"이르시되 우리가 다른 가까운 마을들로 가자 거기서도 전도하리니 내가 이를 위하여 왔노라 하시고 이에 온 갈릴리에 다니시며 그들의 여러 회당에서 전도하시고 또 귀신들을 내쫓으시더라"

성령의 열매를 맺고 거두어 드리는 방언은 방언기도로 불신자를 전도하여 구원하는 기도입니다. 고통 중에 부르짖는 방언기도로 자신 안에 역사하는 상처와 자아와 혈통의 문제가 치유되니 권능으로 불신자를 구원하는 것입니다. 사람들이 구원받지 못하는 이유는 땅의 권세가 지배하고 있기 때문입니다. 그 세력이 깨어져야 구원받는 길이 열립니다. 악의 권세가 부모를, 혹은 자녀를 통하여, 그가 교회를 나가지 못하도록 붙잡고 있는 것입니다. 자신이 산고의 방언으로 기도할 때 자신에게 역사하던 마귀의 권세가 물러갑니다. 자신에게 역사하던 땅의 권세가 흩어지면서 불신 영혼들을 구원하는 일이 일어납니다.

방언으로 기도할 때 악한 영들이 떠나갑니다. 어떤 때는 방언으로 기도할 때 얼굴이 떠오르기도 합니다. 그 영혼을 두고 기도하면 그에게 구원이 일어납니다. 우리가 언젠가는 그를 만나게 되어 전도를 하게 되던지, 누군가가 그를 찾아가 전도를 하게 될 것입니다. 우리가 방언으로 기도하면 어떤 사람들이 구원받게 됩니다.

그래서 "기도가 전도다" "전도가 기도다"라고 말 할 수 있습니다. 그렇습니다. 기도가 전도입니다. 이 기도가 바로 열매를 거두어 드리는 방언입니다. 우리가 열매를 거두어 드리는 방언을 하면 어떻게 열매를 거두는 역사가 일어나는가? 우리는 기도의 다양성을 사용해야 합니다. 고린도전서 14장 22절에 보면 "그러므로 방언은 믿는 자들을 위하지 아니하고 믿지 아니하는 자들을 위하는 표적이나"라고 말씀하고 있습니다.

바울은 방언을 믿지 아니하는 "불신자를 위한 표적"이라고 하였습니다. 방언은 원래 믿지 아니하는 불신자들을 위하여 주신 것입니다. "불신자"는 누구인가? 교회 안에 믿지 아니하는 불신자들이 있습니다. 믿지 아니하는 크리스천들입니다. 성령 세례를 체험하지 못한 육신에 속한 그리스도인입니다. 하나님의 살아 계신 역사를 부인하는 자들입니다. 방언은 교회 안에 믿지 아니하는 불신자들을 향한 하나님의 심판의 사인입니다.

방언을 가만히 들어보면 교회 안에 있는 불신자들을 향하여 하나님이 말씀하시는 경고의 말씀들이 있는 것을 볼 수 있습니다. 방언은 '너희들이 영적으로 살지 않고 있다' 고 경고하는 하나님의 사인입니다. 이 방언을 듣고 믿지 않는 자들이 믿게 됩니다. 이스라엘 백성이 타국에 포로로 팔려갈 때마다 그들은 그 나라의 언어를 배워야만 했습니다. 그들이 새로 배우는 언어는 자기나라의 언어가 아닌 방언입니다. 이 방언을 배워 말하는 것은 그들의 죄에 대한 하나님의 심판이었습니다. 자기 나라 말을 하지 못하고 방언을 하는 그 자체가 심판이었던 것입니다. 방언은 믿지 아니하는 자들에 대한 심판입니다.

고린도 교회에는 거짓 교사들이 많았습니다. 그래서 성령의 은사가 많았고 방언도 많이 했습니다. 바르게 믿지 않는 불신자 크리스천, 거짓교사들이 많았던 것입니다. 아마 방언을 통하여 믿지 않는 불신자 크리스천들에게 경고의 말씀을 많이 하셨을 것이라고 생각됩니다. 방언은 믿지 않는 자들에게는 하나님의 심판의 사인입니다. 그래서 방언은 믿지 않는 불신자들을 위한 것이라고 성경은 말씀하고 있는 것입니다.

그런데 방언은 믿지 않는 자들은 이해하지 못합니다. 고린도전서 14장 23절을 봅시다. "그러므로 온 교회가 함께 모여 다 방언으로 말하면 알지 못하는 자들이나 믿지 아니하는 자들이 들어와서 너희를 미쳤다 하지 아니하겠느냐" 방언을 이해하지 못하는 불신자들은 방언하는 사람들을 보고 미쳤다고 할 것입니다. 그래서 바울은 방언을 말하는 자들에게 이렇게 권면합니다.

고린도전서 14장 13절을 보면 방언을 하는 자들은 통역을 구하라고 부탁합니다. 만일 통변의 은사를 구하여 방언을 말하고 그 뜻을 통역해주면 방언을 이해하지 못하는 사람들이나 믿지 않는 불신자들이 이해하게 될 것이고, 그들이 하나님 앞에 무릎을 꿇을 것입니다. 바울은 은사에 대하여 가르칠 때 방언에만 머물지 말고 더 나아가라고 하였습니다.

불신자들을 믿게 하기 위해서 우리는 방언에서 더 나아가야 합니다. 우리가 통변의 은사를 받아 방언의 뜻을 불신자들에게 가르쳐주면 불신자들이 굴복할 것입니다. 왜냐하면 그 방언에는 그들의 삶의 현재 상황이나 그들의 미래에 대하여 구체적으로 밝혀 주시기 때문입니다. 이것이 바로 지식의 말씀의 은사입니다. 우리가 방언을 많이 하면 뒤따라오는 여러 가지 은사들이 있습니다. 통변의 은사가 따라오고, 또 지식의 말씀의 은사가 나타나고, 예언의 은사가 따라옵니다.

그래서 결국 이 모든 은사들의 출발이 방언 은사인 것입니다. 방언은 성령의 세례를 받은 다음에 나타나는 것이기 때문입니다. 방언기도를 통하여 은사들이 나타나고 방언기도를 통하여 은사들이 더욱 견고하게 자리 잡기 때문입니다.

고린도전서 14장 24절, 25절을 보면 믿지 아니하는 자들이 방언을 통역하고, 그것이 예언으로 나타나면 불신자들이 듣고 책망을 받고 판단을 받게 될 것입니다. 왜냐하면 마음속에 숨어있는 일들이 드러나기 때문입니다. 하나님이 방언을 통하여 책망도 하시고 권면도 하시고 위로와 격려도 주십니다.

이 방언의 내용을 듣고 믿지 않는 자들이 믿게 될 것이고 하나님 앞에 경배하게 될 것입니다. 그래서 방언은 믿지 않는 불신자들을 위한 것입니다. 우리가 방언을 많이 하면 우리 안에 계신 성령께서 운동하시고 능력을 풀어놓게 됩니다. 방언은 믿지 않는 불신자들로 주님 앞으로 돌아오게 하는 일을 발동하게 합니다.

방언 기도를 많이 하면 영혼의 열매를 거두는 역사가 일어납니다. 영혼 영혼의 열매를 거두는 역사가 많이 일어나게 하는 방언은 열매를 거두어 드리는 방언입니다. 직접 찾아가는 것도 전도이지만 열매를 거두어 드리는 방언기도는 탁월한 영혼의 열매를 거두는 방법입니다. 대대적인 영혼을 거두는 시기가 올 것입니다. 방언으로 기도하면서 생각나는 사람을 찾아가서서 복음을 전하시기 바랍니다.

찾아가는 전도도 해야 하고 영혼의 열매를 거두기 위한 기도를 많이 해야 합니다. 기도 중에 특별히 열매를 거두어 드리는 방언기도를 많이 해야 할 것입니다. 영혼의 열매를 거두어 드리기 위한 방언기도를 많이 해야 세계적인 영혼의 열매를 거두는 역사가 일어날 것입니다. 전도는 영적인 전쟁이기 때문입니다.

그런데 우리가 알아야 할 것은 반드시 산고의 방언으로 자신이 변한 다음에 열매를 거두어 드리는 방언으로 들어간다는 사실을 알아야 합니다. 먼저 변해야 할 것은 자신입니다. 고통 중에 부르짖는 기도의 방언으로 자신이 변하면 열매를 거두어 드리는 방언으로 영혼을 전도해야 합니다. 고통 중에 부르짖는 기도의 방언으로 자신이 먼저 변하려고 해야 합니다. 하나님의 우리 개인이 먼저 성령으로 변하여 심령으로 하나님을 섬기기를 원하십니다. 우리 고통 중에 부르짖는 방언으로 자신이 변하고 열매를 거두어 드리는 방언으로 거대한 영혼의 열매를 거두는 역사를 가져오는 축복을 누립시다. 열매를 거두어 드리는 방언기도로 영혼을 구원하여 모두 생명의 면류관을 받으시기를 바랍니다.

14장 상황이 급박할 때 하는 응급 방언기도

(행 4:29-31)"주여 이제도 그들의 위협함을 굽어보시옵고 또 종들로 하여금 담대히 하나님의 말씀을 전하게 하여 주시오며, 손을 내밀어 병을 낫게 하시옵고 표적과 기사가 거룩한 종 예수의 이름으로 이루어지게 하옵소서 하더라. 빌기를 다하매 모인 곳이 진동하더니 무리가 다 성령이 충만하여 담대히 하나님의 말씀을 전하니라"

성령하나님은 우리에게 긴급한 경우에 방언으로 기도하게 하십니다. 이머전시 방언이 있습니다. 이머전시란 긴급 사태, 돌발 사건, 긴급한 경우를 뜻하는 말입니다. 비상시에, 긴급한 때에 성령이 시켜서 하는 방언입니다. 우리가 갑자기 신체에 위급한 상황이 벌어졌을 때 응급실로 가서 응급 치료를 합니다. 그 때 119에 신고를 하여 엠블런스를 부릅니다. 엠블런스는 "윙윙윙윙~"하면서 위기 상황임을 알리면서 달립니다. 그리고 응급실에서는 의사들과 간호사들이 재빠르게 움직여 대처합니다. 우리 인생에도 위기상황이 있습니다. 우리 삶에 위기 상황이 발발했을 때 성령께서 주시는 방언이 있습니다. 자신은 잘 모르는데 갑자기 방언기도가 나옵니다. 이것이 상황이 급박할 때하는 방언기도입니다. 상황이 급박할 때하는 방언기도를 하면 하나님이 응급대처를 하십니다. 하나님이 급하게 움직이십니다.

권사님 한분이 구역예배를 인도하러 명동거리를 걸어가는데 갑자기 마음속에 기도해야 되겠다. 기도해야 되겠다는 간절한 소원이 생기는데 명동길바닥에서 어디서 기도를 합니까? 할 수 없이 길거리 구석에 앉아서 기도를 하려고 하는데 무슨 기도를 할지 모르겠습니다. 마음에 갈급하여 기도해야 되겠는데 무슨 기도를 할지 몰라서 방언으로 기도했습니다. 방언으로 혼자 쭈그리고 앉아서 기도를 하니 마음이 평안해져서 눈을 떠보니까 사람들이 쫙 둘러 서있습니다.

미친 여자가 이상한 말로써 야단법석을 하고 기도를 한다고 수군거리고 있습니다. 그래서 털털 털고 일어나서 그는 빨리 구역예배에 출석했습니다. 구역예배를 인도하고 돌아오면서 "주님이여! 내가 왜 이렇게 간절히 방언으로 기도하는지 모릅니다. 성경에는 성령이 말할 수 없는 탄식으로 우리를 위해서 친히 간구하신다고 하셨는데 내게 무슨 일이 일어날 것이기에 성령이 기도하셨습니까?" 그리고 집에 돌아와서 그만 기절초풍을 했습니다.

없는 동안에 도둑이 들어와서 집을 털었는데 옷가지가 마당까지 흩어져 있었습니다. 방안을 보니 장롱을 다 뒤져서 흩어 놓았습니다. 귀중품, 귀금속하고 얼마간에 모은 돈을 장롱에 넣어 놓았는데 이것 다 가져갔습니다.

이제 큰일 났습니다. 남편은 경찰관이었습니다. 그렇지 않아도 "너 예수에게 미쳤다. 돈 있는 것 교회 다갔다 주지?" 그랬는데 이제 도둑이 와서 금, 은, 패물하고 돈을 다가져 갔으면 이제는 남편에게 얻어맞아 죽게 됐다. 그는 그 자리에 꿇어앉아서 "아이고 하나님! 이제 남편에게 맞아 죽게 되었습니다." 틀림없이 남편은 '너 돈하고 귀금속 교회 다 갖다 주었지?' 그럴 것이니 이것 어떻게 합니까? '하나님이여 날 살려 주십시오.' 하고서 울면서 허둥지둥 장농을 들춰 보니까 옷가지를 다 들춰 내놓았는데 돈은 그대로 있고 귀금속도 그대로 있었습니다.

하나님의 천사들이 도적의 눈을 막은 것입니다. 도적이 집에 들어와서 훔치는 그 시간에 하나님은 말할 수 없는 탄식으로 기도하게 만들어 준 것입니다. 왜냐하면 도적이 오는지도 모르니까 얼마나 연약합니까? 하나님 성령께서 그를 통하여 길거리에서 말할 수 없는 탄식으로 기도를 하게 해서 기도를 하는 동안에 하나님의 천사가 도적의 눈을 막아 버렸으니 눈뜬장님이 되어서 전부 옷가지만 들춰놓고 돈도 귀금속도 손대지 못했습니다.

그 권사님의 간증을 듣고 난 다음 그 남편도 회개하고 교회 나와서 예수를 믿게 된 것입니다. 하나님의 기적이 일어난 것입니다. 말할 수 없는 탄식으로 기도한다. 우리가 갑자기 간절히 기도해야 되겠다. 갈급해서 기도해야 되겠다. 그러나 무엇을 위해서 기도할지 모릅니다. 우리는 연약하니까. 성령이 말할 수 없는 탄식으로 경고하여 기도하게 해주는 것입니다.

고린도전서 14장 22절에 보면 방언을 표적이라고 했습니다. 위기상황에서 방언기도를 하면 표적이 나타납니다. 이 표적이 나타나게 하는 방언이 상황이 급박할 때하는 방언기도입니다. "하나님! 이 위기 상황가운데 역사 하시옵소서" 할 때 그 때가 방언기도하기 아주 좋은 때입니다. 위기의 때에 능력 있는 기도는 방언기도입니다. "하나님! 하나님이 역사해 주시지 않으시면 나 죽어요." 하는 아주 긴급한 때가 있습니다. 그 때 방언기도를 하면 천사들이 돕습니다.

하나님이 천사들을 보내주십니다. 천사들의 도움으로 위기 상황을 벗어날 수 있습니다. 이 방언이 바로 응급실 방언입니다. 그런데 많은 신자들이 위기상황인데도 아무런 대처를 하지 않습니다. 하나님께 살려달라고 매달리지도 않습니다.

119를 부르지도 않습니다. 하나님의 응급실에 찾아가지도 않습니다. 병이 나면 엠블런스를 불러 응급실에 가면서 우리의 삶에, 영적인 일에는 하나님의 응급실을 찾지 않습니까? 누구든지 응급실을 찾으면 하나님이 응급으로 처리해 주실 것입니다. 우리가 위급한 일을 당했을 때는 상황이 급박할 때하는 방언기도를 해야 합니다. 상황이 급박할 때하는 방언기도를 하면 우리가 하늘나라의 응급실로 들어가게 됩니다.

하늘나라 응급실에서는 우리를 위하여 모두가 빠르게 움직입니다. 하나님이 천사들에게 위급한 일을 당한 우리를 도우라고 명령하실 것입니다. 명령을 받은 천사들은 우리가 당한 위기를 처리하기 위해 빠르게 움직일 것입니다. 역대하 20장에 보면 남 유다의 여호사밧 왕 때 아람 왕이 다른 나라들과 연합하여 유다를 치러 왔다. 위기상황이었습니다. 12절에 보면 왕은 하나님께 고백하기를 적을 대적할 능력도 없고 어떻게 할 줄도 모른다고 했습니다. 그만큼 위기였습니다. 3절, 4절을 보면, 그 때 왕은 백성에게 금식하라고 명하였고 자신은 하나님께로 얼굴을 향하고 간구하였습니다. 유다 사람들이 이 위기 상황에 주의 도우심을 구하기 위해 모여 기도하였습니다. 그랬더니 하나님이 역사하셔서 적군들이 서로를 쳐 죽이는 사건이 벌어져 다 죽고 말았습니다.

신명기 33장 26-27절에 이런 말씀이 있습니다. "여수룬이여 하나님 같은 자 없도다. 그가 너를 도우시려고 하늘을 타시고 궁창에서 위엄을 나타내시는도다. 영원하신 하나님이 너의 처소가 되시니 그 영원하신 팔이 네 아래 있도다. 그가 네 앞에서 대적을 쫓으시며 멸하라 하시도다." 기도할 때 하나님께서 하늘의 천사들을 동원하여 싸우게 하시는 것입니다.

여호사밧이 승리하였습니다. 우리가 성령의 이끌림을 받아 상황이 급박할 때하는 방언기도를 하면 하나님이 우리를 도우시려고 천사들을 동원하십니다. 천사들이 역사합니다. 하나님이 천사를 통하여 위엄을 나타내십니다. 그가 우리가 피할 처소가 되십니다. 그의 능하신 팔로 우리를 도우십니다. 우리가 급할 때 성령님이 감동하시는 대로 방언기도를 하면 하나님도 급하게 움직이시는 것입니다. 하늘을 타고 급하게 오십니다. 열왕기하 20장에 보면 유다 왕 히스기야가 병들어 죽게 되었다 위기였습니다. 히스기야는 그때 이 상황이 급박할 때 부르짖는 기도를 했습니다. 열왕기하 20장 2절에 보면 "히스기야가 낯을 벽으로 향하고 여호와께

기도하여 이르되"라고 히스기야의 기도를 설명하고 있습니다. 이 기도를 면벽기도라고 합니다. 이 면벽기도는 다른 말로 상황이 급박할 때 부르짖는 기도라고 할 수 있습니다. 기도의 사람들은 위기를 만났을 때 어떤 기도를 했는가요?

상황이 급박할 때하는 방언기도를 했습니다. 오늘 우리에게는 응급 방언기도가 필요합니다. 위급한 병이 발병했을 때는 우리가 응급실로 갑니다. 응급실에서는 응급처치를 합니다. 다른 환자는 쳐다보지도 않습니다. 응급환자 곁에 의사, 간호사들이 다 모이고 모든 의료 기기들을 총동원하고 응급치료를 하여 생명을 유지시킵니다. 그래서 위기를 넘기게 됩니다.

오늘 우리에게 상황이 급박할 때하는 방언기도를 해야 하는 문제들이 많이 있습니다. 성령이 갑자기 감동하시여 기도하게 하신다면 응급실 기도가 필요한 때입니다. 상황이 급박할 때하는 방언기도를 하면 하나님이 부리시는 천사들이 동원됩니다. 상황이 급박할 때하는 방언으로 위기 상황을 하나님께 아뢰고 위기 상황을 유리한 상황으로 바꾸어놓기를 바랍니다.

상황이 급박할 때하는 방언은 위기상황을 유리한 상황으로 바꾸어 놓는 능력이 있습니다. 독자들 거리에서나 열차 속에서나 버스 속에서 갑자기 방언기도가 나오거든 사람들을 의식하지 말고 마음속으로 기도하시기를 바랍니다. 기도할 때 자신의 식구들이나 가정이나 직장에서 일어나는 급박한 상황을 하나님께서 천사들을 통하여 해결하십니다. 믿음으로 승리하시기를 바랍니다.

15장 권능을 받고 선포하는 방언기도

(롬 5:17)"한 사람의 범죄로 말미암아 사망이 그 한 사람을 통하여 왕 노릇 하였은즉 더욱 은혜와 의의 선물을 넘치게 받는 자들은 한 분 예수 그리스도를 통하여 생명 안에서 왕 노릇 하리로다"

이장에서는 왕이 하는 권능을 선포하는 방언에 대하여 이야기하려고 합니다. 왕이 하는 권능을 받고 선포하는 방언은 가장 완숙한 방언입니다. 이 왕이 하는 권능을 선포하는 방언은 왕처럼 승리를 선포하는 기도입니다. 로마서 8장에는 보면 성령께서 내 안에서 탄식하시는 기도가 있습니다. 성령께서 날마다 우리를 위해 내 안에서 탄식하시면서 기도하십니다.

우리가 방언으로 기도할 때 성령께서 탄식하시는 기도를 하게 됩니다. 그런데 왕이 하는 권능을 선포하는 방언은 성령께서 탄식하시는 기도가 아니라, 승리와 평안과 축복을 선포하시는 방언입니다. 성령께서 권능으로 역사하시는 것입니다.

내가 영적 전쟁을 하고 난 후에 정복하고 다스리는 사역을 할 때 나오는 방언입니다. 그러니까 고통 중에 부르짖는 방언이나, 상황이 급박할 때 하는 방언을 한 후에 하게 되는 방언입니다. 어떤 기도 제목을 가지고 오랫동안 기도한 후에 왕의 자격으로 승리와 평안과 축복을 선포하는 방언인 것입니다. 그러면 우리가 이 같은 기도를 할 수 있는 능력이 있는가? 벧전 2장 9절에 보세요. "오직 너희는 택하신 족속이요 왕 같은 제사장들이요 거룩한 나라요 그의 소유된 백성이니 이는 너희를 어두운데서 불러 내어 그의 기이한 빛에 들어가게 하신 자의 아름다운 덕을 선전하게 하려 하심이라." 말씀하십니다.

성경은 우리를 왕이라고 말씀하고 있습니다. 하나님은 만왕의 왕이십니다. 요한복음 1장 12절에 보면 예수 그리스도를 구주로 영접하고 믿는 자는 그의 자녀가 되는 권세를 얻었다고 말씀합니다. 그러므로 그의 자녀들인 우리는 당연히 왕들입니다. 우리의 신분은 왕입니다. 왕의 권세를 가지고 있습니다. 더치 쉬츠는 「왕처럼 기도하라」(원제「Authority in Prayer」)는 책에서 "권위 있는 기도를 통해 인생에서 승리하고 더불어 세상을 정복하라"고 도전합니다. 왕이 하는 권능을 선포하는 방언으로 성령의 권위를 나타내기를 바랍니다. 왕이 하는 권능을 선포하는 방언기도는 성령의 권세를 나타나내는 기도 입니다.

그 권위 있는 기도는 어떤 기도인가요? 성령의 임재하에 담대하게 선포하는 왕이 하는 권능을 선포하는 방언기도가 바로 권위 있는 기도입니다. 왕이 하는 권능을 선포하는 방언기도는 통치하는 기도입니다. 이 왕이 하는 권능을 선포하는 방언기도를 통해 세상이 변화될 것입니다. 예수를 믿는자가 무엇이 되지 않는 것은 반드시 방해하는 세력이 있습니다. 방해세력에게 떠나갈 것을 명령하세요. "예수이름으로 명하노니 떠나가라."

환경에 역사하던 귀신이 물러갈 것입니다. 이 왕이 하는 권능을 선포하는 방언기도를 통해 변화될 세상을 기대하세요. 하나님은 우리의 이 같은 기도를 기다리고 계십니다. 우리가 이 왕이 하는 권능을 선포하는 방언기도를 할 때 하나님의 능력이 발휘되고 모든 상황은 바뀔 것입니다. 우리는 이 왕이 하는 권능을 선포하는 방언기도를 통해 하나님과 동역하는 하나님의 동역자입니다. 우리는 다스림의 특권을 사용하는가? 창세기에 나오는 창조 기사에 보면 우리는 이 땅을 다스리도록 창조되었다! 우리는 왕이신 하나님, 그분의 자녀입니다.

그래서 우리는 유전인자 깊은 곳에 왕의 본성을 가진 존재입니다. 우리 안에는 왕의 인자가 있고 왕의 근성과 왕의 다스리는 본성이 있고 왕의 기질이 있습니다. 동시에 하나님은 우리 안에 다스림의 갈망과 권리를 부여하셨습니다.

로마서 5장 17절에 보면 "한 사람의 범죄를 인하여 사망이 그한 사람으로 말미암아 왕 노릇 하였은즉 더욱 은혜와 의의 선물을 넘치게 받는 자들이 한 분 예수 그리스도로 말미암아 생명 안에서 왕 노릇 하리로다"라고 말씀하고 있습니다. '왕 노릇 한다'는 것은 다스린다는 의미입니다. 이 땅에서 우리는 '왕 노릇'하도록 창조되었습니다. 그래서 왕의 자녀인 우리는 세상을 다스리고, 인생에서 승리자 이상이 될 수 있습니다.

그렇게 살기 위해 우리는 마땅히 왕처럼 기도해야 합니다. 권위를 가지고 기도하는 법과 기도로 세상을 다스리는 법을 배워야 합니다. 우리는 이 같은 결론을 얻을 수 있습니다. "기도하는 자만이 이 땅을 통치할 수 있습니다." 당신은 기도로 세상을 다스리는 특권을 사용하고 있는가? 하나님이 당신에게 위임하신 기도의 권위로 세상에 책임자로 나서라! 하나님이 위임하신 당신의 권위를 지금 사용하라! "당신의 기도, 수준을 높이라!" 겁쟁이 기도를 버리고 승리자의 기도를 하는 삶으로 바꾸어 살아라. 기도로 내 인생이 바뀌고 나를 둘러싼 환경이 달라진다! 우리가 왕 처럼 담대하게 선포하는 기도를 할 수 있는 것은 하나님의 부르심 때문입니다. 하나님이 우리를 승리자로, 통치자로 부르셨습니다.

그리고 우리를 향하신 하나님의 계획은 우리가 이 땅에서 폭넓은 영향력을 행사하며, 그분의 뜻을 펼쳐가는 그분의 동역자로 사는 것입니다. 그런데 하나님이 주신 놀라운 권위는 어떻게 나타나는가? 기도할 때 권위가 나타납니다. 기도하는 사람에게는 세상을 다스리는 특권이 있습니다. 우리는 왕이신 하나님, 모든 것들의 창조주요, 주인이신 그분의 자녀입니다.

이처럼 가장 높으신 하나님의 자녀인 우리는 왕의 본성을 가졌다. 따라서 왕의 자녀는 언제나 세상을 통치하고 인생을 승리하며 살 수 있습니다. 그렇다면 마땅히 우리는 권위를 가지고 기도하는 법과 기도로 세상을 다스리는 법을 배워야 합니다. 하나님은 우리를 통해 일하시고 우리의 기도를 통해 역사하십니다. 하나님이 우리에게 세상을 맡기시면서 다스리고 정복하라고 하셨는데 우리가 어떻게 세상을 다스리고 정복할 수 있습니까?

다스리라는 말은 세상을 변화시키라는 말씀입니다. 그러면 우리가 어떻게 세상을 변화시킬 수 있는가?그것이 바로 기도의 방법입니다. 하나님은 우리의 기도를 통하여 세상을 통치하시고 변화시키십니다. 그 기도가 바로 왕이 하는 권능을 선포하는 방언기도입니다. 우리는 왕처럼 기도해야 합니다. 담대하게 하나님의 권세를 주장해야 합니다. 우리는 세상의 주도권을 잡고 세상을 변화시키며 살아야 합니다.

어떻게 세상에서 주도권을 세상에 내어주지 않고 우리가 주도권을 행사할 수 있는가? 왕이 하는 권능을 선포하는 방언기도입니다. 기도로 우리는 주도권을 잡고 다스릴 수 있습니다. 우리를 힘 빠지게 하고 무기력하게 만드는 세상에 항복해서는 안 됩니다. 왜냐하면 우리는 왕의 자녀이자 승리자이며 통치자이기 때문입니다. 기도를 중단하는 것은 세상을 다스리는 왕의 신분과 왕의 능력을 포기하는 것입니다.

우리는 기도로 세상을 다스리는 특권을 제대로 사용하며 살아야 합니다. 하나님이 위임하신 권위를 사용할 준비가 언제든지 되어 있어야 합니다. 기도생활을 새롭게 업그레이드하고 왕의 기도의 원리를 실천함으로써 놀라운 결과를 체험하기를 바랍니다. 왕이 하는 권능을 선포하는 방언으로 사업과 직업, 사역지를 향하여 정복하고 소유하는 대적기도를 하세요. 방언으로 승리를 선포하세요. 왕으로 사는 것을 결코 포기하지 마세요.

왕의 권능을 선포하여 주신 권능을 사용하세요. 왕처럼 생각하고, 왕처럼 말하고, 왕처럼 기도하고, 왕처럼 말하고 왕처럼 행동하세요. 이제부터는 종으로 살지 말고 왕처럼 사세요. 왕이 하는 권능을 선포하는 방언을 사용하세요. 그리하면 왕의 초자연적인 권능의 역사가 나타날 것입니다. 환경이 열릴 것입니다. 매일 왕이 하는 권능을 선포하는 방언, 왕처럼 하는 기도의 능력으로 정복하고, 다스리고, 소유하는 축복이 있기를 바랍니다.

충만한 교회는 말씀과 성령으로 성도들을 치유하여 성령의 인도를 받는 영적인 성도가 되도록 하는 목회를 합니다. 충만한 교회 목회 방향은 성도들을 목회자 그늘에서 믿음 생활을 하는 나약한 성도가 되지 않도록 하는 것입니다. 말씀과 성령으로 치유 받아 영의 통로를 열고 하나님과 직접 관계를 열어 교통하면서 세상 어디를 가더라도 자신 안에 임재하신 하나님께 기도하여 응답을 받으면서 세상을 살아가도록 합니다.

영적인 자립을 하는 것을 목표로 훈련합니다. 하나님께서 부여하신 권능을 사용하여 세상을 장악하게 합니다. 그래서 주일날도 강한 성령의 역사가 일어나는 예배를 드립니다. 영적인 눈이 열리고 사고가 영적으로 변하는 말씀을 준비하여 교재로 제공하고 설교를 합니다. 기도를 40분 이상 하면서 담임 목사가 일일이 안수하여 성령으로 충만 받도록 합니다. 필요한 성도는 토요일 날 개별집중치유를 하여 문제를 치유하고 영성을 깊게 합니다. 자신의 영을 자신이 지킬 수 있는 강한 성도가 되게 훈련하고 있습니다.

16장 하나님과 대화하며 음성듣는 방언기도

(하박국2:1-4)"내가 내 파수하는 곳에 서며 성루에 서리라 그가 내게 무엇이라 말씀하실는지 기다리고 바라보며 나의 질문에 대하여 어떻게 대답하실는지 보리라 하였더니, 여호와께서 내게 대답하여 이르시되 너는 이 묵시를 기록하여 판에 명백히 새기되 달려가면서도 읽을 수 있게 하라. 이 묵시는 정한 때가 있나니 그 종말이 속히 이르겠고 결코 거짓되지 아니하리라 비록 더딜지라도 기다리라 지체되지 않고 반드시 응하리라. 보라 그의 마음은 교만하며 그 속에서 정직하지 못하나 의인은 그의 믿음으로 말미암아 살리라"

하나님과 대화하며 음성듣는 방언기도는 앞에서 열거한 방언과는 달리 우리가 아버지 앞에 있을 때 아버지가 나에게 속삭여 주시는 방언입니다. 방안으로 기도하며 하나님과 대화하는 것입니다. 중요한 것은 우리가 아버지 앞에 있을 때 하게 되는 방언이라는 것입니다. 아버지 앞에 있다는 것은 내가 변하여 영의 상태가 되었다는 것입니다. 내가 일방적으로 떠들어대는 방언이 아니라, 아버지께서 내게 말씀해 주시는 방언입니다. 서로 주거니 받거니 하는 기도를 아버지 방언이라고 합니다. 우리가 하나님과 교제하다보면 아버지께서 내게 말씀해 주실 때가 있습니다. 하나님이 다른 신들과 다른 차이점은 우리에게 말씀을 걸어오신다는 것입니다. 하나님은 말씀하시는 분이십니다. 하나님과 교제하는 자는 누구든지 하나님의 말씀을 들을 수 있습니다. 우리가 하나님과 대화하는 방언기도를 받으면 아버지 하나님이 내게 말씀을 걸어오시는 것을 들을 수 있는 것입니다. 놀라운 방언입니다. 이 방언을 많이 하면 하나님 아버지를 알아가게 됩니다. 교제가 깊어집니다. 교제하며 성령이 감동을 선포하면 환경에 역사가 나타납니다. 보증의 역사가 나타나는 것입니다.

우리가 방언을 하다보면 우리 기도를 들으신 하나님이 우리에게 말을 걸어오십니다. 그 때 나오는 방언이 하나님과 대화하는 방언입니다. 그러면 우리는 기도하는 방언만 해오던 우리의 기도에 큰 변화가 일어날 것입니다. 성경 중에 기도로 가득 찬 성경이 있습니다. 그 성경은 하박국입니다. 하박국 선지자가 민족의 불행한 운명을 바라보면서 하나님께 탄식하며 기도하였습니다.

바벨론 군대가 침략해 오는 것을 보고 있었기 때문입니다. 이때 그의 기도는 질문하는 기도였습니다. 하나님께 묻는 기도였습니다. 그가 자기 민족을 위해 기도로 하나님께 질문한 후에 하나님의 응답을 기다리는 그런 기도였습니다.

하박국서 1장 17절을 봅시다. "그가 그물을 떨고는 계속하여 여러 나라를 무자비하게 멸망시키는 것이 옳으니이까?" 바벨론이 여러 나라를 무자비하게 침략하고 짓밟는 것이 옳은 일이냐고 묻는 기도입니다. 하박국서 2장 1에 봅시다. "내가 내 파수하는 곳에 서며 성루에 서리라. 그가 내게 무엇이라 말씀하실는지 기다리고 바라보며 나의 질문에 대하여 어떻게 대답하실는지 보리라 하였더니"라고 합니다.

하박국 선지자는 묻는 기도를 한 후에 높은 성루에 올라가서 하나님이 그의 질문에 대하여 무엇을 어떻게 말씀하시는지 대답을 기다렸다는 것입니다. 우리가 하박국에게서 배울 점이 바로 이것입니다. 우리는 일방적으로 기도한 후에 서둘러 기도를 마치고 자리에서 일어나버립니다. 하나님의 대답도 들어보지도 않고 '다음에 또 기도하러 오겠습니다' 하고 가버립니다.

우리가 기도했으면 하나님의 대답을 들어야 합니다. 그 대답을 듣는 것이 하나님과 대화하는 방언입니다. 우리의 방언은 하나님이 들으시는 방언입니다. 우리가 하나님 아버지에게 말을 거는 방언입니다. 그런데 하나님과 대화하는 방언은 우리가 듣는 방언입니다. 기도 한 후에는 반드시 아버지의 말씀을 들어야 합니다. 내 기도에 대하여 아버지가 무엇이라고 어떻게 말씀하시는지 들어야 하는 것입니다.

하박국 2장 2절에 보면 하박국의 기도를 들으신 하나님이 이제 말을 걸어오십니다. "여호와께서 내게 대답하여 이르시되 너는 이 묵시를 기록하여 판에 명백히 새기되 달려가면서 읽을 수 있게 하라." 하십니다.

하나님은 어떤 분이신가? 우리가 기도하면 대답하시는 분이십니다. 우리와 대화가 가능하신 분이시다. 기도할 때마다 아버지의 말씀을 듣는 은혜를 누리시기 바랍니다. 하박국의 기도에 대답하신 말씀 중에 하나를 봅시다. 하박국 2장 14절을 봅시다. "이는 물이 바다를 덮음 같이 여호와의 영광을 인정하는 것이 세상에 가득함이니라." 하박국이 기도할 때 아버지가 걸어오신 말씀입니다. 우리가 방언기도를 하면 이런 영광스러운 말씀을 듣게 됩니다. 그런데 아버지가 걸어오시는 말씀을 듣지 못하는 분들이 많습니다.

이유는 무엇인가? 부모로부터의 상처가 많은 분들은 아버지 하나님을 잘 모르는 경우가 많습니다. 견고한 진이 안에 있기 때문입니다. 이 견고한 진을 성령께서 다 아십니다. 방언으로 기도하세요. 그러면 성령의 역사로 견고한 진이 무너집니다. 이 때 하는 방언이 고통 중에 부르짖는 방언과 하나님과 대화하는 방언기도입니다.

고통 중에 부르짖는 방언으로 영적전쟁을 하고 뚫는 기도를 하게 됩니다. 그 다음에 하나님과 대화하는 방언으로 정복하고 승리와 평화를 선포하므로 다스리고 통치하는 것입니다. 이런 영적 사건이 일어난 후에 하늘이 열립니다. 그리고 하나님을 만나는 축복을 누리게 됩니다. 그 앞에서 우리는 침묵합니다. 아버지의 말씀을 기다리는 시간입니다. 아버지께서 말씀을 걸어오시기를 침묵으로 기다리는 것입니다.

그 때 잠잠히 아버지 앞에서 기다리면 아버지가 자신의 언어로 우리에게 말을 걸어오십니다. 그 언어가 바로 아버지의 방언입니다. 그 하나님과 대화하는 방언은 말로 다할 수 없이 부드럽고 자상하고 나를 만지시고 치유하시는 능력이 있습니다.

그 때 눈물이 흐르고 상처가 치유되고 위로와 격려가 쏟아 부어 집니다. 오늘 열린 하늘의 은혜를 체험을 하기를 바랍니다. 아버지의 부드럽고 자상하시고 만지시고 위로하시고 치유하시는 아버지의 방언을 들어보기 바랍니다. 이 은혜를 얻기 위해 당당히 하나님의 보좌 앞에 나갑시다. 자 이제 찬양할 때, 기도할 때 아버지께서 오늘 우리에게 말을 걸어오실 것을 기대하세요. 기다리기 바랍니다. 아버지의 방언을 오늘 다 하시기 바랍니다. 먼저는 고통 중에 부르짖는 방언, 권능을 선포하는 방언을 하세요. 그런 다음에 하나님과 대화하는 방언이 나올 것입니다.

하나님과 대화하는 방언기도를 해야 하나님과 교통할 수가 있습니다. 하나님과 대화하는 방언기도야 말로 최고의 수준에 이른 방언기도입니다. 하나님과 인격적으로 하나 되어 서로 주거니 받거니 하는 기도입니다.

우리 모두가 이와 같은 영적인 상태가 되어야 합니다. 하나님은 우리가 이러한 상태가 되게 하기 위하여 훈련을 하십니다. 아브라함도, 이스라엘도, 요셉도, 모세도, 다윗도 오랜 기간 훈련하신 것입니다. 하나님의 우리가 하나님과 대화하는 방언기도로 하나님과 교통하는 영적인 수준이 되기를 원하십니다. 우리 하나님과 대화하는 방언기도로 하나님이 원하시는 깊은 영의기도를 하기를 바랍니다. 그래서 세상에서 권능을 사용하며 예수님을 누리다가 영원한 천국에 들어가시기를 바랍니다.

4부 자신의 방언기도를 진단하라.

17장 성도의 영을 깨우는 방언 기도

(고전 14:14-15)"내가 만일 방언으로 기도하면 나의 영이 기도하거니와 나의 마음은 열매를 맺지 못하리라. 그러면 어떻게 할까 내가 영으로 기도하고 또 마음으로 기도하며 내가 영으로 찬송하고 또 마음으로 찬송하리라"

하나님은 예수를 믿고 성령으로 거듭난 우리가 영적인 사고를 하여 영적인 하나님과 교통하기를 원하십니다. 우리가 영적인 상태가 되어야 하나님과 교통할 수가 있는 것입니다. 우리가 한 가지 염두 해 둘 것이 있습니다. 방언은 높은 단계의 은사가 아닙니다. 가장 높은 단계의 은사는 영이신 하나님과의 대화입니다. 영이신 하나님과 대화를 하려면 영적인 상태가 되어야 가능한 것입니다. 모세는 하나님과 대화를 나눴던 사람입니다. 그가 하나님의 영광을 얼마나 많이 체험했는지 그는 평소에 사람들을 만날 때 수건을 뒤집어쓰고 다녀야 했습니다. 사람들이 하나님을 보거나 하나님의 영광을 체험하는 것에 대해 두려워했기 때문입니다. 우리가 바르게 알아야 할 것은 모세는 영이신 하나님과 교통할 수 있도록 항상 성령의 임재 상태로 지냈다는 것입니다.

예수님께서도 기도의 대가이셨습니다. 아침부터 저녁까지 모든 시간을 기도하는데 사용하셨습니다. 실제적으로 주님께서는 기도를 통해 하나님으로부터 능력을 받았으며 성령 충만함을 받으셨습니다. 주님께서는 제자들에게 "기도 외에 다른 것으로는 이런 유가 나갈 수 없느니라"(막 9:29)고 말씀하실 정도로 기도를 많이 강조하셨습니다. 방언은 예수님께서 제자들에게도 언급하신바 있습니다. 예수님은 "믿는 자들에게는 이런 표적이 따르리니 곧 저희가 내 이름으로 귀신을 쫓아내며 새 방언을 말하며"(막 16:17)라고 말씀하셨습니다. 믿는 사람들에게는 귀신도 쫓아내는 표적이 따르지만 방언의 표적도 나타난다는 말씀입니다.

이처럼 예수님께서도 '방언'의 중요성을 아셨던 것입니다. 물론 예수님께서 언급하신 '방언'의 의미는 오순절 이후의 성도들에게 주어졌던 '방언'과는 좀 다른 것입니다. 예수님께서 말하신 '새 방언'은 문자 그대로 '새 언어'입니다. 하지만 오순절 이후의 '방언'은 하나님과 대화를 나눌 수 있는 영의 기도의 도구라는 점입니다. '새 방언'을 말할 수 있는 것은 일종의 표적이 될 수 있지만, 우리가 드리는 '방언'은 표적이라기보다는 영으로 기도하기 위해 필요한 은사인 것입니다.

방언으로 기도를 처음 하게 되면 신기하고 놀라워하며, 주님의 은혜를 입었다는 사실에 감격합니다. 그런데 얼마 가지 않아 회의가 생기기 시작합니다. 별로 재미도 없고 유익도 없이 그저 의미 없는 단조로운 소리만 내는 것 같은 생각이 들기 시작하는 것입니다. 울리는 꽹가리 같이 느껴지니까 방언을 하는 것에 의미를 가지지 못하게 되는 것입니다. 그래서 방언을 중도에 그만 두는 사람들이 더러 있고, 방언을 하면서도 별로 유익을 얻지 못하고, 그저 하니까 하는 식으로 방언을 말하는 사람이 있습니다. 세상의 모든 것이 다 그렇습니다. 자신에게 유익한 것이 다른 사람에게는 전혀 유익하지도 흥미롭지도 못한 것 말입니다. 어떤 것에 흥미를 느껴 그것에 빠져드는 사람이 있지만, 그 묘미를 모르는 사람에게는 강 건너 불구경처럼, 아무런 감동을 주지 못합니다. 방언 역시 이런 측면을 가지고 있습니다. 대부분의 사람들이 방언에 대해 별로 탐탁하게 여기지 않는 까닭은 방언의 유익을 경험하지 못했거나, 경험하면서도 그것이 방언으로 인해서 오는 유익이라는 사실을 모르고 있기 때문입니다.

방언을 말함으로써 얻게 되는 유익을 개인에 따라 다르지만 가장 큰 유익은 자신의 영(속사람을 포함함)이 영적 힘을 얻는다는 것입니다. 이 영적 힘은 지식을 통해서 얻는 지적인 힘과는 다른 부분이 있습니다. 지적인 힘은 자신감을 갖게 하고, 여러 가지 상황에서 바르게 대처하게 합니다. 그리고 타인으로부터 자신을 보호하게 하는 등의 유익을 주지만, 영적인 힘은 지적인 힘으로부터 얻어지는 것에 더하여, 마귀로부터 보호 받게 하는 힘을 가지고 있습니다. 이 부분이 영적 힘을 통해서 얻을 수 있는 유익입니다. 방언은 우선 이 부분에 매우 유익합니다. 우리의 기도는 우리의 대적인 마귀에게 노출되어 있습니다.

이는 정보가 보호되지 않는 기업을 운영하는 것과 비슷한 경우입니다. 구멍가게 수준의 기업에서는 별로 손해를 볼 것이 많지 않겠지만, 적어도 기업의 형태를 띠면 반드시 정보가 보호되어야만 하듯이, 우리의 신앙생활에도 역시 이 부분이 매우 중요합니다. 자신의 정보가 보호되지 않은 채로 방치된다면 우리는 마귀에게 심하게 이용당하거나 침해를 받게 됩니다. 우리는 하나님으로부터 정보를 받고, 우리의 정보를 하나님에게 드리는 상호 교통의 통로로서 영으로 기도를 합니다. 이 기도가 보호되지 않는다면 중요한 정보가 적에게 노출될 수 있다는 것이고 이렇게 되면 우리의 전략이 무용지물이 되어 마귀를 물리치는 힘이 약화됩니다. 일반적인 성도들은 방언을 말할 줄 모르는 사람이 있지만, 능력을 행하는 사람들 가운데 방언을 말하지 못하는 사람은 한명도 없을 것입니다. 이는 능력 행하는 일과 방언이 필수적으로 관련 되어 있기 때문입니다. 우리는 말로 기도할 때 우리의 영이 따라서 기도합니다. 물론 방언을 하지 못하는 사람의 경우 영이 전혀 기도하지 못한다는 의미는 아닙니다.

방언을 하지 못하는 사람의 경우 발성으로 기도하는 그 순간, 자신의 영이 함께 기도하지만, 그것을 느끼지 못한다는 것에서 차이가 있습니다. 그리고 느끼더라도 보다 막연하고 뚜렷하지 못하기 때문에 별로 이 부분을 의식하지 못합니다. 물론 방언을 하는 사람들 가운데도 자신의 방언을 별로 유익하게 생각하지 못하는 사람에게는 방언을 못하는 사람과 별로 차이가 없을 것입니다. 방언을 말하는 것은 우선 자신의 영이 지금 하나님에게 기도하고 있다는 사실을 의식하는 것만으로도 유익합니다. 자신의 영이 지금 하나님으로부터 다루어지고 있다는 사실을 구체적으로 의식할 수 있는 실제적 순간이니까요. 방언은 우리의 속사람을 강건하게 합니다. 바울은 이 부분을 깊이 경험한 사람 중의 한 사람입니다. 그래서 그는 누구보다도 방언으로 기도를 많이 했고, 우리에게 방언으로 기도할 것을 권하고 있습니다. 방언 기도는 우리의 속사람을 강하게 함으로써 영적 전쟁에서 승리하게 합니다. 방언 기도는 영으로 하는 기도를 포함합니다. 우리의 의식은 우리의 영의 소원을 깨닫지 못합니다. 그래서 우리의 영의 요구를 구체적으로 알지 못하기 때문에 이에 대한 구체적인 기도를 할 수 없습니다. 그 이유는 우리 원수 마귀가 우리를 삼키려 하고 있기 때문입니다. 우리 영은 우리의 죄로 인해서 심각하게 약화되며 약점을 지니게 됩니다. 이 약점을 마귀가 알게 되면 마귀는 놓치지 않고 우리의 영을 공격합니다. 이 약점이 노출된 영은 마귀로부터 심각하게 공격을 받게 되고, 이에 따라 손상을 입게 되며, 이 증상은 즉시 우리의 삶에서 나타나게 됩니다. 우리의 의식으로는 영이 요구하는 바를 제대로 깨닫기까지는 많은 시행착오를 거치게 됩니다. 방언을 하지 못하는 사람에게 우리의 영은 다른 수단을 통해서 그 요구하는 바를 전달하게 되는데요. 주로 많이 사용되는 수단이 느낌입니다.

이 부분을 통해서 우리는 영의 소리를 듣기도 하고 하나님의 음성을 듣기도 합니다. 기도를 통해서 우리의 의식이 영의 요구하는 바를 깨달아 가게 되는데, 이 과정에서 방언은 매우 실질적인 도움을 제공하는 수단이 됩니다. 방언은 영의 요구하는 바를 우리의 의식에 전하는 매체의 역할을 합니다. 물론 방언이 통역 되면 이 부분이 명쾌해집니다. 그래서 방언 말하는 사람은 통역을 구하라고 하였습니다. 통역은 특별히 예언의 은사를 받은 사람에게는 대가 없이 주어지지만, 그렇지 않은 일반적인 사람에게는 이 부분은 선택사항 즉 옵션이기 때문에 반드시 사모하고 구해야 합니다. 방언은 중보(도고)기도의 수단입니다. 성령께서 우리를 대신해서 간구하는 것이며, 이를 통해서 우리와 하나님 사이에 있는 보이지 않는 장애물들이 제거되는 것입니다. 이 보이지 않은 효과는 우리의 영 안에서 나타납니다. 우리의 영이 하나님으로부터 더 많은 말씀을 받을 수 있으며, 그렇게 되면 우리는 주님의 인도하심을 더욱 풍성하게 받을 수 있습니다.

우리 영이 강해지면 그곳으로부터 나오는 신호가 강력해집니다. 이는 방언으로 기도할 때 마음이 뜨거워지며, 헌신하고자 하는 믿음이 우러나오며, 평안한 마음이 되어 시련을 이길 수 있게 됩니다. 근심과 두려움이 사라지고 주님의 평안으로 가득 채워집니다. 이런 함양의 은혜는 묵상과 깊은 기도로도 얻어지는 것이며, 방언기도는 쉽게 얻을 수 있는 편리함이 있습니다. 개인적인 방언기도는 통역을 할 수 있으면 더욱 은혜롭습니다. 모든 방언이 다 통역을 해야 하는 것이 아니지만, 자신이 하는 기도 가운데 부분적으로 통역이 이루어지는 경우가 있습니다. 처음에는 지식의 말씀처럼 자신의 내면에서 어떤 생각들이 떠오르며 방언과 동시에 그 생각이 구체적으로 이야기를 만들어갑니다. 방언을 말하면서 머리는 어떤 내용을 가진 이야기로 채워지기 시작하는 것입니다. 이 이야기는 자신이 알고 있는 내용이 아니며, 머리에서 오는 것이 아니라 영으로부터 흘러나오는 것임을 알게 됩니다. 방언이 단조롭고 더듬거리는 수준이 아니라, 사용되는 단어는 풍부하지 않아서 반복되지만, 그 흐름은 매끄럽고 유창하여야 합니다. 자주 끊기고 거친 발음이 나온다면 이는 아직 성숙하지 못한 것이며, 더 많이 방언으로 기도해야 합니다. 방언으로 기도하면서 생각은 육체적이라면 이것은 내 지성과 감성이 영으로 향하지 못하고 분리되어 있기 때문입니다.

영 안에서 기도하며, 그 영을 집중해서 살피는 노력을 해야 합니다. 방언으로 기도하며 방언에 생각을 집중시키고 그 언어를 살펴야 합니다. 성령이 충만해지면 우리는 방언에 몰입하게 되며, 영에 모든 것이 집중됩니다. 전인격이 성령의 이끌림에 몰입되는 것입니다. 이런 상태가 되어야 영의 신호를 알게 되어, 방언의 효과가 나타나기 시작하는 것입니다. 방언기도에 몰두하면 우리의 지성과 감성은 영으로부터 오는 신호에 민감해지며, 그 신호를 이성적으로 깨닫게 됩니다. 이것을 통해서 우리는 하나님과의 대화가 이루어지게 되는 것입니다. 그러므로 영적인 성도가 되려면 무엇보다도 혼(이성)의 훈련이 중요합니다. 혼이 영의 신호를 잘 이해하고 받아 육에게 명령하면 육이 순종할 때 영적인 역사가 나타나기 때문입니다. 그래서 기독교는 체험의 종교라고 하는 것입니다. 체험하면 영의 신호에 따라 순종을 잘해서 성령께서 의도하는 대로 보이는 역사가 나타나기 때문입니다.

방언기도는 많은 훈련이 필요합니다. 먼저는 성령의 충만을 유지할 수 있어야 하고, 영의 작용에 따라서 방언의 흐름이 다르게 나타나는 변화를 가져올 수 있어야 합니다. 방언기도를 함으로써 우리 영이 활발해지며, 영이 운동력을 얻어 우리 기도를 주체적으로 이끌 수 있게 됩니다. 그러면 우리는 육성으로 기도하는 시간이 줄어들기 때문에 하나님께 아뢰어야 할 것을 다 하지 못하지 않을까 하는 걱정을 하게 되지만 그럴 필요가 없습니다.

우리의 겉 사람의 기도보다도 주님은 우리 속사람의 기도를 더 귀하게 여깁니다. 바울은 개인기도에 누구보다도 더 많이 방언으로 기도한 사람입니다. 영으로 기도하는 것이 우리 기도의 본질이 되어야 합니다. 기도는 영의 호흡이며, 이런 차원에서 방언기도는 많이 해야 합니다. 속사람이 강건해져야 주님으로부터 인도함을 받기가 쉬워집니다. 그래야 우리는 하나님의 뜻을 더 확실하게 확신할 수 있게 되는 것입니다.

생활을 하다보면 하루에 한 시간도 기도할 수 있는 시간을 내기란 쉽지 않을 것입니다. 그러나 방언기도는 그럴 필요가 없습니다. 작업을 하다가 쉬는 시간에, 출퇴근하는 시간에, 누구를 기다리는 시간에 얼마든지 할 수 있습니다. 요즘 젊은이들은 시간이 나면 핸드폰을 들어다 보면서 게임을 하거나 문자를 쓰거나 합니다. 핸드폰에 시간을 너무도 많이 빼앗기고 있습니다. 그런 시간에 방언으로 기도하십시오. 우리의 목적은 주님과 늘 가까이 하면서 그분의 음성을 듣는 것입니다.

사업을 어떻게 할까 하고 고민하기 보다는 어떻게 해야 주님의 음성을 더 잘 듣고, 그분과 친밀한 대화를 할 수 있을까를 고민해야 합니다. 한마디로 영의 신호를 잘 인식해야 한다는 말입니다. 성령님께 집중하면 모든 지각에 뛰어나신 분이 우리를 지키시고 인도하실 것입니다. 사람을 의지하지 않고 하나님을 의지하기 위해서 우리는 방언으로 기도하는 시간을 많이 만들어야 합니다. 자투리 시간을 허비하지 마십시오. 이 역시 많은 노력이 필요합니다. 쓸데없이 시간을 낭비하고 게임에 몰두하지 마십시오. 핸드폰 문자에 매달리지 마십시오. 전철에 앉아서 살펴보면 젊은이들은 핸드폰을 들고 거기에 정신을 모두 쏟고 있습니다. 핸드폰을 바라보는 눈을 주님에게 향하게 하십시오. 우리를 인도하시는 분이 주님이십니다. 그 분을 향해서 몸과 마음을 다 열어놓으십시오. 그래야만 주님의 사랑이 우리 안으로 들어온답니다.

예수님에게 집중하며 방언으로 기도하다가 보면 자신의 영이 소성해집니다. 자꾸 마음에서 올라오는 방언기도를 계속하다가 보면 자신의 영이 민감해지는 것을 느끼게 될 것입니다. 성도는 영이 민감해져야 영적인 전쟁에서 승리할 수가 있습니다. 방언으로 기도를 많이 하십시오, 그러면 성령으로 충만해지면서 영이 민감하고 강하게 될 것입니다.

18장 방언 소리 속에 있는 영의 비밀

(고전 12:3)"그러므로 내가 너희에게 알리노니 하나님의 영으로 말하는 자는 누구든지 예수를 저주할 자라 하지 아니하고 또 성령으로 아니하고는 누구든지 예수를 주시라 할 수 없느니라"

성령 안에서 하는 방언기도는 영으로 하는 것이기 때문에 소리에 따라 영의 비밀이 있습니다. 이 비밀을 성령이 인식하게 하는 것입니다. 벨사살 왕이 큰 연회를 베풀고 술을 마시고 있을 때 그의 눈에 커다란 손이 나타나 벽에 글을 쓰는 모습이 보였습니다. 아마도 이 환상은 왕 이외에는 아무도 볼 수 없었을 것입니다. 다른 사람의 눈에도 보였다면 혼란이 일어났을 것입니다. 그 글자는 "메네 메네 데겔 우바르신"입니다. 이 알 수 없는 글을 해석한 사람이 다니엘이었고, 이 일이 있던 그날 밤에 벨사살 왕은 죽임을 당하고 62세의 고령인 메데 사람 다리오가 왕이 되어 이스라엘을 귀향시킵니다. 우리는 이런 환상을 일컬어 '영서'(靈書)라고 부르는데, 저는 개인적으로 이 말에 동의하지 않습니다. 그리고 오늘날에도 이런 영서라는 현상이 일어날 것인지에 대해서도 부정적입니다. 80년대에 영서를 쓴다는 사람들이 많이 등장했으며, 특히 시한부 종말론 자들 가운데에서 왕성하게 나타났습니다.

벨사살 왕이 본 환상의 글자는 예언적인 환상인데, 다니엘이 이를 풀었습니다. 오늘날에는 이런 예언적인 기능들이 환상은 물론 방언을 통해서 주어지며, 특별히 영서라는 것은 신약성경의 어느 곳에도 없으며, 구체적이 아니더라도 그럴 것으로 추측이 되는 상황도 역시 없었습니다. 따라서 영서를 쓴다고 주장하는 사람들에 대해서는 경계를 해야 할 것입니다. 다만 벨사살 왕이 보았던 것과 비슷한 환상은 볼 수 있을 것입니다.

그러므로 쓴다는 표현은 올바르지 못합니다. 벨사살 왕이 본 글자 "메네 메네 데겔 우바르신"이라는 단어의 뜻은 긴 내용을 지닌 것이었습니다. 다니엘이 이 단어 하나씩을 풀어서 설명하였는데 왕에 대한 예언이었습니다. 오늘날 환상과 방언은 예언의 주된 수단으로 우리에게 주어져 있습니다. 물론 환상은 상징을 제대로 이해할 수 있는 능력이 있어야 하고, 방언은 통역할 수 있어야 합니다. 우리의 혼(이성)이 영의 신호를 잘 감지 할 수 있어야 권능있고 영적인 성도가 되는 것입니다.

방언은 우리가 알아들을 수 없을 뿐이지 그 말 한 단어 마다 의미(신호=뜻)가 있는 것입니다. 영의 소리와 천사의 음성과 성령의 뜻을 담아내는 방언은 의미만 모를 뿐이지 구체적인 내용을 담고 있는 천상의 언어입니다. 즉 많은 물소리처럼 들렸던 천사의 소리와 우레 소리 처럼 들렸던 성령의 음성들은 우리가 제대로 이해하지 못할 때 느껴지는 모호함을 표현하고 있는 것입니다. 비록 우레와 같은 소리로 들릴지라도 그 소리는 의미를 지니고 있는 것입니다(계 14:2, 요 12:28~29). 축사를 할 때 거세게 반항하던 사람의 속에서 역사하던 귀신이 어떤 방언을 듣는 순간 꼼짝하지 못하고 잠잠해집니다. 다른 사람의 방언에는 별로 반응하지 않던 귀신이 어떤 방언을 들으면 괴로워서 나뒹굽니다. 그리고 제발 그 말을 하지 말아달라고 애원하기도 합니다.

우리가 알지 못하지만 방언 가운데 어떤 음절은 강한 능력을 나타내기도 합니다. 간혹 성령께서 어떤 음절의 방언을 말하도록 지시하시고 그 의미를 일깨워주시는 경우가 있습니다. 자주 있는 일은 아니지만, 간혹 일정한 구절을 계속 반복하게 하고, 그 의미를 깨닫게 합니다. 이로써 우리는 방언의 단어가 지니고 있는 의미를 배우게 됩니다.

다니엘이 쓰여진 글씨의 의미를 알게 된 것은 성령의 가르침이 임했기 때문입니다. 이것이 예언인 것입니다. 우리는 방언 통역을 통해서 예언을 받게 됩니다. 통역되지 않으면 전혀 알 수 없는 내용을 통역하게 됨으로써 귀중한 의미가 있음을 깨닫게 되는 것처럼, 방언 가운데 일부 하나님이 허락하시는 경우 그 단어에 대한 의미를 알게 됩니다.

짧은 기도문 형태의 몇 마디의 단어로 구성된 방언인데 의미와 목적에 대해서 가르침을 받게 됩니다. 치유와 축사와 보호 등과 같은 능력을 이끌어낼 수 있는 방언을 하게 함으로써 능력 사역을 더욱 강하게 할 수 있는 것입니다. 몇 음절의 방언을 계속 반복하여 말하면서 그 가운데 의미가 떠오릅니다. 그러므로 이 방언의 문장은 어떤 때에 사용하는 것이 효과적인지를 깨닫게 되는 것입니다. 특히 축사사역을 행할 경우 강력하게 반복되는 방언으로 인해서 귀신이 꼼짝하지 못하는 경우를 보게 됩니다. 그 때 사용된 방언을 기억해 둘 필요가 있습니다. 그리고 익숙하게 자주 사용하는 방언의 단어들에 대해서 살펴볼 필요가 있습니다. 반복적으로 주로 사용하는 방언의 단어는 보호와 간구와 명령의 의미 이외에 천사를 불러오거나 성령의 기름부음을 구하는 내용이 많습니다.

저는 성령사역을 할 때 방언으로 기도를 합니다. 성령사역을 할 때마다 느끼는 것은 방언의 신호가 다르다는 것입니다. 내적치유할 때, 신유사역을 할 때, 뼈, 신경치유사역을 할 때, 귀신을 축사할 때, 상담을 할 때, 예언을 할 때, 똑 같은 방언기도를 하는 것 같지만, 각각 다른 영의 신호가 있다는 것입니다. 그 영의 신호를 나의 이성(혼)이 깨달은 것을 입으로 말하므로 성령께서 의도하시는 역사가 나타난다는 것입니다.

그래서 저는 성령사역을 할 때 성령의 감동에 집중을 합니다. 왜냐하면 성령사역은 영적인 전투이기 때문입니다. 우리가 말로 기도하는 것과 방언으로 기도하는 가장 큰 차이는 사단의 방해에 대한 것입니다. 말로 하는 기도는 누구나 다 알아듣지만, 방언으로 하는 기도는 누구도 알지 못합니다. 영의 기도는 하나님의 영만 아는데 사단이라고 해도 알 수 없는 것입니다. 그러므로 영의 기도는 마귀의 방해를 받지 않는다는 점에서 성령사역시, 또는 개인기도에 매우 유익한 방법입니다.

어떤 방언을 지속적으로 계속할 때 귀신은 두려워서 떱니다. 천사들이 찾아온 것이지요. 귀신들린 사람이 마치 무언가를 보고 놀라듯이 구석으로 피해 숨으려고 합니다. 축귀사역자 주변으로 다가오는 천사들을 보고 어쩔 줄 몰라 괴성을 지르기도 합니다. 이 경우 그 방언은 천사를 부르는 내용을 담은 방언인 것입니다.

치유를 위해서 준비하며 기도할 때 간혹 그 환자를 위해서 어떤 방언을 계속할 것을 가르치는 경우가 있습니다. 그리고 실제로 환자에게 가서 치유기도를 할 때 그 방언만 계속 나옵니다. 외운 것도 아닌데 그 방언만 계속하게 되는 것은 성령의 도우심 때문입니다. 그런 경우 환자에게 다양한 증상들이 나타나면서 치유가 이루어집니다. 우리가 일상으로 하는 방언 가운데는 짧은 기도문이 들어있음을 알게 됩니다. 통역을 위한 방언일 경우 이는 예언이 되는 것인데, 이럴 때 그 가운데 몇 가지 단어는 반복되며, 주로 명령적인 내용을 담습니다.

방언은 우리가 알지 못하지만 여러 가지 신호를 담고 있는 것으로 여겨집니다. 어떤 방언을 말하면 몸이 뜨거워지고 그 방언을 듣는 사람도 역시 뜨거워지는 것을 느낍니다. 우리는 방언을 자주 지속적으로 반복하여 기도합니다. 이런 반복적인 기도는 능력을 지니고 있습니다. 말로 하는 기도 가운데 '집중기도'가 있습니다. 이 기도는 여러 가지 다른 이름으로도 불리는데 '예수기도' '깊은 기도'라고 표현하기도 합니다.

짧은 기도문을 외우듯이 계속 반복하는 것입니다. 개신교에서는 별로 익숙하지 못하지만 가톨릭에서는 이런 유형의 기도문들이 많습니다. 여러 사람이 합창하듯이 계속 일정한 톤으로 반복하여 기도하는 것입니다. 이렇게 기도함으로써 집중하게 되고 깊은 영적 은혜를 체험하게 됩니다. 우리는 방언기도를 통해서 집중기도로 얻는 유익을 얻을 수 있습니다.

지루할 것 같은 기도문을 계속 반복하는 기도를 '렉시오 디비나'라고 부르는데, 우리는 이런 기도에 익숙하지 못하지만 방언기도에는 익숙합니다. 방언 역시 일정한 톤과 단어를 가지고 오랫동안 계속하는 기도형태입니다. 이런 방언기도를 통해서 우리는 집중할 수 있게 됩니다.

의지적으로 집중하려고 하면 할수록 어려워집니다. 방언기도가 내 영의 기도 수준에 머물면 답답하고 지루하게 여겨지고 끊임없이 솟아나는 잡념으로 인해서 어려움을 겪습니다. 그러나 기도 주체가 바뀌어 천사나 성령의 기도가 되면 우리는 집중할 수 있게 되며, 그렇게 되면 다양한 영적 경험들을 얻게 되며, 특히 통역을 동반하여 예언적인 기도가 이루어집니다.

지속적으로 반복되는 기도문을 외면서 의지적으로 집중하려고 해서 고안된 기도 형태가 집중기도인데, 오늘날 우리는 그런 수고를 하지 않고 기도할 수 있는 방법이 방언기도이며, 그래서 방언 가운데 주기적으로 반복되는 단어에 집중할 필요가 있는 것입니다. 자신에게 임한 방언의 주체에 따라서 다른데 내 영이 기도할 때의 방언은 지루하고 답답한 것이 특색입니다. 그러나 이 기도 가운데 영의 신호를 담은 방언이 포함되어 있는 것입니다. 영을 받아들이는 신호로써 주어지는 단어가 있는 것입니다. 이 영의 호소를 통해서 영적 주체가 바뀌게 되며 성령의 충만함이나 기름부음이 임하게 됩니다. 방언 가운데 포함되어 있는 이 언어는 사역자의 사역 폭을 넓힐 뿐만 아니라 성령의 기름부음을 이끌어내는 주요한 도구가 됩니다. 우리는 영적 사역을 할 때 분위기가 중요함을 압니다. 성령의 역사가 아무데서나 마구 일어나는 것이 아닙니다. 영적 분위기가 만들어진 곳에서 일어나며,

그러기 위해서 집회에 다양한 수단들이 동원되는 것입니다. 성령께서 제한을 받지 않고 역사하실 수 있도록 찬양과 경배를 통해서 성령이 임하기를 구합니다. 대부분의 사역자들은 자신도 모르는 사이에 성령의 역사를 이끌어내는 일을 몸에 익히게 되며, 그래서 몸짓으로 역사를 이끌어냅니다. 이것이 사역자의 능력이기도 합니다. 이런 능력이 있는 사역자에게서는 성령의 역사를 강하게 이끌어냅니다. 방언은 영의 주체가 역사할 수 있도록 자극하는 것(stimulator)을 포함하고 있습니다.

우리는 그것이 구체적으로 무엇인지를 잘 알지 못합니다. 저 역시 이 부분에는 아직 익숙하지 못해서 몇 가지 단편적인 것만 알고 있을 정도인데, 이 자극하는 것으로 영적 찬양(트힐라), 율동, 기도, 부르짖음, 방언의 언어들 등이 있습니다. 영의 어떤 역사를 이끌어내야 할 것인지에 따라서 취할 신호가 다를 것입니다. 그러나 이 부분에 대해서는 아직 많은 지식이 필요합니다. 방언에 국한해서 설명하면 어떤 독특한 언어에 따라서 영의 역사가 달라진

다는 사실만은 알고 있습니다. 영적 싸움이나 예언, 치유 등과 같은 사역을 행할 때 조금만 주의를 기울여 방언에 관심을 모으면 그 속에서 어떤 신호를 발견할 수 있습니다. 특별히 성령께서 어떤 방언을 말할 것을 요구하는 경우도 있습니다.

그러나 그런 요구가 없더라도 특별한 목적을 위해서 성령께서 우리의 방언을 바꾸어주며, 지속적으로 어떤 독특한 방언을 계속 말하게 하십니다. 무질서하고 마구잡이처럼 보이는 방언에 대해서 관심을 가지고 면밀히 관찰해보면 방언의 언어를 파악할 수 있으며, 그 의미가 무엇인지를 깨닫게 됩니다. 방언 통역과는 다른 부분으로써 방언을 신호체계로 인식할 수 있게 됩니다.

이 경험들이 쌓여 지식의 폭이 넓어지면 타인의 방언을 듣고 그 신호가 어떤 것인지를 알게 됩니다. 방언에는 일정한 패턴과 유형을 가지고 있습니다. 비록 단어는 다를지라도 억양과 감정의 높낮이를 통해서 일정한 의미를 파악할 수는 있게 됩니다. 그러기 위해서 자신의 방언에 대해서 관심을 가지고 살피는 노력이 필요합니다. 노력이라는 것은 많이 해보라는 것입니다. 많이 하다가 보면 자연스럽게 터득하게 되는 것입니다. 영적인 성도로 변하는 것은 자기가 생각하는 것과 같이 순간에 쉽게 되지 않습니다. 어린아기가 태어나서 어른이 되어가는 과정과 같이 과정을 통과해야 합니다. 자기 생각대로 안 된다고 포기하지 말고 지속하면 됩니다.

19장 방언기도는 영적성숙에 따라 변한다.

(히 5:12-14)"때가 오래 되었으므로 너희가 마땅히 선생이 되었을 터인데 너희가 다시 하나님의 말씀의 초보에 대하여 누구에게서 가르침을 받아야 할 처지이니 단단한 음식은 못 먹고 젖이나 먹어야 할 자가 되었도다. 이는 젖을 먹는 자마다 어린 아이니 의의 말씀을 경험하지 못한 자요. 단단한 음식은 장성한 자의 것이니 그들은 지각을 사용함으로 연단을 받아 선악을 분별하는 자들이니라"

방언기도는 영적으로 성숙됨에 따라 소리가 변하는 것이 보통입니다. 방언기도 소리가 바뀌었다면 감사해야 합니다. 분명하게 방언기도소리는 영적으로 성숙하면 변합니다.

몇 년 전 뉴스에 기도원에서 일어난 살인 사건의 보도를 보고 참으로 어처구니없어서 아직도 이런 일이 있다는 것이 믿어지지 않으려고 합니다. 신학을 전공한 전도사를 포함해서 5명이 기도하는 가운데 4명은 방언을 받았는데, 한 사람은 방언을 받지 못했다고 합니다. 방언 받지 못한 사람에게 귀신이 들려서 그렇게 되었다고 하면서 귀신을 쫓아내려고 목을 졸라 죽게 했다는 보도입니다. 보도를 들어서 알겠지만 전문적인 교육을 받은 사람이 아직도 방언에 대해서 올바르게 이해하지 못하고 있을 뿐만 아니라, 귀신들림에 대해서도 전혀 알지 못하기 때문에 이렇게 사람을 죽이는 결과를 당하게 되었습니다. 이런 보도를 보는 세상적인 사람들은 기독교를 오해하게 되고, 특히 기도하는 사람들에 대해 나쁜 편견을 가지게 되는 것입니다.

이 사건은 영적 무지로 인해서 사람을 죽이는 결과를 만들었지만, 사실 영적 무지는 보이는 육신을 죽이는 일에까지는 이르지 않았다고 해도, 영적으로 수많은 사람에게 상처를 입히고, 심지어는 영적인 죽음에 이르게까지 합니다. 영적인 고통과 죽음은 눈에 보이는 것이 아니기 때문에 그 책임을 현실에서는 묻지 않지만 영의 아버지이신 주님은 이점을 결코 잊지 않고 반드시 그 책임을 묻는다는 사실을 우선 알아야 합니다.

영적인 지도자가 된다는 것은 매우 위험한 일입니다. 저는 영적인 비밀을 깨달으면 깨달을수록 목사는 아무나 하는 것이 아니라고 생각을 합니다. 정말 어렵고 중요한 직책입니다. 그래서 주님은 사람들에게 선생 되는 일을 함부로 선택하지 말라고 경고하십니다. "내 형제들아 너희는 선생 된 우리가 더 큰 심판을 받을 줄 알고 선생이 많이 되지 말라"(약 3:1). 제가 항상 느끼는 것은 강단에 서는 것은 정말로 두려운 일이라는 것입니다. 경각심을 갖고 행해야 한다는 것입니다.

문제가 되었던 방언에 대해서 잘 알지 못하는 부분을 설명하고자 합니다. 주님의 일은 은사로 우리에게 값없이 주십니다. 성경에 기록된 은사는 반드시 두 가지 측면을 가지고 있습니다. 은사의 두 가지 측면이란 영적인 것과 세속적인 것을 말하는 것입니다. 예를 들어 신유의 은사의 경우 세상에는 의학이 있습니다. 예언의 경우 세상에는 상담이 있습니다. 축사의 경우 세상에는 정신과 의사가 있습니다. 이처럼 영적인 것을 알지 못하는 일반적인 사람들을 위해서 주님이 세상에 주시는 다른 의미에서 은사입니다. 세상을 살아가는 사람을 위해서 준비된 기술과 영적인 사람들을 위해서 준비된 은사의 기능은 일치합니다. 세속적인 기능과 영적인 기능이 일치한다는 점입니다.

방언 역시 이런 두 가지 측면에서 예외가 아닙니다. 방언은 우리가 알아듣지 못하는 말로 하는 것이라고 단순하게 알고 있습니다. 그러나 방언에는 그 이상의 의미가 있습니다. 방언의 은사에서 대부분 다루었지만 방언은 방언 자체로서 가지는 고유한 의미인 영의 기도가 있습니다. 우리의 영이 우리를 대신해서 간구할 바를 주께 아룁니다. 이는 자신의 유익을 위해서입니다. 방언은 이런 의미가 가장 강합니다. 방언의 다른 측면은 방언의 형태를 취하지만 방언이 아닌 내용이 있습니다.

우리가 입으로 말을 하는 것이 모두 우리의 말이 아닙니다. 우리의 입을 통해서 나오는 말이지만 때로는 하나님의 말을 하고 때로는 마귀의 말을 합니다. 이런 것에 대한 이해가 없는 사람은 자신의 입에서 나오는 말이니까 그냥 자신의 말로 이해합니다. 베드로가 예수의 십자가를 말린 사건과 제사장이 예수의 죽음을 예언한 경우가 대표적인 예입니다. 우리의 입에서 나온다고 해서 다 우리말이 아닙니다. 이렇듯이 방언의 경우에도 역시 마찬가지입니다. 방언의 형태를 취했지만 예언의 말씀이 있습니다. 이 경우 통역이 되어야 합니다. 통역되어진 방언은 자기를 유익하게 하는 방언이 아닙니다. 이는 교회를 유익하게 하는 예언입니다.

방언에는 이처럼 예언이 있습니다. 예언의 은사를 받은 사람은 방언으로 예언을 합니다. 당연히 통역의 은사도 따르게 됩니다. 그런데 예언의 은사를 받지 않은 사람이 예언을 방언으로 하게 되는 경우가 있습니다. 이 경우 예언의 영으로 인해서 일시적으로 예언을 하는 것입니다. 이런 경우 방언은 일반적인 방언과 다릅니다. 예언으로서의 방언은 일반적으로 기도할 때 자신의 유익을 위해서 하는 방언과 다르다는 말입니다.

방언의 은사를 받은 사람은 계속 한 가지 톤의 억양과 몇 마디의 단조로운 발음을 계속 반복하게 됩니다. 날마다 같은 방언만 하기 때문에 방언하는 것이 별로 재미도 없고 지루하게 느끼고 별로 유익도 없는 것 같아서 시큰둥해집니다.

어떤 사람들은 방언은 아무런 유익이 없다고 주장하기도 하고 우리가 하고 있는 이런 방언은 성경이 말하는 방언이 아니라고 하기도 합니다. 일반적으로 자신의 유익을 위한 방언은 이와 같이 단조롭습니다. 이런 방언은 영적 성장에 맞추어 몇 차례 업그레이드되기도 합니다. 그러나 별로 유익을 경험하지 못합니다. 이는 자신의 영적 능력이 다양하지 못하기 때문입니다. 방언은 영적 은사를 풍성하게 하기 위한 조미료와 같습니다. 마치 약방의 감초처럼 대부분의 은사를 은사답게 하기 위한 윤활유와 같은 것입니다.

그러므로 모든 은사 사역자에게는 방언은 필수입니다. 모든 방언이 자동적으로 은사를 보장하는 것은 아니지만, 방언 없는 은사는 없습니다(로마서나 에베소서에서 언급하는 은사는 예외이며, 여기서는 고린도 전서에 언급한 신령한 은사에만 적용됩니다.).

예언으로써 주어지는 방언은 내 영이 하는 말과 다릅니다. 예언의 영, 즉 예수의 영이 자신의 입을 이용하여 말하는 것입니다. 계시의 영이 하는 방언 또한 다릅니다. 계시의 영은 천사의 영을 포함합니다. 고린도전서 13장에서 우리가 천사의 말을 한다고 적고 있습니다. 방언에는 천사의 말을 포함합니다. 이 경우 역시 다릅니다. 천사의 영이 임하면 계시의 말씀이 임합니다. 방언과 동시에 환상을 보기도 합니다.

계시는 주님의 생각을 우리에게 열어 보여주시는 것입니다. 이 계시의 말씀을 통해서 우리는 주님의 생각을 깨닫게 됩니다. 평상시에 하는 방언과 다른 억양과 발음으로 방언이 갑자기 바뀐다면 이는 예언의 영이나 계시의 영이 임한 것입니다. 또한 치유에 임할 때 역시 방언이 달라집니다.

이는 치유의 영이 임하였음을 깨닫게 하기 위함입니다. 치유에 관한 지식의 말씀이 임하게 됩니다. 축사의 경우에도 역시 마찬가지입니다. 주의 영이 임하여 방언하게 되면 그전까지 별로 반응을 보이지 않던 환자가 갑자기 고통을 호소하며, 귀신이 두려워 떱니다. 자신의 입에서 갑자기 방언이 바뀌는 것과 동시에 귀신이 어쩔 줄 몰라 하면서 발작을 일으킵니다.

방언은 이와 같이 여러 가지 측면을 가지고 있습니다. 우리가 입으로 하는 방언이 모두 같은 것이 아니라는 점을 이해했다면 방언이 자신의 유익만을 위한 것이 아님을 깨달아야 합니다. 그러므로 사람들이 많이 모인 장소에서는 방언을 삼가라고 하신 말씀을 액면 그대로 받아들이는 어리석음을 범하지 말아야 할 것입니다. 치유와 예언, 축사 등과 같은 성격의 집회에서는 사람들이 많이 모였다고 해도 방언으로 기도해야 합니다.

육성으로 기도를 시작했는데 갑자기 자신의 의도와는 상관없이 방언기도로 바뀌었다면 그 방언은 자신의 유익을 위한 기도가 아니라, 회중의 유익을 위한 중보적인 기도입니다. 이 경우 그 방언은 예언, 신유, 축사, 계시 등과 같은 내용을 포함하고 있습니다. 그러므로 지금 이 집회의 성격에 따라서 예언이면 통역을 구해야 합니다. 입으로는 방언을 말하는 데 그 방언이 자신이 평소 개인 기도를 할 때와 다른 방언이라면 그 즉시 통역을 사모하십시오.

방언이라고 해서 무조건 예언적인 방언일 것이라고 생각하고 통역을 구해 보았자 소용이 없습니다. 일반적인 방언을 하면서 통역을 아무리 구해도 소용이 없는 것은 당연합니다. 예언의 말씀이 아니기 때문입니다. 예언의 말씀으로서 기능하는 방언은 통역을 구하면 그 즉시 통역이 됩니다. 구하지 않은 경우에도 통역이 자동적으로 되는 경우가 있는데 이는 기름부음이 강하게 역사하실 때 그렇습니다. 그러므로 예언 집회에서 방언이 색다르게 나오면 즉시 통역을 사모하십시오. 그러면 통역이 됩니다. 통역의 절차는 방언을 한마디 하고 우리말로 그 내용을 말하면서 주고받고 하는 경우와 자신이 방언을 하면서 마음속에 그 내용이 떠오르는 경우와 자신이 방언으로 말하고 곁에 있는 사람이 통역하는 경우가 있습니다.

방언이 치유를 위한 것이라면 방언의 바뀌면서 지식의 말씀이 임합니다. 지금 치유하는 환자에 대한 보다 구체적인 내용들이 방언으로 기도하는 동안에 마음속에 떠오릅니다. 일반적인 방언기도만 하는 사람은 입으로 방언을 말하면서 마음속으로는 엉뚱한 생각을 합니다. 이런 사람은 생각이 주님으로부터 다루어지지 않았기 때문입니다. 이런 사람은 평상시에 기도를 통해서 생각을 주님께서 다루어주시기를 구해야 합니다. 즉 속사람의 치유를 거쳐야 하는 것입니다.

방언이 축사를 위한 것이라면 방언에 권능이 임합니다. 방언하는 입에 힘이 들어가고 마음에 담력이 생깁니다. 방언이 매우 위압적이고 강력해집니다. 명령적인 톤의 방언으로 바뀌면서 귀신이 꿈쩍을 못하게 됩니다. 방언이 평소와는 달라진다면 이는 자신의 영적 성장에 따라 방언의 내용이 달라졌기 때문입니다. 달라진 방언은 그 이후 계속 그렇게 사용됩니다. 전에 하던 방언은 사라지고 다른 방언을 하게 되는 것이지요. 그런데 일시적으로 방언이 바뀐다면 이는 통역을 구하십시오. 주님이 자신에게 주시는 예언의 말씀입니다. 통역이 되지 않으면서도 방언이 바뀌었다면 이는 중보의 영에 의한 중보기도입니다. 특별한 목적의 집회에서 방언이 바뀌어 나온다면 이는 기능적인 방언입니다. 주님의 기름부음이 임해서 그 집회의 목적에 맞게 자신을 사용하시고 계시는 증거입니다. 방언을 전혀 하지 못하는 사람에게는 주님은 다른 방법으로 그 사람을 사용하십니다. 예언을 일상적인 말로 하게 합니다.

신유와 축사를 위한 기도도 역시 마찬가지입니다. 생각지도 않은 내용으로 기도하게 됩니다. 이럴 경우 내가 왜 이런 기도를 하는 거야 하고 의아해 하게 됩니다. 생각하지도 않은 기도제목으로 기도하는 자신을 발견하게 됩니다. 방언을 하는 사람이든 하지 않는 사람이든 상관없이 주님은 우리를 사용하십니다. 그러나 일시적으로 사용되는 사람이 아니라 전임 사역자로 사용되기 위해서는 반드시 방언을 말할 줄 알아야 많은 유익이 있습니다.

방언을 사모하십시오. 그러나 예언하기를 더욱 사모하라고 했습니다. 방언이 바뀌면 기뻐하십시오. 이는 자신의 영적 단계가 한 단계 업그레이드되었거나 주님의 능력이 자신을 통해서 나타나는 증거이기 때문입니다. 그리고 주신은사를 하나님의 나라 확장에 많이 사용하십시오. 그러면 당신은 점점 영이 소성하는 것을 느끼고 깨닫게 될 것입니다. 하나님은 우리가 하나님의 수준으로 변하기를 원하십니다.

필자에게 많은 수의 성도들이 자신의 방언기도 소리가 달라졌다고 걱정을 합니다. 필자는 걱정할 필요가 없다고 말해줍니다. 방언기도 소리는 성령으로 장악이 되어 심령이 치유되면 변합니다. 심령이 치유되는 만큼씩 변한다고 해도 틀린 말이 아닙니다. 필자가 매주 화-수-목 성령치유 사역을 하면서 상처나 영적인 문제가 깊어서 성령께서 완전하게 장악을 못하는 분들과 성령의 권능이 좀 더 빨리 나타나기를 원하는 분들을 대상으로 토요일 날 개별집중치유를 합니다. 개별집중치유를 하다가 보면 치유가 되면 될수록 부드러운 방언기도로 바뀌는 것을 봅니다. 그렇기 때문에 방언기도는 성령이 자신을 장악하여 치유되는 만큼씩 방언기도 소리가 바뀌는 것이라고 믿으시면 됩니다.

성령능력치유에 관심이 많으신 분은 필자가 집필하여 출간한 **"강력한 성령치유 핵심요약"**과 **"귀신축사 차원 높게 하는 법"** **"성령의 불세례에 숨은 비밀"**을 읽어보시기를 바랍니다. 이 책을 보면 성령치유의 핵심과 성도들의 영적인 생활에 필수 사역인 귀신축사에 대하여 바르게 알고 사역할 수 있습니다.

충만한 교회에서는 매주 토요일 09:30-12:00까지 1주전 예약하여 집중내적치유 시간이 있습니다. 대상자는 여기서도 저기서도 치유와 능력을 받지 못한 분/ 방언기도를 포함한 성령의 은사와 권능을 단기간에 받고 싶은 분/ 마음이 불안하고 두려워서 고통 하는 분, 불치병, 귀신역사를 빨리 치유 받을 분/ 목, 허리디스크, 허리어깨통증, 근육통, 온몸이 아프고 무거움에서 치유해방 받고 싶은 분/ 자녀나 본인의 우울증, 공황장애, 조울증, 불면증을 빨리 치유 받을 분/ 가슴이 답답하고 기도하기가 힘이 드는 분/ 생업과 목회로 영육의 탈진에 빠져서 고통당하시는 분/ 성령의 불세례를 체험하고 싶은 분/ 최단기간에 성령치유 능력 받고 싶은 분이 참석하시면 쉽게 만족한 효과를 거둘 것입니다.

20장 자신의 방언기도의 진위를 분별하라.

(고전2:9-11)"기록된바 하나님이 자기를 사랑하는 자들을 위하여 예비하신 모든 것은 눈으로 보지 못하고 귀로 듣지 못하고 사람의 마음으로 생각하지도 못하였다 함과 같으니라. 오직 하나님이 성령으로 이것을 우리에게 보이셨으니 성령은 모든 것 곧 하나님의 깊은 것까지도 통달하시느니라. 사람의 일을 사람의 속에 있는 영 외에 누가 알리요 이와 같이 하나님의 일도 하나님의 영 외에는 아무도 알지 못하느니라"

하나님은 우리가 성령의 바른 인도를 받기를 원하십니다. 우리 성도들이 참으로 영적인 것이 관심이 많으십니다. 제일 필자에게 많이 질문하는 것이 자신의 방언기도가 정확한가 알려달라는 것입니다. 혹시 귀신 방언을 하지 않아 점검하여 달라는 것입니다. 결론부터 말하자면 귀신 방언은 없습니다. 앞 1장과 2장에서 설명한 바와 같이 자신이 방언은사를 받고 심령 치유에 관심을 갖지 않아서 상처 뒤에서 역사하는 귀신의 영향으로 혼탁한 방언기도가 된 것이지, 귀신 방언은 없습니다, 이렇게 혼탁한 방언을 하는 분들도 생명의 말씀을 듣고 성령의 인도를 받으며 기도하면 얼마 가지 않아 맑은 방언기도가 나오는 것이 보통입니다.

그러므로 자신의 방어기도에 자신이 없다면 생명의 말씀과 성령으로 치유 받으면서 기도하면 정확한 방언으로 바뀌게 될 것입니다. 방어기도를 어떻게 분별하느냐, 이것은 본인이 분별하는 것입니다. 본인이 방언기도를 하고 나면 마음이 뜨겁고 성령의 충만함이 나타나면 영으로 하는 방언입니다. 그러나 방언 기도를 하면 할 수록 심령이 갑갑하고 영성에 변화가 없으면 잘못된 방언입니다. 그래서 본인이 분별 가능한 것입니다. 이렇게 잘못된 방언을 하다가도 어느날 불같은 성령을 체험하면 바른 방언으로 바뀌니까, 너무 성급하게 판단하여 낙심하거나 의기소침하면 영성에 해가 되니 바르게 아시기를 바랍니다.

그래서 예수를 믿고 성령으로 거듭난 성도는 적어도 방언을 구분할 줄은 알아야 합니다. 방언은 우리의 영뿐만 아니라, 우리 밖의 영이 우리 혀를 사용하여 그 존재들이 하고자 하는 뜻을 표현하는 것입니다. '내 영이 하는 말'과 '천사가 하는 말'과 '성령이 하는 말씀'을 정확하게 구분하기란 쉽지 않지만, 어느 정도 구분할 수 있는 능력이 있어야 합니다. 특히 악한 영이 사용하는 경우에 대해서 우리는 정확한 분별이 있어야 합니다. 우리는 방언을 크게 3가지 영역으로 살펴볼 필요가 있는 것입니다. 먼저 자신의 영, 다음은 성령과 천사의 말, 그리고 마귀를 비롯한 악한 영의 언어로 나눌 수 있습니다.

첫째, 자신의 영이 하는 말은 자신의 의식과 무의식의 영역에서 나오는 것이므로 때로는 선하고 때로는 악할 수 있습니다. 그렇지만, 성령으로 죄의 처리가 된 거듭난 그리스도인일 경우, 우리 영은 창조의 순결을 회복하였기 때문에 근본적으로 선한 것입니다. 영의 활동을 일부 교파의 교리를 바탕으로 이해한다면 우리 영은 근본적으로 둔할 수밖에 없습니다. 왜냐하면 일부 교파의 교리는 말씀 중심인 신앙입니다. 따라서 성령의 체험이나 영의 활동을 등한히 할 수 있는 교리이기 때문입니다.

분명하게 성도는 말씀과 성령의 역사가 같이 가야 균형이 잡힌 성도가 될 수 있습니다. 저는 성령 충만 만하지 말고, 성령과 말씀 충만을 하라고 합니다. 말씀중심인 일부 교파의 교리는 여러 음성을 구분하는 것도 어둔한 구조에서 벗어나기 어려울 수밖에 없을 것입니다. 그러나 그리스도의 보혈로 정결케 됨으로써 우리 영은 그 선한 본래의 모습을 드러내며 따라서 그 음성도 역시 선한 것입니다. 그러므로 우리 영이 방언으로 기도할 때 그 감성은 평안과 위로입니다.

그러나 우리는 끊임없이 하나님의 뜻에 어긋나는 육체의 행위를 하게 되기 때문에 우리 영은 말할 수 없는 고통을 당하게 됩니다. 그 부담으로 인해서 영이 눌리거나 가라앉게 됩니다. 이런 상황에서 우리 영이 간구하는 바는 부담으로 느껴지게 됩니다. 우리가 기도할 때 처리되지 않은 죄의 문제가 있을 경우, 우리는 기도하는 가운데 마음의 부담을 무겁게 느끼게 되는 것입니다.

자신이 범죄한 사실을 구체적으로 인식하지 못한다 해도, 영으로 느끼는 부담을 우리 마음이 떠안게 되는 것입니다. 그러므로 우리 영이 기도하는 경우 우리는 대체로 평안과 위로 아니면 부담이 느껴지는 것입니다. 방언으로 기도하는 경우에 그 내용은 알 수 없더라도 우리는 영의 느낌을 통해서 지금 말하고 있는 존재의 실체에 대한 구분을 할 수 있는 것입니다.

둘째, 내 영이 아닌 성령과 천사의 영에 의한 방언기도는 다소 색다른 느낌을 가져 옵니다. 성령은 책망 보다는 위로와 권면을 주로 행하십니다. 우리가 책망을 받을 일이 있더라고 성령은 권면이라는 수단을 통해서 우리가 스스로 죄를 깨닫게 합니다. 그럴 경우 우리 영은 크게 부담을 느껴 우리의 마음이 무거워지는 것입니다. 성령은 책망 보다는 권면을 사용하시며 오래 참고 기다리시는 특성을 지닙니다. 그러므로 조급하게 서두르거나 안절부절못하게 하는 일이 거의 없습니다. 아주 예외적으로 강권하는 경우가 있지만, 이 역시 권면의 강도를 높이는 정도입니다.

그래서 우리는 자주 성령의 이와 같은 권유를 무시하기 쉬운 것입니다. 방언으로 기도하면서 무언가 해야 할 것 같은 느낌을 받으면서도 그 내용을 구체적으로 알려는 노력을 하지 않는 것이 우리들이 범하는 실수 중 보편적인 것입니다. 성령은 우리 심령에 위로와 권면으로 의사표시를 하기 때문에 방언으로 기도하면서 이런 느낌을 무게 있게 느낀다면 지금 방언은 성령께서 사용하시는 것이라고 보아야 할 것입니다.

성령께서 방언으로 어떤 사역을 행하실 경우에는 우리 몸이 긴장을 하고, 성령의 권능이 임해서 내면으로부터 힘이 솟아납니다. 갑자기 근육이 긴장하고 정신이 맑아지면서 방언에 힘이 들어가고 톤이 바뀌고 언어도 바뀝니다. 신유, 축사, 예언 등의 사역을 행할 경우에 성령의 기름부음이 임하여 방언을 하게 되는 경우에 느낄 수 있는 것인데 이런 경우 통역이 되면 그 내용을 알 수 있게 됩니다. 천사의 음성으로 방언을 말하는 경우 그 내용은 주로 예언적입니다. 예언의 영은 '대언의 영'이라고도 말하며, 이 영은 하나님의 심부름, 즉 하나님의 말씀을 날라다 주는 영입니다. 이 영을 우리는 천사라고 부릅니다.

영어로 표현하면 messenger라고 하는 것으로 예언자나 예언적 집회에서 예언을 위해서 기도할 때 임하는 영입니다. 이런 경우 그 영이 임하는 순간 우리 몸은 가벼운 긴장으로 인해서 떨리기도 하고 전류가 흐르는 것과 같은 느낌을 받습니다. 강하게 임하면 온 몸이 뜨거워지거나 흔들리기도 하고 정신을 잃기도 하지만, 가벼운 임재의 경우 느낌이 이상하다는 정도로 자신에게 예언의 영이 임함을 자각할 수 있게 됩니다.

자신도 모르는 사이에 어떤 말을 하게 되며 그 말을 하는 순간 억제할 수 없게 됩니다. 자신이 의도한 말은 아닌데 불쑥 그런 말이 나와 버리는 바람에 당황하기도 합니다. 이것을 영어로 표현하면 "spontaneity"라고 하는 것으로 '예언 찬양' '예언시' 등이 있습니다. 천사의 임하심으로 인해서 우리는 통상적인 우리 언어로도 예언을 하게 됩니다. 이런 경험이 처음인 사람은 자신의 말이니까 자신이 한 것으로 착각하고 대수롭지 않게 여길 수 있습니다. 천사가 들려주는 언어는 때로는 모호한 상징을 동반하는 경우도 있지만, 때로는 구체적인 언어로 전해지기도 합니다. 이 또한 하나님의 영이므로 우리가 느끼는 영적 분위기는 대체로 긍정적입니다.

셋째, 마지막으로 생각할 것이 악한 영 즉 사단, 마귀, 귀신의 영에 의해서 말하는 방언입니다. 거듭난 그리스도인도 귀신 들릴 수 있기 때문에 악령의 방언을 하게 되는 것입니다. 악령이 방언을 따라서 하는 것입니다. 그래서 심령이 변화가 없는 방언기도를 하게 되는 것입니다. 우리는 습관적인 방언을 하지 말아야 합니다. 악령은 우리가 하는 습관적인 방언을 따라서 한다는 것을 알아야 합니다. 특히 마귀는 우리를 수시로 이용하여 올무에 걸리도록 유혹하기 때문에 늘 경계해야 합니다.

악한 영의 분위기는 어둡습니다. 이는 하나님께서 주시는 시험으로써의 긍정적 어두움과는 다른 것입니다. 하나님은 빛도 창조하셨고 어두움도 창조하셨으므로 그 어두움은 하나님의 긍정적 속성을 들어냅니다. 우리는 이 어두움을 영어로 "divine darkness"라고 부릅니다. 이 창조적 어두움은 우리가 모태에서 경험하는 것과 같은 것으로써 하나님의 심오한 비밀을 경험할 때 느끼게 되며, 깊은 묵상으로 들어갈 때 최종적으로 만나는 그 어두움입니다. 이것은 창조를 위한 어두움이며, 하나님의 능력의 근원이 되는 장소입니다.

이런 어두움과는 달리 마귀의 어두움은 '흑암'으로써 두려움과 공포의 근원지입니다. 마귀는 바로 이 어두움에서 출발하기 때문에 두려움을 가져옵니다. 무지는 공포의 근원입니다. 우리가 무지함으로써 그 두려움과 만나게 되고, 그 두려움은 악한 영을 이끌어 들이는 것입니다. 우리가 방언으로 기도할 때 늘 하는 것과 다른 어떤 영적 흐름을 경험하게 됩니다.

그럴 경우 우리는 성령의 느낌을 알고 그것과 비교해야 하지만, 그런 지식을 가지지 않은 무지함으로 인해서 어두움에서 오는 악한 영의 존재를 받아들이게 됩니다. 마귀 또는 귀신이 우리에게 접근해서 방언으로 자신들이 하고자 하는 말을 하게 함으로써 다른 마귀와 귀신들을 불러들이게 되는 것입니다. 습관적으로 방언기도를 하므로 자신 안에 역사하는 악한 영이 방언을 따라서 하는 것입니다. 그래서 방언기도를 아무리 많이 해도 심령에 변화가 나타나지 않는 것입니다. 빨리 습관적인 방언기도를 탈피하여 성령의 역사할 수 있는 방언기도를 해야 합니다.

무당이나 타종교에 속한 사람들이 하는 방언은 마귀 또는 귀신의 방언입니다. 특히 선승이나 불교 퇴마사들이 하는 방언은 마귀의 방언이며, 무당이 하는 방언은 귀신의 방언입니다. 이들이 하는 방언은 우리가 하는 우리 영의 방언과 성령의 방언과는 구분이 됩니다. 우선 그 음색에서 다릅니다.

우리가 사용하는 방언은 매우 정교하고 부드러운데 비해서 퇴마사나 무당이 하는 방언은 거칠고 날카롭습니다. 퇴마사는 마귀의 영으로 하는 것이기 때문에 우리가 그 소리를 들으면 거부감이 생깁니다. 무당이 하는 방언은 새소리, 바람소리, 개구리소리, 여우 소리 등의 짐승들이 소리를 바탕으로 합니다. 이런 소리는 귀신의 소리이며, 소름이 끼치고 때로는 머리카락이 솟구치거나 닭살이 되기도 합니다.

거칠고 날카롭게 음색이 변하고 때로는 남성이 여성과 같은 소리를 내거나 여성이 남성과 같은 소리를 내는 변색을 하게 됩니다. 심하게 귀신들린 사람이 하는 말은 매우 굵고 거칠며 동굴에 들어갔을 때 울림소리처럼 그렇게 울립니다.

짐승소리가 방언하는 중에 뒤 섞여 나옵니다. 목에 무엇이 걸린 것처럼 캑캑거리거나 뒷소리를 높이 올리는 하이톤을 사용하기도 합니다. 휘파람소리가 나며 목이 쉬거나 음이 갈라지는 파열음이 나옵니다. 방언의 악센트가 급하게 변하는 격렬한 방언을 하기도 합니다.

통상적인 방언을 하다가 이런 불규칙하고 이상한 소리를 하게 된다면 이는 악한 영이 임한 것입니다. 그럼에도 불구하고 그 방언을 계속한다면 마귀를 불러들이게 되고, 그 악한 영이 보여주거나 들려주는 말을 하나님에게서 온 것으로 무조건 믿고 따르게 되어 마귀에게 사로잡히게 되는 것입니다.

악한 영은 우리에게 서두르고 조급하게 만듭니다. 기도하고 난 다음에 무언가 개운하지 않고 무언가를 해야 할 것만 같은 부담을 느낍니다. 그 부담의 의미가 무엇인지 모르면서 다시 기도하지 않으면 안 될 것 같아서 다시 무릎을 꿇게 됩니다. 이런 일을 반복하게 되고, 기도해도 만족함이 없고 의미도 모를 말을 되풀이하면서 기도에 끌려가게 됩니다. 기도하려고 하면 방언부터 나옵니다.

그리고 격렬해지고 숨 가쁘게 방언에 말려들어 갑니다. 물론 거듭나고 성령 체험을 처음 한 사람에게는 이런 증상이 간혹 나타날 수 있습니다. 방언을 처음 받은 사람은 온통 방언으로만 기도하게 되는 경우가 있지만, 이것은 일시적이고 초창기에 그런 경험을 하게 됩니다. 그러나 이미 오랫동안 방언을 해 온 사람이 어느날 갑자기 초창기처럼, 그렇게 방언에만 사로잡히는 것은 악령의 영향을 받는 것입니다. 우리가 여기서 바르게 알아야 할 것은 방언으로 기도를 한다고 하더라도 마음과 정성을 다하여 예수님을 생각하면서 기도를 해야 한다는 것입니다.

그리고 방언으로 기도를 많이 했다는 것이 중요한 것이 아니고, 자신이 얼마나 예수님의 성품으로 변하고 있는 가가 중요한 것입니다. 분명하게 성령의 이끌림을 받으면서 방언기도를 오래하게 되면 자신의 전인격이 변한다는 것입니다. 그러므로 방언으로 기도를 많이, 그리고 오래 하는데 자신에게서 변화가 없다면 빨리 원인을 찾아 해결해야 합니다.

넷째, 귀신 방언이 있습니까? 성령 받은 사람이 하는 방언기도 중에 귀신 방언이 있다고 주장하는 사람들이 있습니다. 몇 해 전,

어떤 사람이 간증하는 중에 들은 것인데, 그가 하루는 산에 가서 밤에 기도를 하고 있는데, 새벽 무렵이 되어 한 무리의 젊은이들이 큰 소리로 방언을 하며 산길을 내려오는데, 그 방언이 좀 이상해서 분별을 해 보았더니 귀신이 따라오면서 그들의 입을 빌어 하는 귀신 방언이더라는 것이었습니다. 그러나 이것은 분명 잘 못 안 것입니다. 성령 받은 사람이 성령의 이끌림을 받아가며 영으로 하는 방언에는 귀신이 역사하지 않습니다. 방언은 성령의 은사이기 때문에 귀신은 절대로 방언을 할 수 없습니다. 방언은 나의 영과 함께 하시는 성령께서 하나님 아버지에게 드리는 기도인 것입니다. 따라서 귀신 방언이란 없는 것입니다. 성령의 은사는 성령께서 오직 사람에게만 주시는 것입니다. 성령께서 귀신에게 방언의 은사를 주실 리가 없는 것입니다.

여기서 결론을 말하자면 성도 안에서 역사하는 귀신이 방언기도를 따라서 흉내 내는 것입니다. 귀신이 방언으로 기도하는 사람의 소리를 흉내 내면서 같이 방언기도를 한다는 것입니다. 무슨 말인가 하면 방언기도를 아무리 해도 귀신이 방언기도에 적응이 되어 꼼작하지 않는 다는 것입니다. 그렇기 때문에 아무리 기도를 많이 해도 변화가 없는 것입니다. 자신이 인정하고 생명의 말씀을 듣고 성령의 역사를 받으면서 기도하면 성령의 역사로 쉽게 정화됩니다.

또 하나, 이것은 내가 잘 아는 교회에서 있었던 일입니다. 이 교회에 나이 많으신 여자 집사님이 한 분 계셨는데, 이 집사님의 다 큰 자제가 정신 질환을 앓고 있어서 이 여자 집사님은 매일 밤 교회에 나와 아들을 위해 기도를 하고 있었습니다. 시간이 자정을 넘어 기도가 한창 무르익을 때면, 이 집사님은 강대상 밑에 엎드려 방언으로 기도를 하기 시작합니다. 그런데 하루는 스스로 신령하다고 생각하고 있는 어느 젊은 여자 집사님이 이 할머니 집사님에게 이렇게 말했습니다. "집사님 방언은요, 모두 하나님을 원망하는 방언이에요." 할머니 집사님은 이 말에 그만 큰 충격을 받고말았습니다. 매일 밤잠을 안자고 자정을 훨씬 넘기면서까지 기도를 했는데, 그게 다 하나님을 원망하는 기도였다니! 할머니 집사님은 그 후에도 매일 밤 교회에 나오기는 했으나 기도는 할 수가 없었습니다.

젊은 집사의 이야기를 듣고 겁이 나서 방언 기도도 못하고 우리말로 기도를 하려고 해도 통 기도가 나오질 않았습니다. 그래서 매일 밤 멍하니 그냥 앉아만 있을 뿐이었습니다. 그 젊은 여자 집사님은 참으로 엄청난 잘못을 저질러 놓았습니다. 아들의 병을 위한 어머니의 간절한 기도를 막아버린 것이었습니다. 지금 교회에는 이런 일이 비일비재하게 벌어지고 있습니다. 우리 교회에 이렇게 스스로 신령하다고 자처하는 사람들 때문에 순수한 성도들이 상처를 받습니다. 이를 분별하기를 원하시는 분들은 제가 저술한책, **"영안 열림의 혼동과 구별하는 법"** 과 **"영들을 보는 눈을 개발하라" "영안을 밝게 여는 비결"**과 영들의 전이에 대하여 상세하게 다룬 **"영적피해 방지하기"** 책을 읽어보시기를 바랍니다. 성령의 불세례에 대해서는 **"성령의 불세례에 숨은 권능"**을 읽어 보시기 바랍니다. 방언에는 귀신 방언도 없지만, 하나님을 원망하는 방언도 없습니다. 방언 기도란 나의 영이, 나와 함께 하시는 성령과 더불어 교대로 혹은 이중창으로 하나님 아버지를 향해 드리는 기도이기 때문입니다. 귀신 방언이 있다고 주장하는 사람들은 귀신들린 사람이 방언 같은 소리를 하는 것을 가지고 귀신 방언이라고 말합니다. 실은 나도 그런 방언 같은 소리는 많이 들었습니다.

내가 몇 년 전에 치유를 받으러 온 성도 중에 방언기도 소리가 이상했습니다. 그래서 축귀를 했습니다. 그랬더니 정상적인 방언으로 바뀌었습니다. 이분이 처음 이상한 방언을 한 것은 귀신이 방언기도를 흉내 낸 것입니다. 사람들은 바로 이것을 귀신 방언이라고 말합니다. 귀신이 방언하는 소리를 내 귀로 똑똑히 들었다고 말합니다. 그래서 귀신도 방언을 한다고 주장을 하는 것입니다. 그래서 저는 방언기도 하는데 조금 이상하다고 귀신 방언한다고 기도 못하게 하면 그 성도는 영이 죽습니다.

저도 그런 경험을 했기 때문에 잘 압니다. 절대로 방언을 못하게 하면 안 됩니다. 그냥 성령으로 충만한 상태에서 성령을 체험하면 방언은 정상으로 바뀝니다. 그런 분이 있다면 목회자가 안수를 계속하면 정상적인 방언으로 바뀌게 됩니다. 절대로 금지 하지 말기를 부탁드립니다. 오히려 귀신 방언한다고 일러주는 성도가 귀신의 영향을 받는 성도 일수도 있습니다. 왜요, 귀신이 방언기도 소리를 굉장히 듣기 싫어합니다.

21장 시간만 낭비하는 습관적인 방언기도

(렘 22:21)"네가 평안할 때에 내가 네게 말하였으나 네 말이 나는 듣지 아니하리라 하였나니 네가 어려서부터 내 목소리를 청종하지 아니함이 네 습관이라"

하나님은 습관적인 방언기도를 경계하라고 하십니다. 제가 그동안 성령치유 사역을 하면서 개인 안수사역을 하면서 체험한 바로는 습관적인 방언기도를 하는 분들이 많이 있다는 것입니다. 목회자도 습관적인 방언을 합니다. 성도도 습관적인 방언기도를 합니다. 이렇게 습관적인 방언기도를 하니 아무리 기도를 많이 해도 심령의 변화가 없다는 것입니다. 아무런 영적유익이 없습니다.

우리가 바로 알아야 할 것은 반드시 성령으로 방언기도를 하면 심령이 변한다는 것입니다. 방언기도는 성령의 초자연적인 역사가 일어나게 하는 적극적인 수단이기 때문입니다. 자신의 심령에서 성령의 초자연적인 역사가 일어나면 반드시 변해야 맞습니다. 제가 성령치유 사역을 하면서 바르게 방언기도를 하게 했더니 심령이 변하더라는 것입니다. 아니 변하게 되어 있습니다. 방언기도 간에 내면의 상처가 치유되고 잠재의식에 있는 상처들이 치유됩니다. 그래서 방언기도를 분별해 보아야 합니다.

왜냐하면 요즈음 절에서 하는 법회에서 불교신도들이 인간이 지어낸 방언을 많이 말합니다. 그들은 기독교의 방언이 하나님의 말이라는 주장에 대해서 받아들이지 않습니다. 자신들도 방언을 말하는데 그 방언은 부처님으로부터 오는 것이라고 믿습니다. 이것은 마치 모세가 바로 앞에서 지팡이가 뱀이 되게 하는 이적을 보여주자 이집트 술사들도 자신들의 지팡이를 던져 뱀이 되게 했던 것과 같습니다. 그러나 모세의 뱀이 술사들의 뱀을 잡아먹었습니다. 이것은 장차 우리가 겪게 될 영적 싸움의 모형으로 행하신 기적입니다. 불교신자들이 방언으로 기도하면 말할 수 없는 기쁨을 맛본다고 자랑합니다. 이것은 명상원에서 명상을 하는 사람들이 느끼는 황홀경(무아경)과 같은 것입니다. 이것은 영이 강력하게 우리 몸에 임할 때 육체가 느끼는 것으로 하나님의 영이나 악령이나 거의 동일한 것입니다. 그래서 불교신자들은 그들이 행하는 참선을 통해서 영적 감흥을 맛보는 것입니다.

　방언을 말할 때도 그런 즐거움을 느끼는 것입니다. 그래서 더욱 더 그 곳에 말려들어갑니다. 불교신자들이 말하는 방언을 통해서 그들은 갖가지 환상과 이상을 경험합니다. 이것도 우리와 비슷한 것입니다. 이 모든 영적 증상들은 동일하지만 결정적인 차이가 하나 있습니다. 그것이 바로 영적 싸움에서 하나님의 영이 이 모든 것을 제압한다는 것입니다. 이집트 술사들도 뱀을 만들어내는 능력을 행함으로써 바로의 마음을 흐뭇하게 만들었습니다. 그러나 다음 순간 바로의 얼굴은 일그러졌습니다. 이처럼 오늘날 우리 가운데에서도 이런 증거들이 그대로 나타납니다. 방언을 유창하게 말하면서 기도하는 불교신자가 이 점을 자랑합니다. 그런데 우리가 여기서 알아두어야 할 것이 있습니다. 영적인 일이라고 해도 우리가 그 일을 계속하면 우리 몸은 그 일에 익숙해져서 영의 힘이 아닌 육신의 힘으로 그 일을 하게 된다는 점입니다.

방언을 계속하게 되면 우리 혀는 그 말에 익숙해져서 자동으로 방언을 말하게 되는 것입니다. 이것이 방언이 습관이 된 것입니다. 이 경우에는 우리가 하는 방언은 영의 일이 아니라 육체의 일이 되는 것입니다. 이렇게 하는 방언으로는 아무런 유익을 얻지 못합니다. 습관이 된 방언기도에는 영적 능력이 담겨 있지 않기 때문에 강력한 변화를 경험하지 못합니다.

영적 싸움에서도 이런 습관화 된 방언으로는 효과를 거둘 수 없습니다. 그런 방언은 지루해서 사람을 지치게 만듭니다. 방언이 영으로 하는 것이 아닐 경우에는 도움을 얻지 못하며 우리의 영은 강해지지 못하는 것입니다. 이처럼 불교신자들도 자신들이 나름대로 지어낸 육체의 방언을 합니다. 이런 경우 그들도 역시 습관적인 방언기도와 마찬가지로 삭막합니다. 그러나 영으로 방언을 하는 경우 본인이 그 점을 즉각 느낍니다. 능력 있는 그리스도인 앞에서 불교신자가 아무리 영으로 하는 방언을 말하려고 해도 되지 않습니다. 그 사람은 이상하다면서 오늘 기도발이 받지 않는 것 같다고 변명합니다. 불교 신도들이 하는 방언은 분명하게 악한 영의 역사라는 것이 증명된 것입니다. 불교신자들이 자신들만 모인 곳에서는 기도도 잘 되고 황홀경을 경험합니다. 그런데 그곳에 능력 있는 그리스도인이 가면 그런 분위기가 사라집니다. 그들은 이곳에 부정한 사람이 들어와 있다면서 사방을 살펴 그리스도인을 지적해냅니다.

그리고 그곳을 떠나라고 합니다. 그들만이 있을 때는 마귀는 달콤함을 주어 그들을 사로잡지만, 그리스도인이 있으면 그 평화가 깨어지고 맙니다. 자신들을 이길 강력한 성령이 그 자리에 임하므로 마귀는 힘을 쓸 수 없게 되는 것입니다. 이와 같이 그리스도인이 있는 곳에 강한 마귀의 영을 지닌 사람이 들어오면 찬물을 끼얹은 것처럼 썰렁해집니다. 이 경우 그들의 영이 마귀의 영을 이기지 못하는 것입니다. 성령의 역사가 반감했기 때문입니다.

영의 실체가 실린 방언은 그 효과가 나타납니다. 성령은 능력으로, 예언으로, 자신의 영은 회개라는 열매를 만들어냅니다. 그러나 습관이 되어서 하는 방언은 아무런 증거를 보이지 않습니다. 우리는 이런 방언을 많이 하게 됩니다. 의무적으로 기도하는 사람이나 영의 흐름을 파악하지 못합니다. 무지하게 방언으로 기도하는 사람의 경우 습관 된 기도를 하게 됩니다. 예수님은 바리새인들이 그런 습관 된 기도를 하고 있다고 지적했습니다. 이런 기도를 중언부언의 기도라고 하듯이 방언으로 하는 기도에도 역시 이런 중언부언이 있는 것입니다. 이런 기도로는 영적 싸움을 할 수 없습니다. 우리가 영으로 예민하고 늘 성령의 흐름을 민감하게 느끼려는 생각이 있어야 합니다. 그래야 불교신자들이 하는 것과 같은 맹목적이고 감각적인 즐거움을 좇아가는 어리석은 기도에서 벗어날 수 있는 것입니다.

불교신자들이 그들이 모이는 참선집회에서 느끼는 감각적인 즐거움이 거짓이라는 것이 참이신 그리스도의 영을 접할 때 들어납니다. 홀로 기도할 때 깊은 명상에 들어간다고 자랑하는 사람이 그리스도인 앞에서는 그것이 잘 되지 않으니 이상하다고 이야기합니다. 이것이 영적 싸움에서 승리하는 증거입니다. 우리는 거짓 평안과 즐거움을 몰아내고 참되신 주님의 평안을 전해야 하는 책임이 있습니다. 그러기 위해서 우리는 스스로 영의 흐름에 대한 분명한 의식이 있어야 하는 것입니다.

기도할 때 우리를 감싸는 세 가지 종류의 영의 분위기를 제대로 이해할 수 있어야 합니다. 그것은 직접 경험할 수 있을 때 구분하는 능력이 생깁니다. 말로 설명이 되지 않는 감각의 영역이기 때문에 우리 각 사람은 이 기능을 스스로 개발해야 합니다. 제가 "영안영림의 혼돈과 분별법"과 "영안을 밝게 여는 비결" 책에서 강조한 것과 같이 영을 보며 분별의 능력을 개발해야 합니다.

우리는 육체의 평안이나 마귀가 가져다주는 일시적인 황홀경을 경계해야 합니다. 육체적으로 근심된 일이 없을 때 우리는 평안한 기분을 느낍니다. 이것은 세상이 주는 평안이며, 주님이 주시는 평안을 그것과 다르다고 말합니다. 그 평안을 맛보아야만 육체적 평안과 구분할 수 있습니다. 성령이 주시는 평안의 실체를 경험하기 위해서 우리는 극한의 고난과 갈등이 주어지고 그런 환경에서 부여되는 실체적 평안을 우리는 맛보게 됩니다.

이럴 경우 그 평안의 근원이 어디인지를 기억하는 사람이 별로 없는 듯합니다. 그 평안과 육체적 평안이 어떻게 다른지를 제대로 기억하지 못하는 것은 모조품이 있다는 사실을 사전에 알지 못하기 때문입니다. 우리는 방언을 통해서 우리 안에 역사하는 영의 흐름을 읽을 수 있을 뿐만 아니라, 자신의 영적 상태를 점검할 수 있습니다. 무기력하고 습관적인 방언만 하고 있다면 죄의 문제를 보아야 합니다. 성령 충만을 방해하는 것은 죄이기 때문입니다. 불순종은 하나님으로부터 오는 모든 은혜를 가로막는 장애물입니다.

방언으로 기도할 때 새로운 힘이 들어오는 것을 느끼지 못한 채로 기도만 한다면 그것은 습관적으로 기도하는 것입니다. 기도할 때 하나님이 주시는 힘으로 하지 않고 자신의 의지로만 한다면 이는 괴로운 일임을 알아야 합니다. 시작은 자신의 힘으로 하지만 얼마 가지 않아서 영의 힘이 실리는 것을 느껴야 합니다. 그 힘이 악한 영으로부터 오는 것인지 선한 영으로부터 오는 것인지를 제대로 파악할 수 없다면, 아주 유치하거나 이에 대한 의식이 없는 것입니다. 기도할 때 자신의 영안에 흘러들어오는 다양한 능력과 힘을 느낄 수 있도록 예민해져야 하며, 그러기 위해서는 아무런 의식 없이 하는 습관에 젖은 기도에서 벗어나야 합니다. 하나님의 영은 분명한 의식을 가지고 그 영을 환영하고 모셔드릴 때 더욱 풍성해지는 것입니다. 불교신자들이 느끼는 즐거움이나 우리가 느끼는 기쁨이나 다를 바가 없습니다.

그러나 이 두 가지가 서로 충돌할 때에는 분명하게 들어납니다.

짝퉁은 그것 자체로 즐거움을 줍니다. 그러나 진품이 곁에 있으면 그것은 수치스러운 물건이 되듯이, 거짓 즐거움과 방언은 그것만을 가지고 행할 때는 아무런 문제가 없는 듯이 보이다가도 하나님의 것이 들어오면 그것은 엄청나게 사람을 괴롭게 하는 악한 존재의 본성을 들어냅니다.

마귀의 방언을 하면서도, 타성에 젖은 습관적 방언을 말하면서도 평안하고 기쁠 수 있는 것은 영적 싸움을 시도하지 않았기 때문입니다. 마귀는 대항할 때 물러나고 그 본성을 들어냅니다. 우리는 늘 스스로 마귀를 예수의 이름으로 쫓아내는 일을 해야 합니다. 우리가 기도할 때 하는 방언에는 분명히 다른 요소들이 스며든다는 점을 잊지 말아야 합니다.

하나님으로부터 오는 것은 환영하고 받아들여야 하지만 악한 영으로부터 오는 것은 배척하여야 합니다. 이것을 구분하지 않는 무지한 상태를 마귀는 제일 좋아합니다. 분명하게 성령의 이끌림을 받으면서 방언기도를 하면 자신이 영육의 변하는 것을 느끼고 체험하게 됩니다. 중요한 것은 방언을 받은 분이 얼마만큼 방언기도를 잘 사용하느냐에 따라서 그 효과는 달라질 수 있는 것입니다. 우리가 방언기도를 하되 성령하나님으로부터 온 방언인지, 마귀로부터 온 방언인지를 반드시 분별해야 합니다. 왜냐하면 방언기도를 통한 응답의 열매가 다르기 때문입니다. 하나님께로부터 온 방언은 하면 할수록 영을 맑게 해주고 아름다운 열매를 맺게 해줍니다.

5부 성령 체험과 방언기도의 연계성

22장 방언기도 통한 성령의 불세례

(행 2:4)"그들이 다 성령의 충만함을 받고 성령이 말하게 하심을 따라 다른 언어들로 말하기를 시작하니라."

하나님은 모든 성도들이 성령으로 세례를 체험하기를 원하십니다. 알아야 할 것은 "성령체험"이 다르고, "성령의 세례"가 다르고, "성령의 불세례"가 다르다는 것을 알고 체험해야 합니다. 상세한 것은 **"성령의 불세례에 숨은 비밀"** 책을 보시면 깨닫게 됩니다. 오순절에 다 성령의 충만함을 받고 성령이 말하게 하심을 따라 다른 방언으로 말하기 시작하였습니다. 우리 모든 사람들은 각자 자기나라 말을 하면서 살아갑니다. 그리고 오늘날 외국어를 하려면 열심히 공부해야만 외국어를 할 수 있습니다. 그러나 오순절 날에 성령이 임하셨을 때는 사람들이 다 성령의 충만함을 받고 성령으로 말미암아 배우지도 아니하고 듣지도 아니한 다른 방언으로 말하기 시작한 것입니다.

첫째, 방언기도와 성령의 불세례. 성령의 불세례와 방언은 무슨 관계가 있을까요? 또 방언기도와 성령 충만은 무엇일까요? 오늘날 우리가 예수 그리스도를 구주로 모시게 되면 하나님의 성령이 우리 속에 와서 거하시게 됩니다. 하나님의 성령이 없는 자는 하나님의 자녀가 아니라고 성경은 말하고 있습니다.

그런데 이 성령이 충만히 임하실 때에 성령 충만을 받은 사람은 마치 세상 사람이 볼 때는 술에 취한 사람같이 보였습니다. 사도행전 2장 12-13절에 보면 "다 놀라며 당황하여 서로 이르되 이어찌 된 일이냐 하며 또 어떤 이들은 조롱하여 이르되 그들이 새 술에 취하였다 하더라."고 말씀하였습니다. 술을 아주 조금만 마신 사람은 비록 술이 그의 몸속에 들어있을지라도 완전히 술이 몸을 주장하지는 못합니다.

그러나 술을 아주 많이 먹어서 완전히 술에 취하게 되면 술이 그 사람을 온전히 지배해서 다스리게 됩니다. 성령을 술 취함에 비유한다면 예수를 믿고 중생한 우리는 마치 술을 조금만 마시는 것과 같은 것입니다. 성령이 우리 속에 들어와 계십니다만 우리를 완전히 지배하지 못하고 계신 것입니다. 그러나 성령으로 불세례를 받고 성령 충만을 받으면 마치 술에 완전히 취하여 술이 그 사람을 점령하고 지배하는 것처럼 성령이 우리를 완전히 채우시고, 우리를 붙드시고, 우리를 지배하게 되는 것입니다.

오늘날 회개하고 예수 그리스도를 믿으면 성령께서 우리 속에 오셔서 거하십니다. 중생의 영으로 와 계시며, 우리가 하나님의 아들이 되었다는 확실한 증거를 마음속에 가져다주시는 것입니다. 성령이 우리 속에 들어와 계시기 때문에 우리가 하나님을 알게 되고, 예수님을 믿게 되며, 성경을 깨닫게 되고, 기도하게 되고, 찬양하게 되는 것입니다. 성령의 빛이 비치지 아니하면 우리의 힘으로는 결코 하나님을 아버지로 모실 수 없고 예수를 구주로 믿을 수도 없습니다.

우리가 성령으로 충만하게 되면 성령 충만으로 말미암아 우리에게서 방언이 나오게 됩니다. 방언은 표적의 방언과 은사의 방언으로 나누어집니다. 성령으로 세례를 받고 성령이 충만했다는 표적으로서 우리 입에서 방언이 나오는 것입니다. 그리고 난 다음에 우리가 계속 이 방언을 말하게 되면 이것은 은사의 방언으로 변화되는 것입니다. 그래서 항상 기도할 때마다 방언으로 기도할 수 있게 하나님이 은사를 주시는 것입니다. 똑같은 방언이나, 처음 성령세례를 받을 때는 표적의 방언으로 성령이 충만했다는 증거가 됩니다. 성령 충만함을 받고 난 다음 계속해서 방언으로 말하게 되면 이것은 은사의 방언으로 하나님께서 방언을 통하여 우리 생활 속에 많은 은총과 복을 주시는 것입니다.

둘째, 방언기도를 통해 성령의 불세례를 체험하는 방법. 방언 기도는 성령세례를 받은 다음에 나오는 것이 보통입니다. 그런데 제가 지금까지 성령치유사역을 하면서 체험한 바로는, 방언기도를 유창하게 해도 성령의 불세례를 체험하지 못한 분들이 있다는 것입니다. 이는 성령세례를 받고 다음 단계인 성령의 불세례를 날마다 체험하지 않기 때문입니다. 영성훈련이 되지 않아 마음을 열고 영으로 기도하는 방법을 모르기 때문입니다. 호흡을 들이쉬면서 통변을 하고, 내쉬면서 방언을 해야 합니다. 이렇게 오랫동안 기도해야 합니다. 그런데 대부분 이렇게 하지 않고 목을 사용하여 습관화된 방언을 열심히만 하려고 하기 때문에 방언기도를 해도 성령의 불을 받지 못하는 것입니다. 방언을 하면서 성령의 불세례를 받으려면 최소한 2시간에서 3시간을 오로지 방언기도에 만 몰입하여 집중적으로 해야 합니다.

성령의 이끌림을 받으면서 집중적으로 방언을 하다가 보면 몸이 가벼워지면서 온몸이 뜨거워집니다. 말로 표현할 수 없을 정도로 뜨거움을 느낍니다. 제일 빠른 것은 성령의 불세례가 있는 장소에가서 함께 기도하는 것입니다. 기도하면서 안수를 받는 것입니다. 이렇게 집중적으로 기도하여 성령의 불세례를 체험했다면 한 번 호흡을 들이 쉬며 통변하고, 내쉬면서 방언기도를 해보세요. 기도가 힘이 들지 않고, 자신의 마음 안에서 영의 활동을 강화할 수 있습니다. 이렇게 집중하여 몰입해서 얼마동안 기도하면 몸이 뜨거워지면서 성령의 불세례가 임하는 것을 체험할 것입니다. 그리고 지속적으로 기도하여 유지를 해야 합니다. 그냥 그것으로 만족하면 방언기도하면서 성령의 불세례를 체험하지 못합니다.

제가 부흥집회나 성령치유집회를 인도할 때 기도하는 방법을 설명하고 기도하게 하면 모두들 성령의 불세례를 체험했습니다. 성령의 불세례에 대한 더 자세한 내용은 **"성령의 불로 불세례 받는 법"**과 **"성령의 불로 충만 받는 법"**그리고 **"불같은 성령의 기름 부으심"** **"성령의 불세례에 숨은 비밀"**책을 참고 하세요.

셋째, 방언기도 하다가 성령의 불세례를 받다. 성령세례를 체험하고 이것저것 영적인 것들을 사모하게 되었습니다. 영적인 책도 많이 사보았습니다. 그러다가 강요셉 목사님이 저술한 "영적 세계가 열려야 성공한다."를 읽고 충만한 교회를 알게 되었습니다. 성령께서 저에게 충만한 교회의 성령집회에 참석하여 은혜 받고 싶은 강한 감동을 주셨습니다. 그래서 충만한 교회를 찾아갔습니다. 목요일밤 성령,은사,내적치유집회에서 성령이 역사하시는 말씀을 통해 은혜를 받았습니다.

충만한 교회의 집회는 특색이 있었습니다. 말씀을 한 시간 이상 전하고 삼십분 이상 기도하는 시간이 있습니다. 이 기도 시간에 강 목사님이 개별적으로 안수를 해주면서 성령을 체험하게 해주십니다. 제가 안수를 받으면서 느낀 것은 지금까지 받아보던 안수기도와 다르다는 것입니다. 몸이 뜨거워지면서 영의 기도가 된다는 것입니다. 전기에 감전되는 것과 같은 강한 느낌도 받았습니다. 강 목사님이 안수를 하실 때 내 안으로 성령의 불이 들어오는 것을 체험했습니다. 그러면서 뜨겁게 방언기도가 나왔습니다. 저는 방언기도에 몰입되어 한참 동안 기도에 매달렸습니다. 몸이 말로 표현할 수 없을 정도로 뜨거웠습니다. 방언으로 기도를 하는데 기도에 몰입이 되니 기도하는 것이 전혀 힘들지 않았습니다. 기도가 술술 나왔습니다. 그런데 이상한 영적 현상이 나타나기 시작했습니다. 갑자기 제 몸이 불같이 뜨거워지면서 솜털같이 가벼워지는 것이었습니다. 그래도 기도를 멈추지 않고 계속했습니다. 그러자 정말 몸이 지상에서 공중 부양하는 느낌이 들기 시작했습니다. 계속 기도하다가 갑자기 이런 생각이 들었습니다. '만일 내가 이렇게 기도하다가 정말 하늘로 올라가 버리기라도 하면 어떻게 한단 말인가?' 하고 인간적인 걱정이 들었습니다. 그럴 즈음에 강 목사님이 마침 기도를 하셨습니다.

집으로 돌아가는데 마치 구름 위를 걷는 것 같은 체험을 했습니다. 영으로 기도가 깊어지니까, 푹신푹신한 솜이불을 밟는 것과 같은 느낌을 체험하게 되었고, 머리가 시원하면서 맑아지는 것을 느꼈습니다. 그래서 저는 성령으로 충만해지면 몸이 가벼워지고 머리가 맑아진다는 것을 체험적으로 알게 되었습니다. 성령의 뜨거운 불을 체험하고 나니 입에서 찬송이 저절로 나왔습니다. 뭔지 모르게 마음이 평안하고 기쁨이 넘쳤습니다. 기도하려는 순간 성령으로 충만해지는 것을 나 스스로가 알게 되었습니다. 충만한 교회에서 이런 체험을 한 후부터 환자에게 안수 기도할 때 성령의 역사가 나타나고, 질병들이 치유되었습니다. 내적 치유사역을 할 때에 많은 분들의 깊은 상처가 잘 치유되었습니다. 성령의 역사로 인해 전하는 말씀대로 역사가 나타났습니다. 교회에서 말씀을 전하면 성도들이 말씀을 들으면서 성령의 임재를 체험합니다. 어느 성도는 눈물을 흘립니다. 어느 성도는 말씀을 듣는 중에 몸이 뜨거워지는 것을 체험했다고 합니다. 말씀을 전하고 기도를 하면 성령의 역사가 대단합니다. 대전 권 목사

23장 성령 충만 받게 하는 방언기도

(행4:29)"주여 이제도 그들의 위협함을 굽어보시옵고 또 종들로 하여금 담대히 하나님의 말씀을 전하게 하여 주시오며 손을 내밀어 병을 낫게 하시옵고 표적과 기사가 거룩한 종 예수의 이름으로 이루어지게 하옵소서 하더라. 빌기를 다하매 모인 곳이 진동하더니 무리가 다 성령이 충만하여 담대히 하나님의 말씀을 전하니라"

성령의 충만이란 성령님이 자신 안에 차고 흘러넘치는 상태를 말합니다. 성령님이 주인 된 상태를 성령으로 충만한 상태하고 할 수가 있습니다. 성령의 충만을 받으려면 먼저 성령에 대하여 관심을 갖아야 합니다. 성령으로 기도하며 성령세례를 받아야 합니다. 성령으로 세례를 받고, 방언으로 기도하면서 성령의 불세례를 받으면서 마음의 상처와 자아를 치유해야 합니다. 그리고 혈통을 타고 역사하는 귀신들을 몰아내야 합니다. 이런 과정을 거치면서 자연스럽게 성령으로 깊은 방언기도를 숙달해야 비로소 성령으로 충만한 생활을 할 수가 있습니다.

성령으로 충만함은 방언기도를 통하여 이를 수가 있기 때문입니다. 성령 충만을 사모하면서 무시로 성령으로 방언 기도해야 성령으로 충만하게 지낼 수 있습니다. 성령으로 충만한 상태는 벌벌 떨면서 기도하는 상태가 아닙니다. 성령으로 충만한 상태는 하나님을 생각하면서 자신 안에 계신 하나님을 찾는 상태를 성령으로 충만하다고 말합니다.

첫째, 예배드릴 때 성령의 불로 충만 받는 법. 하나님은 영이시니 예배하는 자가 영과 진리로 예배할지니라. 말씀하십니다. 한마디로 성령으로 예배를 드리라는 것입니다. 이 성령을 주님은 보혜사로 소개하신 것입니다. 보혜사란 말은 헬라어로 '파라클레토스'란 말인데 그 의미는 '곁에 부름을 받아 돕기 위하여 기다리시는 이'인 것입니다. 오늘 우리 곁에 부름을 받아서 돕기 위하여 기다리시는 분이 계신 것을 압니까?

'우리는 연약해서 기도를 잘 할 줄 모릅니다. 믿음이 약합니다. 전도를 할 수 없습니다. 순종이 안 됩니다. 나는 연약합니다.'라고 그렇게 말합니까? 연약만 바라보고 놀라지 마세요. 우리 곁에 돕기 위해서 하나님께로부터 보내심을 받아서 기다리고 계신분이 있습니다. 이 분이 바로 보혜사인 것입니다. 보혜사란 것은 우리의 곁에 하나님의 보내심을 받아 우리의 연약함을 돕기 위해서 기다리고 계신 분인 것입니다.

예배를 드릴 때 성령의 불로 충만함을 받는 비결은 다름이 아닙니다. 예배 시작 십분 전에 교회에 와서 마음으로 방언기도를 하는 것입니다. 먼저 침묵기도로 외적인 침묵과 내적인 침묵을 유지하는 것입니다. 성령의 임재가 되어 영적인 상태가 되면 한 주 동안의 삶을 뒤돌아보고 생각하면서 묵상기도를 하는 것입니다. 묵상기도는 한 주 동안의 삶을 영상으로 보면서 영으로 기도하는 것을 말합니다. 잘못된 것은 회개하는 것입니다. 마음으로 방언 기도하여 성령의 임재를 충만하게 유지하는 것입니다. 성령으로 충만한 상태에서 순서를 맡은 목사님의 인도에 따라 예배를 드립니다. 예배를 드리는 중에도 호흡하며 마음으로 하나님을 찾는 마음으로 방언기도를 멈추지 않습니다. 성령의 임재를 이탈하지 않는 것입니다. 찬송과 성경 말씀을 읽는 중에도 성령의 임재를 이탈하지 않는 것입니다. 설교 말씀을 들을 때도 호흡을 들이쉬고 내쉬면서 마음으로 하나님을 생각하며 말씀을 듣는 것입니다.

절대로 인간적인 생각을 하면 안 됩니다. 예배를 드리는 중에 감정을 안정하게 유지하라는 것입니다. 이것이 바로 "하나님은 영이시니 예배하는 자가 영과 진리로 예배할지니라."를 실천하는 것입니다. 영이신 하나님에게 영으로 예배를 드리는 것입니다. 저는 이렇게 함으로 성령의 불을 충만하게 유지합니다. 이런 영적인 상태에서 하나님의 레마가 들리는 것입니다. 무엇보다도 성령의 임재를 이탈하지 않는 것이 중요합니다. 마음으로 방언 기도하며 내 안에 계신 성령님에게 집중하는 것입니다.

둘째, 말씀을 들으면서 성령 충만 받는 법. 하나님은 우리가 하나님과 같은 영적인 수준이 되기를 소원하십니다. 우리의 영적인 수준을 높이기 위하여 성령으로 인도하며 훈련하는 것입니다. 신령한 그리스도인이 되어야 하나님과 교통할 수가 있기 때문입니다. 신령한 그리스도인은 학교에서 강의나 설교를 들으면서도 성령의 불로 충만한 영의 상태를 유지할 줄 아는 성도입니다. 강의를 듣고 설교를 들으면서 심령에 성령의 불을 충만하게 하는 성도입니다. 우리가 신령한 사람, 성령의 사람이 되기 위해서는 어떻게 해야 될까요? 우리가 알아야 될 것은 우리가 예수를 믿었다는 것은 하나의 종교를 받아들인 것이 아니라, 완전히 옛 사람은 죽고 새 사람으로 살아났다는 것을 알아야 합니다.

누구든지 그리스도 안에 있으면 새로운 피조물이라 이전 것은 지나갔으니 보라 새것이 되었도다. 아예 육의 사람은 십자가에 못 박아서 제쳐 버렸습니다. 그러므로 지나간 때의 주인이 육의 사람입니다. 육의 사람은 지나간 때의 주인입니다. 옛날에 예수를 믿기 전에는 육의 사람이 완전히 주인 노릇해서 우리를 붙잡아서 마음의 욕심과 육신의 정욕대로 끌려가고 마귀의 종이 되게 만들었는데 십자가를 통하여 이 육의 사람을 우리는 죽여 버리고 성령으로 말미암아 우리는 속사람이 살아났습니다.

신령한 영의 사람이 살아 일어나게 된 것입니다. 그러므로 이제 예수 믿는 우리들에게는 이 신령한 사람이 우리의 삶의 주인인 것입니다. 육의 사람이 주인이 아닙니다. 신령한 사람이 주인입니다. 신령한 사람은 강의를 듣고 설교를 듣는 중에도 마음으로 방언 기도하면 심령에서 성령의 불이 올라옵니다. 이 신령한 사람의 주인인 성령의 힘을 얻어서, 마귀의 종이 된 육의 사람이 올 때, 이를 성령의 권능으로 물리쳐야 되는 것입니다.

신령한 그리스도인은 강의나 설교를 들으면서도 성령의 불이 심령에서 올라오게 한다고 했습니다. 어떻게 합니까? 답은 간단합니다. 마음속에서 방언으로 기도하며 마음 안에 계신 성령님을 찾는 것입니다. 강의를 들으면서 마음으로 성령님을 계속적으로 찾는 것입니다. 찾는다는 것은 생각한다는 것입니다.

호흡을 들이쉬고 내쉬면서 마음으로 방언 기도하며 성령님을 찾는 것입니다. 계속 마음으로 성령님을 찾으니 성령의 불로 충만하게 되는 것입니다. 계속 성령님을 찾다가 보면 성령의 불이 마음에서 올라오는 것입니다. 습관이 중요합니다. 하나님을 찾는 습관을 들여야 합니다. 신령한 그리스도인은 무시로 하나님을 찾는 성도입니다. 무시로 하나님을 마음으로 찾으니 영이신 하나님으로 심령이 채워지는 것입니다. 너무 어렵게 생각할 필요가 없습니다. 그저 호흡을 들이쉬고 내쉬면서 마음의 방언 기도로 성령하나님을 찾으면 됩니다.

마음으로 계속 성령하나님을 찾으니 영이신 하나님으로 채워지는 것입니다. 한 번 실천하여 보세요. 순간 당신의 마음 안에서 성령의 불이 올라오는 것을 느끼게 될 것입니다. 가만히 앉아서 하나님이 해주시기만을 기다리면 백년이 지나도 성령의 불이 심령에서 올라오지 않습니다. 그러면서 안 된다고 불평하거나 포기하지마시고, 적극적으로 하나님을 찾으시기를 바랍니다. 하나님은 사모하는 영혼에게 만족함을 주십니다. 마음으로 방언하며 찾고 찾아보시기를 바랍니다. 반드시 당신의 심령에서 불이 올라오는 것을 느낄 날이 오고야 말 것입니다.

셋째, 길을 가면서 성령의 불로 충만 받는 법. 하나님은 모든 그리스도인들이 성령으로 충만하기를 소원하십니다. 성령은 말이 아니고 실제 살아있는 하나님의 영입니다. 그러므로 길을 걸어가면서 심령에서 성령의 불이 올라오게 하려면 먼저 해야 될 일이 있습니다. 성령으로 세례를 받아야 합니다. 성령으로 세례를 받은 후에 심령을 치유해야 합니다. 그리하여 영의 통로가 열려야 합니다. 자신의 영적 수준을 준비해야 한다는 것입니다.

자신의 마음 안에서 성령의 불이 올라오는 수준이 되어야 한다는 것입니다. 무조건 믿었다고 성령의 불이 나오는 것이 아닙니다. 반드시 성령의 세례를 받아 심령을 치유하여 영의통로가 열려야 기도할 때 심령에서 불이 올라오는 것입니다.

또, 한 가지 중요한 것은 마음으로 하는 방언 기도를 훈련해야 합니다. 무시로 자동으로 하나님을 찾는 방언기도가 되어야 하는 것입니다. 상당한 기간 동안 훈련해야 합니다. 습관적으로 호흡을 하면서 하나님을 찾는 수준이 되어야 길을 걸어가면서 마음으로 방언 기도할 때 성령의 불로 충만해지고, 또, 성령의 불이 심령에서 올라오는 것입니다. 그래서 성령의 도움을 받으면서 세상을 살아갈 수가 있는 것입니다. 이렇게 성령의 사람이 되어야 길을 걸어가면서 마음으로 방언기도할 때 성령의 불이 올라오는 것입니다.

저는 보통 하루에 한 시간을 워킹을 합니다. 길을 걸어가면서 지속적으로 하나님을 생각하면서 찾습니다. 호흡을 들이쉬고 내쉬면서 마음으로 방언기도하며 하나님을 생각하거나 찾습니다. 이렇게 하다가 보면 마음이 편안합니다. 걸어가는 장소가 혼탁하면 성령께서 기도를 더 강하게 하도록 인도합니다. 계속 마음으로 방언 기도하여 영의 상태가 되니 성령께서 저를 인도하는 것입니다. 저는 종종 이런 일을 체험합니다. 내가 사는 곳에는 조그마한 사찰도 있습니다. 무당이 사는 집도 있습니다.

새벽에 기도를 마치고 운동을 하기 위해서 걸어갈 때 사찰이나 무당집을 지나게 됩니다. 그때 갑자기 무엇이 호흡을 통해서 쑥 들어옵니다. 그러면 영락없이 머리가 띵해집니다. 성령으로 충만하여 민감한 나의 영육이 귀신이 들어온 것을 알아차린 것입니다. 내 안에 귀신이 들어왔다는 것입니다. 그러면 나는 이렇게 합니다. 절대로 당황하지 않고 호흡을 들이쉬고 내쉬면서 마음으로 이렇게 합니다. "야! 더러운 영아 여기가 어디인 줄 알고 감히 들어왔어 예수이름으로 명하노니 떠나가라." 하면 재채기가 나오면서 떠나갑니다. 방금 들어온 것이므로 쉽게 잘 떠나갑니다.

어느 때는 호흡 기도를 하지 않고 마음으로 방언기도를 해도 떠나갔습니다. 좌우지간 나에게 귀신이 들어온 것을 아는 것이 중요합니다. 나에게 귀신이 들어온 것은 성령께서 알려주시는 것입니다. 성령께서 알려주실 정도가 되려면 영의 상태가 되어야 가능합니다. 호흡을 들이쉬고 내쉬면서 마음으로 방언기도하며 명령하면 귀신이 떠나갑니다. 떠나가고 나면 머리가 시원해집니다. 귀신이 떠난 것을 느낌으로 알 수가 있습니다.

길을 가다가 차 소리나 기타 등등으로 깜짝 놀랄 경우가 있습니다. 저의 경험으로 보아 이런 일이 있은 후 며칠이 지나면 가슴이 답답해지고 기도가 잘 되지 않는 경우가 있었습니다. 이는 놀랄 때 악한 영이 침입을 한 것입니다. 이를 예방하기 위하여 이렇게 하세요. 호흡을 깊게 들이쉬고 내쉬면서 성령의 임재가 충만해지면 마음으로 명령을 하세요. "내가 놀랄 때 들어온 악한 영은 예수 이름으로 명하노니 떠나갈지어다." "내가 놀랄 때 들어온 악한 영은 예수 이름으로 명하노니 떠나갈지어다." 이렇게 기도하여 마음에 평안이 찾아오면 떠나간 것입니다.

귀신축사에 대하여 알고 싶으신 분은 "귀신축사 차원 높게 하는 방법"과 "귀신축사 속전속결"을 읽어보시기를 바랍니다. 무엇보다도 성령의 임재가 중요합니다. 성령의 역사로 악한 영이 떠나가는 것이기 때문입니다. 어찌 하든지 성령의 역사가 자신의 속에서 올라와야 합니다. 이를 위하여 자신의 영성을 깊게 해야 합니다.

넷째, 대화하면서 성령의 불로 충만 받는 법. 세상 사람들 뿐 만 아니라, 성도들과 대화를 하게 되면 영적 전이 현상이 일어나게 되므로 반드시 자신의 영혼을 위하여 방패기도(일이 닥치기 전에 예방하는 기도)를 해야 합니다. 보통 대화할 때 마음을 열기 때문에 대화중에 상대방에 역사하는 귀신이 타고 들어와서 그렇습니다. 마음을 열어놓은 상태이므로 잘 들어옵니다. 이상한 현상으로는 답답함, 두통, 어지러움, 우울함, 공허감 등등입니다. 성도는 사람들과 대화 간, 대화 후, 반드시 깊은 영의기도로 심령에 성령의 불로 충만하게 채워야 합니다.

마음으로 방언 기도하면서 성령의 충만을 유지해야 상대방의 나쁜 요소들이 타고 들어오지 못합니다. 대화 후에도 반드시 마음으로 깊은 방언기도를 하여 전이된 악한 영의 영향을 성령의 불의 역사로 씻어내야 합니다. 대화 간에 타고 들어온 안 좋은 감정을 성령의 임재 가운데 마음의 방언으로 기도하여 사라지게 해야 합니다. 이는 자신의 영을 지키기 위해서입니다.

성령이 충만해야 자신의 영을 지킬 수가 있는 것입니다. 우리의 영을 깨끗하게 하고 지키시는 성령은 우리에게 오셔서 어떤 일을 하실까요? 성령은 우리에게 와서 회개하게 하고 성화되도록 역사하십니다. 성령으로 말미암지 않고는 우리가 회개를 할 수가 없습니다. 우리는 죄악 가운데 태어나서 죄악 가운데 살기 때문에 성령의 빛이 비춰야 우리가 죄인인 것을 알고 버림받은 것을 알고 회개합니다. 성령으로 회개하고 성화가 되어야 세상에서 예수님을 누릴 수가 있는 것입니다.

예수 믿으면서 능력이 없는 사람 많습니다. 기도에도 능력이 없고 전도에도 능력이 없습니다. 신앙생활에 아무런 능력이 없습니다. 의식과 형식적인 예수를 믿지만 폭발적인 그러한 파워가 없습니다. 다이너마이트 같은 힘을 가지고 기도를 하고 아주 즐거운 신앙생활을 하고 남에게 예수를 척척 전도하는 것을 보면 부럽기가 한이 없습니다. "왜 나는 저렇게 되지 않을까?" 그것은 성령세례 받지 않았기 때문인 것입니다. 우리가 예수 믿으면 성령이 와 계십니다. 그러나 성령으로 장악이 된 것은 아닙니다. 간절히 성령세례를 위해서 기도하면 성령으로 세례를 받게 됩니다. 성령세례란 성령이 자신의 전 인격을 장악하는 것입니다. 성령으로 세례를 받고 계속 방언으로 기도하면 성령의 불세례가 임하면서 자신의 전인격을 치유하십니다.

이후 성령 충만의 상태가 됩니다. 성령 충만을 체험하게 되면 권능이 임하시게 되는 것입니다. 신앙생활에 권능과 능력이 임해요. 그래서 신앙생활은 능력 있는 신앙생활을 할 수 있는 것입니다. 성령으로 세례를 받고 충만하게 지나면, 무능력한 이름만 믿어 죽어서 천국 가는 것으로 만족하는 신자가 아니라, 정말 그 생활 속에 하나님의 역사가 나타나고 심령에 천국을 누리며, 삶에서 아브라함의 복을 누리는 그런 신앙생활을 할 수 있는 것입니다. 또 성령은 오셔서 우리에게 방언으로 기도할 수 있는 힘을 주십니다.

세상에 나가 세상 사람들과 대화를 하다가 보면 나도 모르는 사이에 세상 것들이 들어올 수가 있습니다. 이는 우리가 육을 가지고 있기 때문입니다. 대화를 하면서 마음으로 방언기도를 해야 합니다. 마음으로 호흡을 들이쉬고 내쉬면서 성령의 충만함을 유지하는 것입니다. 마음으로 호흡을 하면서 방언으로 기도하면 성령의 불로 충만하게 됩니다. 이렇게 하면 어느 정도 나쁜 영의 침입을 막을 수가 있습니다. 대화 후에도 깊은 호흡이나 명상기도로 성령의 충만함을 받아서 영을 강화하여, 나도 모르게 들어온 세상 것들을 성령의 권능으로 정화하는 것입니다.

우리가 세상 사람들과 대화를 하다가 보면 머리가 무겁고 속이 거북스러울 때가 있습니다. 이는 세상 것이 나에게 들어온 것을 나의 영이 알아차린 것입니다. 이를 그대로 두면 나에게 집을 짓게 되고 나의 영은 점점 무디어지게 됩니다. 성령의 임재 하에 세상 것들을 몰아내고 영을 맑게 정화해야 합니다. 이는 습관이 되어야 합니다. 악한 영이 침입하여 집을 짓기 전에 풀어내고 정화하는 것이 중요합니다.

만약에 나쁜 영이 들어왔다고 생각이 되면 대적기도를 해야 합니다. 대적기도는 이렇게 합니다. 성령이여 임하소서. 호흡을 깊게 들이쉬고 내쉬면서 성령의 임재를 요청합니다. 성령의 임재가 충만해지면 아랫배에 손을 얹고 호흡을 깊게 들이쉬고 내쉬면 악한 기운들이 성령의 역사로 하품이나 기침이나 재채기를 통하여 떠나갑니다. 머리가 맑아지고 편안해질 때까지 지속적으로 하여 마음을 정화합니다. 이때 배에서 나오는 소리로 명령을 합니다. "내가 나사렛 예수의 이름으로 명하노니 속이 거북스럽게 하는 것은 떠나가라." 말을 하는데 너무나 에너지를 소비할 필요는 없습니다. 성령의 역사만 일으키면 자동으로 떠나갑니다.

다섯째, 일을 하면서 성령의 불로 충만 받는 법. 일을 하면서 방언기도하며 일을 즐겁게 하세요. 성도는 일을 즐기면서 해야 합니다. 얼마나 좋습니까? 일을 할 수 있는 직장을 주시고, 건강을 주셨으니 얼마나 감사할 일입니까? 일을 하면서 호흡을 들이쉬고 내쉬면서 마음으로 방언 기도를 하세요. 하나님 감사합니다. 일을 할 수 있도록 해주시니 감사합니다. 자꾸 하나님에게 감사기도를 하는 것입니다. 이렇게 마음으로 방언기도를 하다가 보면 마음에서 성령의 불이 올라오는 것을 느낄 것입니다. 성령으로 충만해지니 피로가 오지 않습니다. 심령에서 불이 올라오니 악한 영이 침입하지 못하는 것입니다. 마음으로 하나님에게 감사하다 생각하면서 방언기도를 해보세요. 심령에서 성령의 불이 올라오는 것을 느낄 것입니다. 이러한 충만한 상태가 되면 마음이 평안하게 됩니다. 일을 하면서 스트레스를 받지 않게 됩니다.

여섯째, 차 속에서 성령의 불로 충만 받는 법. 성령의 불로 충만하려면 마음의 방언으로 기도해야 합니다. 방언기도가 성령 충만입니다. 성도는 차를 운전하든지, 타고 가든지, 할 것 없이 마음으로 방언기도를 해야 합니다. 마음으로 방언기도를 하면 성령의 불로 충만해질 수가 있는 것입니다. 저는 운전을 하든지, 차를 타고 가든지, 호흡을 들이쉬고 내쉬면서 마음의 방언으로 기도를 합니다. 항상 성령님을 인정하고 환영하고 모셔드리고 의지해야만 되는 것입니다.

아침에 일어날 때 성령님 오늘도 저와 같이 계시오니 성령님을 인정합니다. 환영합니다. 모셔드리고 성령께 의지합니다. 성령님을 인정해야 됩니다. 사람은 자기를 인정해 주는 사람을 위해서 목숨을 버린다는 말이 있는 것입니다. 인정을 받을 때 신바람이 납니다. 그러므로 성령님도 인격자이심으로 성령님을 우리가 인정하고 모셔드릴 때 하나님의 성령은 기쁘게 우리 가운데 역사하사 우리를 도우셔서 예수님의 은혜를 받고 하나님의 사랑을 입도록 이끌어 주는 것입니다.

저는 차를 타든지, 걸어가든지, 항상 마음으로 방언기도를 합니다. 차를 타고 지방에 가는 경우가 있습니다. 시간이 세 시간 이상 걸리는 경우도 있습니다. 그 시간동안 마음으로 방언기도를 하면서 가는 것입니다. 자연스럽게 성령의 불로 충만하게 되는 것입니다. 목적지에 가서 집회를 한다든지, 안수를 한다든지, 하면 정말 말로 표현할 수 없는 성령의 역사가 일어납니다. 기도는 이렇게 합니다. 호흡을 들이쉬고 내쉬면서 마음으로 방언기도를 하는 것입니다. 기도하기를 시작하여 시간이 지나면 성령의 불이 심령에서 올라오는 것을 몸으로 느끼게 됩니다. 이렇게 성령의 불로 충만하니 말씀을 전하고, 안수 기도할 때 성령의 강한 역사가 나타나는 것입니다.

일곱째, TV를 보면서 성령의 불로 충만 받는 법. 예수를 믿고 성령으로 거듭난 성도는 항상 성령의 불로 충만해야 합니다. 성도가 세상을 살아가려면 TV를 시청하지 않을 수가 없습니다. 그런데 알고 보면 TV를 시청하는 것은 성령 충만을 유지하는데 저해요소가 됩니다. 그렇다고 TV를 시청 하지 않을 수가 없습니다. TV를 시청하면서 성령으로 충만함을 유지하는 조치를 취하고 TV를 시청해야 합니다. TV를 시청하면서 성령의 불로 충만함을 유지하는 비결을 알려드리겠습니다.

TV를 시청하면서 이렇게 마음으로 방언기도를 합니다. 눈으로 보고 머리로 판단을 하면서 마음으로 방언기도를 합니다. 호흡을 들이쉬고 내쉬면서 하나님! 사랑합니다. 하나님! 도와주세요. 호흡을 깊게 들이쉬면서 하나님! 내쉬면서 사랑합니다. 이렇게 마음으로 방언기도를 하면서 TV를 시청하는 것입니다. 당신도 한번 당장 실천 해보세요. 마음이 평안하고 성령의 불로 얼굴이 화끈거리면서 성령의 임재를 몸으로 느낄 것입니다.

무엇보다도 성령의 충만함을 유지하려는 의지가 중요합니다. 마음으로 조금 기도하다가 TV시청에 정신을 놓으면 절대로 안 됩니다. 주체는 TV 시청이 아니고, 마음으로 방언기도를 하는 것이라는 것을 명심해야 합니다. 경각심을 가지고 지속적으로 해보세요. 자꾸 하다가 보면 습관이 되어 좋습니다. 앉으나 서나 마음으로 방언기도를 하는 습관으로 바뀌게 됩니다.

이렇게 되면 당신의 영성은 자꾸 깊어질 것입니다. 성령의 불로 충만한 자신을 몸으로 느끼게 될 것입니다. 차츰 성격도 유순하게 변할 것입니다. 이렇게 성령으로 충만한 상태가 되어야 세상에서 예수님을 누릴 수가 있는 것입니다.

24장 깊은 경지에 들어가는 방언기도

(시131:2)"실로 내가 내 영혼으로 고요하고 평온하게
하기를 젖 뗀 아이가 그의 어머니 품에 있음 같게 하였나
니 내 영혼이 젖 뗀 아이와 같도다"

우리가 깊은 기도의 단계에 들어가기 전에 통과해야 할 관문이
있습니다. 이는 배에서 끌어올리는 소리로 부르짖는 방언기도의
단계입니다. 배에서 올라오는 부르짖는 방언기도를 하지 못하는
성도가 깊은 기도를 하면 영이 막힐 수가 있습니다. 반드시 배에
서 올라오는 소리로 부르짖는 방언기도를 하여 막힌 영의통로를
연 다음에 깊은 기도의 단계에 들어가야 한다는 것을 강조하고 싶
습니다. 부르짖는 기도를 너무나 어렵게 생각할 필요는 없습니다.
호흡을 배꼽아래까지 들이쉬고 내쉬면서 배에서 올라오는 소리로
방언기도를 하면 되는 것입니다.

깊은 영의기도는 "쏘다, 던지다, 또는 숨쉬다. 호흡하다."에서
나온 말로 하루에 몇 번이라도 화살을 쏘듯이 하나님께 바쳐 올
리는 짧은 영의기도. 한 번 숨쉬고, 두 번 숨 쉬는 가운데 호흡처
럼 함께 계속적으로 자연스럽게 반복하여 영으로 24시간 기도하
는 것입니다. 깊은 영의기도에 이르는 방법은 이렇습니다. 깊어져
가는 순서에 따라 3단계로 구분합니다. 깊은 영의기도 첫 단계는
배에서 나오는 소리를 내며 방언으로 기도하는 것입니다. 두 번째

단계는 마음으로 하는 마음으로 방언하는 기도단계입니다. 세 번째 단계는 깊은 영의기도의 마지막 단계로서 두 번째 단계 마음으로 방언기도를 계속하여 방언기도에 몰입할 때 자신도 모르는 순간에 들어갈 수 있는 깊은 영의기도입니다.

첫째, 깊은 임재에 들어가는 방언기도 1단계. 심령에서 불이 나오는 깊은 방언기도의 1단계는 소리 내어 하는 방언하면 기도하는 것입니다. 깊은 영의기도의 첫 단계는 소리를 내어 또박또박 천천히 기도하는 것입니다. 이때 급하게 하지 말고 정신을 방언기도에 집중하여 하는 기도입니다.

이 단계는 영/혼/육중에서 "육으로 기도하는 단계"입니다. 영/혼/육이란, 사람을 삼등분(삼분)하여 표현한 말입니다. "평강의 하나님이 친히 너희를 온전히 거룩하게 하시고 또 너희의 온 영과 혼과 몸이 우리 주 예수 그리스도께서 강림하실 때에 흠 없게 보전되기를 원하노라."(살전 5:23).

이는 앞으로 깊은 기도를 숙달하는데 핵심적이고 가장 중요한 요소이며 구별하고 알기가 무척 어려운 부분입니다. 먼저 소리를 내어 집중하며 배에서 올라오는 방언기도를 계속합니다.

둘째, 깊은 임재에 들어가는 방언기도 2단계. 심령에서 불이 나오는 깊은 방언기도 2단계는 마음의 기도입니다. 깊은 방언기도 2단계 기도를 숙달 할 때 '호흡법'을 기도와 연결하면 쉽게 습관화시킬 수 있습니다. 즉 숨을 들이쉬고 내쉬는 동작을 한 사이클로 해서 반복합니다. 조용하고 편안한 곳, 기도에 방해받지 않고 집중하여 기도할 수 있는 자세를 취하시기를 바랍니다. 의자 등거리에 등과 엉덩이를 밀착하여 앉거나, 무릎을 꿇고 하는 것도 좋습니다. 본인이 하기 좋고, 편안하고, 자기를 낮추어 겸손하게 만드는 자세를 취하는 것이 좋습니다. 예를 들면, 숨을 들이쉬면서, 성령의 감동을 받으며 통변하고, 숨을 천천히 내쉬면서 마음으로 방언기도를 합니다.

2단계는 목소리를 죽이고 우리 머리의 생각을 죽이고 마음에 고도로 집중하여 마음속에서 올라오는 소리로 방언기도를 합니다. 즉 우리의 '마음'을 이용하여 하는 방언기도입니다. 1단계 소리 내어 방언하며 하는 기도가 깊어지면 2단계 마음의 기도는 자연스럽게 반복됩니다. 오랜 시간 기도할 때 소리 내어 기도하는 발성기도로 오래하면 피곤하고 지치므로 1시간은 발성으로 방언기도, 1시간은 마음으로 방언기도를 하면 서로 조화를 이루는 기도가 됩니다. 마음으로 방언기도를 계속합니다. 아무런 머리에 생각을 하지 말고 오로지 방언기도에 집중하여 마음으로 방언기도를 합니다.

셋째, 깊은 임재에 들어가는 방언기도 3단계. 심령에서 불이 나오는 깊은 방언기도 3단계는 가장 어려운 단계로 영으로 하는 방언기도입니다. '정신의 핵심'영이 거처하는 마음 안에 내려가 영과 하나가 되는 성령으로 하는 방언기도입니다. 즉 혼의 가장 깨끗한 핵심 부분인 '누스'(Nous)가 영과 결합하여 성령으로 드리는 방언기도입니다. 이 기도는 1,2단계 기도가 충분히 발전되어 자동으로 마음으로 방언기도가 24시간 쉼 없이 이루어질 때에 일어납니다. 즉 회개와 겸손과 희생으로 영. 혼. 육이 충분히 정화되고 성령의 조명을 받을 때에 일어납니다.

호흡을 들이쉬며 통변하고, 내쉬면서 마음속에서 올라오는 소리로 방언기도를 집중하여 기도할 때 순간 체험하게 됩니다. 이때에 하나님을 대면하며 그의 현존과 임재를 느끼며, 우리의 全人(영.혼.육)이 치유되고 통합되는 신비한 체험을 합니다. 쎄오리아(Theoria), 즉 하나님을 "관상"(Contemplation: 봄, 임재 하심을 느낌, 현존을 체험)하는 최고의 단계에 이릅니다. 이것은 어떤 부정적 의미의 신비주의나 엑스타시가 아니라, 내 전인이 변화를 받아 지혜와 사랑을 얻기 위한 성령하나님의 은총의 체험입니다. 이 체험의 결과로 하나님이 주신 성령의 불과 능력이 흘러나오며, 하나님이 주시는 참 지혜가 생기며, 세상을 향해 베풀 수 있는 사랑을 하나님으로부터 받게 됩니다.

필자는 이 깊은 방언기도를 24시간 하면서 영육의 치유와 깊은 영성을 유지하며 사역을 하고 있습니다. 이 깊은 기도 3단계에 의식적으로 들어가야 하겠다고 생각하면 절대 들어갈 수 없습니다. 2단계 마음속에서 올라오는 소리로 방언기도를 집중적으로 몰입해서 계속하다가 보면 어느 순간에 영의기도에 들어갑니다. 영의 기도의 최고의 경지로서 여러 가지 영적 체험을 할 수 있습니다. 이 단계에 들어가려면 많은 훈련과 의지와 노력이 필요합니다.

넷째, 방언으로 기도하다가 깊은 영의 상태에 들어간 된 체험.
제가 성령의 불이 심령에서 올라오는 깊은 방언기도에 이르게 된 체험입니다. 깊은 방언기도를 하려고 굉장한 노력을 했습니다. 깊은 영의기도 세미나에 세 번이나 참석하여 기본을 숙지하고, 실제 체험하려고 7개월 동안 교회 강단에서 의자위에서 자면서 기도를 숙달했습니다. 의자위에서 자는 것은 의자위에서 잠을 자면 깊은 잠을 자지 못하기 때문에 의자위에서 잠을 잔 것입니다. 그러다가 의자에서 떨어지기도 몇 번 했습니다. 그러나 포기하지 않고 꼭 깊은 영의기도를 숙달하고 말겠다는 의지를 가지고 계속 기도했습니다. 그러던 어느날 서서히 기도가 깊어지는 것을 체험적으로 느꼈습니다.

말로 설명하기가 좀 어렵지만 대략 설명하면 이렇습니다. 기도가 깊어지고 영의 통로가 뚫리니까 처음 제일로 괴로운 것이 잠재의식에 숨어있던 상처가 떠오르는 것이었습니다. 정말 지난날의 상처들이 막 떠오르는데 정말 봐주어야 할 사람들이 많았습니다. 그것을 다 용서하며 회개하며 차유하여 해결하고 나니까, 이제 이런 현상이 나타났습니다. 기도가 깊어지니까, 무의식에서 찬양이 올라왔습니다. 너무나 은혜로웠습니다.

그래서 이 찬양을 내가 어디에서 불렀더라하고 생각을 하니까,

찬양이 끊어졌습니다. 이와 같은 현상은 이렇게 설명할 수 있습니다. 어디에서 찬양을 불렀더라하고 생각하니까, 의식이 살아나게 됩니다. 즉 의식이 살아나니 육적인 상태가 되는 것입니다. 그러니까 자연히 영의 활동이 끊어지는 것입니다. 우리가 성령의 불이 심령에서 올라오는 깊은 영의기도를 하려면 자신의 의식, 생각과 관계를 끊어야 합니다. 자신의 생각을 가지고 성령의 불이 심령에서 올라오는 깊은 영의기도를 하겠다고 생각하고 기도하면 절대로 깊은 영의기도의 경지에 들어갈 수 없습니다.

성령의 불이 심령에서 올라오는 깊은 영의기도를 하고 싶으신 분은 자신의 생각이나 의지나 의식과 관계를 끊으시고 내적침묵과 외적 침묵이 된 상태에서 숨을 들이쉬고 내쉬면서 오직 마음으로 방언기도에만 집중하시기를 바랍니다. 기도를 다른 말로 표현하면 하나님에게 집중하는 것이라고 저는 생각이 됩니다. 필자는 이렇게 내 의식을 가지고 생각을 가지고 기도하다가 아 내 의식을 가지고 기도하면 절대로 깊은 기도에 들어갈 수 없구나 생각하고 이제 아무런 생각이나 의식을 갖지 아니하고 오직 기도에만 집중하여 기도를 하니까, 어느날 깊은 영의기도에 들어갔습니다. 절대로 2단계 마음의 기도에서 3단계 깊은 영의 기도에 들어가야 하겠다고 생각을 하면서 기도를 하면 절대로 깊은 기도에 들어갈 수가 없습니다. 계속 마음의 기도에 집중하며 기도하다가 보면 자신도 모르는 사이에 깊은 영의기도에 돌입하게 됩니다. 깊은 영의기도에 돌입하면 말로 표현하기 어려운 평안과 기쁨을 맛보게 됩니다. 온몸을 성령께서 만져주시고 마음속에서 성령의 불이 올라오는 경험을 하게 되고 얼굴이 성령의 불의 역사로 화끈거리고 상처와 질병이 치유되고 영안과 영계가 열립니다. 그리고 차츰 성격도 변하여 온유한 주님의 성품으로 바뀌게 됩니다. 말로 설명하기가 곤란합니다. 체험하여 보세요. 그러면 알게 됩니다. 이 방언기도에 숨은 비밀이라는 제목의 책을 읽는 모든 분들이 깊은 영의기도에 이르시기를 바랍니다. 그래서 진정한 주님의 성품으로 변하여 성령의 열매를 많이 맺으시기를 바랍니다.

다섯째, 깊은 방언기도를 숙달하는 여러 방법

1) 심장기도. 심장박동에 맞추어 방언기도를 하는 것입니다. 방언기도를 심장 박동에 맞춤으로 기도에 다른 생각이 들어가지 못하게 하는 것입니다. 심장박동에 맞춤으로 생각과 마음을 분리시키는 것입니다. 그리고 이 간단한 문장에 트럭에 짐을 실어 보내듯 문제를 실어서 주님에게 보내시기 바랍니다.

2)시계 초침 소리에 맞춰서. 시계 초침 소리에 맞추어서 마음으로 방언기도를 하는 것입니다.

3) 호흡기도. 호흡에 맞추어서 마음으로 방언기도를 하는 것입니다. 호흡을 들이쉬고 내쉬면서 마음의 방언으로 기도합니다.

4) 걸으면서 기도. 한 발자국씩 걸을 때 방언기도를 하는 것입니다.

5) 잠자기 전에 잠자면서 기도. 음악을 잔잔하게 틀어 놓는 것

이 좋습니다. 순수한 악기로만 연주된 찬양이 좋습니다. 가슴에 손을 얹고 마음으로 방언기도를 계속합니다. 그리고 잠을 자는 것입니다.

6) 전철에서 기도.전철을 타면 기차 레일에서 반복적으로 나는 소리에 맞추어서 방언기도를 하는 것입니다.

7) 일을 하면서 하는 기도. 마음으로 방언기도를 하는 것입니다. 우리의 모든 공간(생각, 마음, 영혼)을 거룩한 이름으로 가득히 채워야 합니다. 우리 안에 이름이 채워져 있으면 있을수록 혼돈, 무질서, 음란, 욕심, 불안함, 두려움, 좌절감과 같은 부정적이며 나에게 피해를 주는 나쁜 감정, 생각들이 나에게 영향을 주지 못하게 하고 주님이 주시는 평안과 위로와 소망이 늘 나의 마음과 생각을 주장하게 됩니다. 처음에는 깊은 영의기도가 무료하게 느껴질 수 있습니다. 그러나 인내하며 계속하면 자신의 메마른 심령에서 맑은 물이 어디선가 흘러 들어오는 것을 느낄 수 있습니다. 내 영혼 깊은 곳에서 마치 새벽이 오는 것처럼 마음이 밝아오는 것을 내면에서 느껴집니다.

여섯째, 심령에서 불이 올라오는 깊은 영적 기도의 실천. 지정된 장소에서 좌정하여 먼저 성령님을 요청하세요. 손을 가슴에 얹고. 편안한 자세, 간편한 옷을 입고, 배가 고프지도 않고, 너무 부르지도 않은 상태에서, 조용한 시간으로 잠자기 직전, 직후의 1-2시간을 택해서 하면 좋습니다. 부부가 같이 하면서 서로 기도해 주면 더욱 좋습니다. 조용한 장소로서 소파 같은 곳, 약간 딱딱한 곳이 좋습니다. 찬양 음악이 있으면 좋습니다. 순수한 악기로만 연주된 찬양이 좋습니다. 시작 전에 조용한 찬양을 하거나 들으세요.

그러면서 성령님에게 집중하세요. 방언하며 성령님을 자꾸 찾으세요. 단조롭게 성령님을 부르세요. 도움을 요청하세요. 감사와 사랑을 고백하세요. 그러면서 가만히 있으세요. 마음속에 성령님을 느끼세요. 호흡이 약간 빨라집니다. 긴장이 풀리면서 눈까풀이 떨거나 표정이 평안하게 됩니다. 불이 심령에서 올라오고, 약간 몽롱한 상태, 그러나 마음이 부풀어 오르는 것 같은 상태를 느낄 수 있게 됩니다. 포근함, 안락함, 짐을 내려놓은 느낌을 가지게 됩니다. 그러면서 계속 방언하며 성령님을 찾으세요. '성령님, 임하소서' 하고 자꾸 성령님을 부르세요.

그러면서 시간의 개념으로부터 분리 되려고 해야 합니다. 외부적인 감각이 꺼지면서 내면의 활동이 강하게 됩니다. 그 자체가 이미 기쁨이 넘치며 많은 은혜가 임하게 됩니다.

깊은 영의기도는 우리에게 신비한 체험을 하게 합니다. 날마다 영으로 깊은 기도를 하여 신비한 체험을 하고 간증하는 모두가 되시기를 바랍니다. 성령으로 깊은 기도를 하시면서 성령의 불세례를 받으실 분은 **"성령의 불세례에 숨은 비밀"** 책을 참고하시기를 바랍니다. 성령의 불로 충만 받아 하나님의 성전으로 살아가실 분은 **"하나님의 집 성전이 되는 비밀"** 책을 참고하시기를 바랍니다.

25장 강한 성령의 역사를 체험하는 방언기도

(행4:27-31)"과연 헤롯과 본디오 빌라도는 이방인과 이스라엘 백성과 합세하여 하나님께서 기름 부으신 거룩한 종 예수를 거슬러 하나님의 권능과 뜻대로 이루려고 예정하신 그것을 행하려고 이 성에 모였나이다. 주여 이제도 그들의 위협함을 굽어보시옵고 또 종들로 하여금 담대히 하나님의 말씀을 전하게 하여 주시오며, 손을 내밀어 병을 낫게 하시옵고 표적과 기사가 거룩한 종 예수의 이름으로 이루어지게 하옵소서 하더라. 빌기를 다하매 모인 곳이 진동하더니 무리가 다 성령이 충만하여 담대히 하나님의 말씀을 전하니라"

방언기도하면서 성령의 역사를 체험하는 것이 보통입니다. 방언기도하면서 성령의 역사를 체험하여 보시기를 바랍니다. 방언기도하며 성령의 역사를 체험하려면 먼저 편안한 자세로 앉습니다. 너무 편하면 방언기도를 하는 중에 잠들 수 있으므로 이점은 충분히 고려해야 합니다. 앉기가 불편하면 반듯이 누운 자세도 좋습니다. 처음에는 앉아서 하는 편이 좋으나 익숙해지면 누워서 하는 것이 좋습니다. 자세는 어떻든지 관계가 없으므로 자신에게 편한 자세를 취하십시오. 바른 자세로 앉아서 천천히 숨을 깊이 들이마십니다. 이때 공기를 마시는 것이 아니라 생명체이신 성령님을 마신다고 생각하십시오. 그리고 내 쉬면서 방언으로 기도를 합니다. 예를 들면 이렇게 합니다.

　(들이쉬는 숨)성령의 감동을 받습니다.

　숨을 멈춥니다(1~2초간). 성령의 감동을 받습니다.

　(내쉬는 숨)랄랄라~ 랄랄라~ 방언으로 기도합니다. 성령의 감동을 말합니다. 숨을 잠시 멈춤(1~2초간)

　(들이쉬는 숨)마음에서 떠오르는 감동을 말합니다. 예를 든다면 "내가 너를 사랑한다."

　숨을 잠시 멈춤(1~2초간)

　(내쉬는 숨)랄랄라~ 랄랄라~ 방언으로 기도합니다.

　요약하면 들이쉬는 숨을 쉴 때는 성령의 감동을 받는 것입니다. 이렇게 계속 반복합니다. 그러면 방언통변이 열리게 될 것입니다. 하나님의 음성도 듣게 됩니다. 하나님의 뜻을 구하려면 하나님께 물어보면서 방언기도를 하시기 바랍니다.

　하나님의 음성은 물어볼 때 잘 들립니다. 호흡을 깊이 들이 쉬면서(배꼽 아래 15센티까지) 성령의 감동을 받는 것을 계속 반복함으로써 우리는 성령님을 깊이 받아들이게 됩니다. 성령의 힘이 호흡을 통해서 우리 몸에 가득 스며들고 나오면서 여러 가지 영적인 현상이 나타납니다. 가장 많이 나타나는 증상들로부터 언급하면 이렇습니다.

첫째, 마음으로 방언기도를 하면서 느끼는 성령의 역사

　1) 몸이 이완됩니다. 근육이 풀리면서 나른해집니다. 주의할 점

은 잠들지 않는 것이 좋습니다. 잠들면 그 다음으로 이어지는 성령님의 은혜를 인식할 수 없게 됩니다. 그러나 초기에는 깊이 잠드는 경우가 많습니다. 이는 육체를 치유하시는 은혜이므로 너무 아쉬워할 것까지는 없습니다. 다음에 다시 하면 됩니다. 우리의 몸으로 행한 죄의 찌꺼기를 배출하는 과정입니다. 우리 몸속에 있는 나쁜 영의 잔재들을 주님이 제거하시는 것입니다.

2) 몸이 뜨겁거나 전류가 흐르는 것 같습니다. 깊은 호흡을 하면 10여분쯤 지나서 몸이 뜨거워지는 것을 느낍니다. 그리고 몸 안으로 약한(처음에) 전류가 흐르는 듯합니다. 손이 찌릿찌릿 하기도 합니다. 강하게 느껴지면 가만히 있을 수 없을 정도로 찌릿찌릿함을 느낍니다. 몸이 뜨거워짐으로써 우리 몸이 활동력을 얻게 됩니다. 영적인 능력이 임하게 되는 것입니다. 이 능력은 세상을 이기는 담대함과 마귀의 세력을 이길 수 있는 힘입니다.

3) 몸이 무척 아픕니다. 근육에 통증이 옵니다. 심하면 도무지 견딜 수 없을 지경으로 온 몸에 통증이 와서 더 이상 호흡을 계속할 수 없습니다. 평소 몸이 아픈 곳이나 약한 부분이 아픕니다. 이는 치유의 과정입니다. 우리 몸의 약한 곳을 성령님이 치유하시는 것입니다. 치유는 성령님의 일입니다. 성령님이 임하시는 전(殿)인 우리의 몸이 병들었거나 약할 때 주님은 그 전을 먼저 고치십니다. 너무 고통이 심해서 견디기 어려우면 방언을 중단하지 말고, 통증이 일어나는 부위에 손을 얹고 더 호흡을 깊게 하면서 마음으로 방언기도를 계속하십시오. 절대로 "예수이름으로

명하노니 통증은 떠나갈지어다" 하면 치유가 더 오래걸립니다. 치유는 성령께서 하십니다. 성령이 충만하면 치유됩니다. 기다리세요. 우리 몸은 서서히 치유되며 회복되는 것이기 때문에 너무 조급해 할 필요가 없습니다. 마음으로 방언기도를 할 때마다 통증이 온다고 해서 중단하지 마십시오. 여러 달이 걸리는 경우도 있습니다. 무엇보다도 의지를 가지고 지속적으로 해야 없어집니다.

4) 몸속에 이물감을 느낍니다. 뱃속이 더부룩해지고 몸속에 벌레가 기어가는 것 같은 느낌을 받습니다. 마음으로 방언기도를 하기 전에는 아무렇지도 않던 뱃속이 갑자기 더부룩하고 소화가 안되는 듯한 느낌을 받는 것은 뱃속에 악한 영이 들어있기 때문입니다. 몸에 이물감을 느끼는 것도 그렇습니다. 성령의 강한 임재로 인하여 악한 영이 피할 곳을 찾아 돌아다니는 것입니다. 속된 표현으로 마귀의 집이라고 하는 것입니다. 우리 몸속에 들어온 악한 영이 자리를 잡고 눌러앉으려고 만들어놓은 그들의 영역이 분쇄되는 것입니다. 머리가 심하게 어지러운 현상도 마찬가지입니다. 머리속에 점유하고 있는 악한 영이 요동치는 것입니다. 악한 영이 견디지 못하고 떠날 때까지 계속 기도하십시오.

악한 영이 몸에서 나가면 그러한 현상이 사라지고 평안해집니다. 그렇지 않고 계속 심하고 구토가 나고 정신이 혼미해지는 등의 현상이 계속되면 축사가 필요합니다. 심한 경우는 악령의 음성이 들리는데 매우 위협적이어서 겁이 날수도 있습니다. 방언기도를 중단하라. 계속하면 죽여 버릴거야! 라고 협박합니다. 그래서 무서워 더 이상 방언기도를 하지 못하고 두려움에 사로잡힙니다. 이런 경우 성령의 임재 하에 자기 축사를 하십시오. 그런데도 잘 되지 않으면 능력 있는 축귀사역자에게 도움을 구하십시오.

5) 서늘한 기운을 느낍니다. 우리가 바르게 알아야 할 것은 성령의 역사가 일어나면 머리가 시원한 경우도 있습니다. 성령의 역사는 꼭 뜨겁게만 나타나는 것이 아닙니다. 성령께서 자신을 장악하면 서늘한 청량감이 온몸을 감싸기도 합니다. 심하면 한기를 느낄 정도입니다. 여름인데도 온 몸이 서늘하고 만져보면 차거움을 느낍니다. 때로는 부분적으로 그러한 현상을 느끼기도 합니다. 머리가 맑아지고 정신이 상쾌해집니다. 이는 예언의 은사나 지식의 말씀의 은사나 지혜의 말씀의 은사나 방언 통역의 은사가 나타났을 알려주는 보증의 역사입니다. 몸이 정상으로 돌아왔음을 알려주는 것입니다.

6) 평안하고 몸이 가벼워집니다. 이 현상은 사실 가장 많이 느끼는 부분입니다. 그런데 왜 나중에 언급하였느냐면, 앞의 현상들을 경험한 뒤에 오는 현상이기 때문입니다. 우리의 몸의 병과 죄와 악령의 영향 등의 불순한 것들이 성령의 은혜로 치유된 후에 찾아오는 평안함입니다. 방언기도는 이 평안함이 계속 유지되어야 바람직한 것입니다. 성령으로 충만하고 주의 임재가 강할수록 평안하고 고요한 기분이 계속 됩니다. 주님의 위로하심이 임하는 것입니다. 그 밖에도 개인에 따라 독특한 증상들을 경험하게 되지만 그 모든 현상은 치유와 회복이라는 과정에서 나타나는 증상입

니다. 그 내용이 무엇을 의미하는지 구체적으로 알 필요는 없습니다. 그것보다 더 중요한 것은 주님과 동행하는 것이기 때문입니다. 방언기도를 통해서 얻는 유익은 이루 헤아릴 수 없이 많습니다. 어떤 분들은 시작하는 그 날로 영안이 열리기도 하고 주의 음성을 듣기도 합니다.

이제까지 그토록 원하던 하나님의 임재가 이렇게 쉽게 이루어질 줄 몰랐다고들 고백합니다. 마음으로 들이마시는 호흡은 바람과 같이 임하는 성령님을 마시는 구체적인 행위이기 때문입니다. 인내를 가지고 호흡을 하면서 방언기도를 실행하시기 바랍니다. 그러면 많은 변화가 있을 것입니다.

우리가 바르게 알아야 할 것은 영으로 방언하며 자기몸에 이상을 느끼는 것은 잠시 동안 느껴야 합니다. 왜냐하면 성령이 자신을 장악하면서 일어나는 현상이기 때문입니다. 계속된다면 심령구조상 문제가 있는 경우이므로 전문 치유사역자의 도움을 받아 치유 받는 것이 좋습니다. 성령이 완전하게 자신을 장악하면 이러한 현상이 나타나지 않는 다는 것입니다.

방언기도나 성령의 은사를 정확하게 나타내려면 전문적인 사역자의 도움을 받는 것이 좋습니다. 요즈음 짝퉁들이 너무나 많습니다. 저는 이렇게 말합니다. 아무나 찾아가서 영적인 것을 상담하거나 체험하지 말라고 합니다. 왜냐하면 성령의 역사와 귀신의 역사가 비슷하기 때문입니다. 공인된 사역자를 찾아야 합니다. 당신이 찾아간 사람이 나중에 알고 보니 자신과 수준이 똑같은 사람일 수가 있다는 것입니다.

26장 예수님과 동행하며 방언기도

(창 39:20-23)"이에 요셉의 주인이 그를 잡아 옥에 가
두니 그 옥은 왕의 죄수를 가두는 곳이었더라 요셉이 옥에
갇혔으나 여호와께서 요셉과 함께 하시고 그에게 인자를
더하사 간수장에게 은혜를 받게 하시매 간수장이 옥중 죄
수를 다 요셉의 손에 맡기므로 그 제반 사무를 요셉이 처
리하고 간수장은 그의 손에 맡긴 것을 무엇이든지 살펴보
지 아니하였으니 이는 여호와께서 요셉과 함께 하심이라
여호와께서 그를 범사에 형통하게 하셨더라"

예수님은 마음으로 방언 기도하는 성도와 동행하십니다. 예수
님을 세상에서 누리는 성도는 항상 마음으로 방언 기도하며 예수
님과 동행한다는 믿음이 되어야 합니다. 나는 항상 예수님께서 동
행하신다는 신앙의 자세로 변해야 합니다. 항상 마음으로 방언 기
도하며 예수님께 질문하고 대화하는 신앙이 동행하는 믿음입니
다. 예수님은 주인으로 인정하고 찾아야 역사하십니다. 예수님께
서 함께하시면서 동행하도록 찾고 찾으시기 바랍니다. 예수님과
동행하는 신앙의 수준이 되었을 때 삶에서 예수님을 누릴 수가 있
습니다.

한 젊은 육상 선수가 올림픽에서 명성을 얻은 뒤 성공을 거둔
소감을 말하라는 요청을 받았습니다. 그는 이렇게 말했습니다.

"하나님께서 발을 내딛는 순간마다 나와 함께 달려주셨기 때문에 제가 최선을 다할 수 있었다고 생각합니다." 스포츠 해설가는 믿을 수 없다는 듯이 "하나님께서 오늘 당신이 이기도록 도우셨다는 말은 아니지요?"라고 물었습니다. 그 젊은이는 잠시 생각하다가 다음과 같이 말했습니다. "하나님께서 계시지 않았더라면 내가 오늘 이 자리에 설 수도 없었을 것입니다. 훈련하는 데 필요한 준비도 못했을 것이고, 내가 하고 있는 일에서 최고가 되어야 할 필요성도 깨닫지 못했을 것입니다. 이런 이유들 때문에 하나님께서 나와 함께 달려 주셨다고 한 것입니다. 하나님께서 계시지 않았더라면 나는 오늘 경기에서 이기지 못했을 것입니다."

이 얼마나 놀라운 믿음의 고백입니까? 우리는 너무도 자주 매일의 삶 가운데 함께하시는 하나님을 잊어버립니다. 우리가 살아 있다는 단순한 사실에서부터 지금껏 살아온 하루하루 삶의 기적, 그리고 우리가 가진 재능에 이르기까지 우리의 삶과 이 세상 속에 함께하시는 하나님의 임재를 느껴야 할 것입니다. 하나님의 임재를 느끼려면 마음으로 방언기도를 해야 합니다. 우리의 삶 가운데 계신 그분을 인정할 때 우리가 무슨 일을 하든 동행해주시는 하나님을 믿고 안심할 수 있습니다.

성경은 아름다운 동행자에 대한 얘기로 가득 차 있습니다. 동행이란 단어 때문에 유명한 이가 에녹입니다. 에녹은 성경에서 아주 짧게 기록돼 있는데도 많이 알려져 있습니다. 동행이라는 말 때문에 에녹은 우리에게 감동을 줍니다. 에녹은 므두셀라를 낳고 300

년을 하나님과 동행했다고 성경은 말하고 있습니다. 이분들은 모두 항상 마음으로 하나님을 생각하며 방언기도를 했을 것입니다.

동행할 수 있는 분 가운데서 가장 좋은 분이 있습니다. 그분과 동행하면 분명히 복을 받습니다. 그 분은 하나님이십니다. 에녹은 하나님과 동행했습니다. 하나님과 에녹의 동행은 참으로 아름다운 것이었음이 분명합니다. 에녹에 대한 기록에서 다른 곳에서는 찾아보기 힘든 특징이 눈에 띕니다. 에녹의 죽음에 대한 표현입니다. 성경은 에녹이 죽었다고 말하지 않았습니다. 창세기 5장의 에녹이 포함된 족보에서 누가 누구를 낳고 몇 살까지 살다가 죽었다는 표현이 공통적이었지만 에녹은 예외였습니다.

에녹의 죽음을 말할 때 "하나님이 그를 데려가시므로"고 표현하고 있습니다. 하나님이 에녹을 너무너무 좋아하신 것이 아닐까 싶습니다. 그래서 데려가셨던 건 아닐까요? 우리 하나님과 사람들 앞에서 할 수만 있으면 사랑 받는 자가 되어야 합니다. 사랑을 받으려면 마음으로 하나님을 생각하며 방언으로 기도해야 합니다. 둘 중 하나를 선택해야 할 경우라면 성도는 하나님을 기쁘시게 하고 하나님의 사랑을 받는 쪽으로 선택해야 합니다. 하나님은 창세기 31장 3절에서 "여호와께서 야곱에게 이르시되 네 조상의 땅 네 족속에게로 돌아가라 내가 너와 함께 있으리라 하신지라" 말씀하십니다.

예수님은 언제나 우리와 함께 동행 하고 계십니다. 그분은 특정 순간에만 우리와 함께 하시고 돌보시는 분이 아닙니다. 언제나 우리를 지키시고 우리를 위해 기도하는 분이십니다. 언제나 하나님이 함께한다는 확신을 가지십시오. 믿음을 가지십시오. 하나님은 이사야서 41장 10절에서 "두려워하지 말라 내가 너와 함께 함이라 놀라지 말라 나는 네 하나님이 됨이라 내가 너를 굳세게 하리라 참으로 너를 도와주리라. 참으로 나의 의로운 오른손으로 너를 붙들리라" 말씀하십니다.

사람이 혼자 사는 것은 쉽지 않은 것입니다. 그만큼 사람은 고독과 외로움에 약한 존재입니다. 하나님께서는 아담이 혼자 사는 것이 좋지 아니함을 알고 돕는 배필 하와를 창조하셨습니다(창 2:18). 그것도 모자라 주님께서는 "내가 세상 끝날까지 항상 함께 있으리라"(마 28:20)고 하셨습니다. 우리는 혼자가 아니라 하나님과 동행하는 자들입니다. 이것처럼 우리에게 큰 위로를 주는 것은 없을 것입니다. 이것만 확실하다면 우리는 현재의 어떤 고난도 잘 견딜 수 있습니다. 그렇다면 하나님과 동행하려면 어떻게 해야 할까요?

첫째, 진리를 말하고 들어야 합니다. 진리를 말하고 들으려면 마음으로 방언 기도를 해서 성령으로 충만해야 가능합니다. 마음으로 방언 기도하는 습관을 들여야 진리를 말하고 들을 수가 있습니다. 하나님의 은혜로 아브라함의 복을 받으려면 듣고 말하는 것도 주의해야 합니다. 율법을 듣고 말하는 사람은 바리새인이 됩니다. 율법은 말 그대로 법입니다. 지키면 살고 지키지 않으면 죽는 것입니다. 율법은 머리로 알고 움직이기 때문에 생명이 없기 때문입니다. 율법은 반드시 피 흘림이 있어야 복음이 됩니다. 그러나 진리를 듣고 말하면 영이 살아나는 것입니다. 진리는 성령의 역사가 일어나기 때문에 생명이 있습니다. 왜냐하면 예수를 믿으면 성령이 우리 마음 안에 들어오십니다. 성령께서 진리를 깨달아 알게 하시고 들리게 하시기 때문입니다. 성령의 사람만이 진리를 말하고 알아듣기 때문입니다. 진리(복음)를 알아듣고 말하는 사람은 성령의 인도를 받는 성도입니다. 마음으로 방언기도를 하는 사람입니다. 성령의 인도로 하나님과 바른 관계를 갖고 있으면 자연적으로 범사가 형통하게 되는 것입니다.

율법을 듣고 말하는 성도는 보이는 성전을 중요하게 생각하고 교회 중심의 신앙생활을 합니다. 진리를 알아듣고 말하는 성도는 자신 안에 있는 심령 교회를 중요하게 생각합니다. 율법을 듣고 믿고 신앙 생활하는 성도는 하나님을 위해서 섬기기 위하여 신앙 생활을 합니다. 하나님을 위해서 섬기려니 보이는 하나님이 교회에만 계신다고 믿어 교회를 중요하게 생각하는 것입니다. 왜냐하면 많은 분들이 세상에서 샤머니즘의 신앙생활을 하다가 예수를 믿었습니다. 자신이 믿던 신을 위해서 섬겨서 복을 받으려고 섬기는 신을 모신 신전을 찾던 것이 습관이 되었습니다. 그래서 예수를 믿었어도 하나님을 위해서 섬기려면 교회를 가야 한다는 생각을 탈피하지 못하는 것입니다.

하나님은 사도행전 17장 24-25절에서 "우주와 그 가운데 있는 만물을 지으신 하나님께서는 천지의 주재시니 손으로 지은 전에 계시지 아니하시고, 또 무엇이 부족한 것처럼, 사람의 손으로 섬김을 받으시는 것이 아니니, 이는 만민에게 생명과 호흡과 만물을 친히 주시는 이심이라” 하나님은 사람의 손으로 섬김을 받지 않는 분입니다. 하나님은 예수님을 믿는 자들에게 생명과 호흡과 만물을 친히 주시는 하님이십니다. 섬기는 믿음 생활을 하다가 보면 자연스럽게 자신 안에 계신 하나님과는 관계를 열수가 없습니다. 하나님은 사도행전 17장 24절에서 “우주와 그 가운데 있는 만물을 지으신 하나님께서는 천지의 주재시니 손으로 지은 전에 계시지 아니하시고” 분명하게 사람의 손으로 지은 전에 계시지 않는다고 말씀하십니다. 우리 하나님은 우리의 심령 성전에 계십니다. 우리는 바르고 정확하게 알고 믿음 생활을 해야 합니다. 막연하게 알고 믿음 생활하면 낭패를 당합니다. 하나님과의 관계가 열리지 않으니 하나님의 복을 받을 수 없는 것입니다.

반대로 진리를 알아듣고 말하면서 믿음 생활하는 성도는 마음으로 방언기도하며 하나님과 동행하는 신앙생활을 합니다. 성령께서 자신에게 진리를 알아듣고 말하게 하시기 때문입니다. 진리를 알아듣고 섬기는 성도는 성령님을 통하여 자신 안에 계신 하나님과 교통하면서 믿음 생활을 하기 때문에 항상 하나님과 동행합니다. 예수님을 믿고 믿음 생활하면서 하나님의 복을 받아 거부가 되려면 하나님과 동행하는 성도가 되어야 합니다. 가정이나 사업이나 불통하는 이유는 하나님과 관계가 원활하니 못하기 때문인 것입니다. 에덴동산은 범사가 잘 되는 낙원이었습니다. 하나님이 중심이 되고 하나님이 주인이 되어 있으니까 에덴동산에는 아무런 부정적인 것이 없었습니다. 한마디로 성령으로 충만했다는 것입니다. 그런데 아담이 하나님께서 돌보시는 그 삶을 저버리고 나왔기 때문에 저주가 다가오고, 가난이 다가오고 슬픔도 다가온 것입니다.

이 모든 문제가 성령으로 방언 기도하여 하나님과 올바른 관계를 맺으면 하나님의 명령 한마디에 갈릴리 풍파가 잠잠해진 것처럼, 죽은 나사로가 무덤에서 살아나 온 것처럼, 순식간에 문제가 해결되어 버리고 말 것입니다. 마음으로 방언기도하며 하나님과 동행하는 신앙으로 회복이 되어야 하나님과 동행하며 아브라함의 복을 받을 수가 있습니다. 지금 하나님은 우리의 마음 안에 들어와 좌정하고 계십니다. 하나님은 성령으로 진리를 깨닫게 하십니다. 성령으로 진리를 깨달으면서 살아가는 사람은 성령의 인도를 받는 자녀입니다.

둘째, 고난이 찾아와도 요동하지 말아야 합니다. 요셉에게 찾아온 고난은 자신의 죄 때문이 아니었습니다. 그는 오히려 죄를 짓지 않기 위해 노력하다가 억울한 누명을 쓰고 옥에 갇히게 된 것입니다. 요셉은 자신의 처지에 대해 불평하지 않습니다. 하나님을 원망하지 않습니다. 오히려 여호와를 신뢰하며 선을 행하였습니다(시 37:3). 바울과 실라가 복음을 전하다가 옥에 갇혔지만 그들은 불평하지 않습니다. 성실히 주어진 일에 최선을 다합니다. 찬양으로 하나님께 영광을 돌려드립니다. 그리고 복음을 증거합니다(행 16장). 이 삶이 하나님과 동행하는 자의 삶입니다. 오늘 나는 고난 중에서도 하나님을 불평하지 않고 나에게 주어진 일에 대하여 성실히 일을 합니까? 우리의 한계를 인정합시다. 고난과 역경은 성실한 우리의 신앙적 삶을 통해 하나님께서 이기게 하시고, 없애주실 줄 믿습니다.

하나님은 시편 119편 71절에서 "고난당한 것이 내게 유익이라 이로 말미암아 내가 주의 율례들을 배우게 되었나이다" 말씀하십니다. 고난이 찾아오니 하나님을 찾게 됩니다. 하나님을 찾으니 영이신 하나님과 통하게 됩니다. 영이신 하나님은 우리가 성령으로 충만한 영적인 상태가 되어야 동행할 수가 있습니다. 성령으로 충만한 상태가 되려면 마음으로 방언기도를 해야 합니다. 하나님과 동행을 하려면 마음으로 방언 기도하며 하나님을 무시로 찾는 것이 습관이 되어야 가능한 것입니다.

고난이 찾아오면 감사할 줄 아는 자녀들이 되어야 합니다. 그래야 하나님과 관계가 열려서 하나님과 교통하면서 인생을 살아갈 수가 있습니다. 하나님은 자꾸 찾고 인정해야 함께하십니다. 우리 자녀들이 세상을 살아가면서 대소사를 하나님과 의논하는 신앙이 되어야 하나님과 동행할 수가 있습니다. 하나님의 음성을 듣고 순종할 때 모든 것이 이루어지는 것입니다.

하나님과 동행하며 방언으로 기도하며 대화할 때 마음에 평안이 찾아오게 됩니다. 마음에 평안이 찾아왔다면 하나님이 동행하시는 보증입니다. 하나님은 살아계십니다. 그렇기 때문에 하나님은 우리가 몸으로 마음으로 느끼게 하십니다. 하나님은 절대로 말씀만 하시는 하나님이 아니십니다. 말씀하시고 실제로 나타내 보이시는 하나님이십니다. 그렇기 때문에 예수를 믿었으면 실제로 변화가 일어나야 합니다. 하나님과 동행한다면 실제로 삶에서 기사와 이적이 나타나야 합니다.

하나님은 요한복음 16장 33절에서 "이것을 너희에게 이름은 너희로 내 안에서 평안을 누리게 하려함이라 세상에서는 너희가 환난을 당하나 담대하라. 내가 세상을 이기었노라 하시니라"말씀하십니다. 실제로 동행함을 느끼는 믿음이 되시기를 바랍니다.

셋째, 모든 일이 형통하므로 긍정의 자세입니다(창39:23). 마음으로 방언 기도하여 성령 충만한 가운데 하나님께서 동행하시므로 매사가 잘 풀리는 것입니다. 하나님께서 자신의 믿음을 보시고 그대로 역사하시기 때문입니다. 하나님께서 자신과 동행하시는데 무엇이 두렵겠습니까? 두려운 것은 본인의 믿음이 없는 것이 두려운 것입니다. 하나님께서 동행하신다고 가만히 있는데 문제가 해결되지 않습니다. 문제가 나타나면 하나님께 마음으로 방언 기도를 해야 합니다. 하나님께 성령으로 방언 기도하여 알려주시는 데로 행할 때 문제가 풀리는 기적을 체험하는 것입니다. 절대로 하나님께서 해주시기를 기다리면 아무런 기적도 체험할 수가 없습니다. 순종하고 행하면 기적을 체험하게 됩니다.

하나님께서 동행하시니 형통한 것입니다.'형통케'히브리어 '짜라흐' 뜻은'번영케 하셨다'라는 뜻입니다. 하나님께서 성실한 요셉과 동행하자 요셉의 모든 일이 번영케 되었다는 뜻입니다. 모든 만물의 아버지이신 하나님께서는 인간의 삶에 축복을 주실 수도, 그리고 저주가 역사하게 할 수도 있는 분이십니다. 하나님께서 요셉과 동행한다는 말은 요셉이 하나님의 말씀에 순종했기 때문입니다. 그가 하나님을 경외하기에 하나님께서 그에게 복을 주셨습니다.

우리 인생에 모든 일이 자꾸 꼬이고 제대로 되지 않을 때 제일 먼저 점검할 것이 있다면 그것은 하나님께서 나와 동행하시고 있느냐는 것입니다. 또, 하나님과 동행하는데 하나님께서 알려주시는 방법대로 순종하느냐 입니다. 하나님께서 나와 함께하신다면 모든 일이 풀리고 열릴 것입니다. 그러나 그분이 동행하기를 거절하신다면 모든 일에서 실패합니다. 마음으로 방언 기도하며 하나님과 동행하시기 바랍니다. 하나님께서 함께하시면 범사가 형통합니다.

하나님은 역대상 17장 8절에서 "네가 어디로 가든지 내가 너와 함께 있어 네 모든 대적을 네 앞에서 멸하였은즉 세상에서 존귀한 자들의 이름 같은 이름을 네게 만들어 주리라"말씀하십니다. 하나님과 동행하는 자녀는 세상에서 존귀하게 됩니다.

넷째, 환난 중에도 당황하지 않습니다(창39:21, 빌3:4). 우리는 자녀들에게 마음으로 방언 기도하여 성령으로 충만해야 하나님이 동행하실 수 있다는 믿음을 가지게 하는 것이 좋습니다. 많은 부모님들이 자녀들의 신앙을 판단할 때 성전에 잘 나가냐 안 나가냐를 가지고 판단합니다. 즉 예배를 잘 드리느냐 안 드리느냐를 잣대로 삼는 다는 것입니다. 행위로 믿음의 분량을 정한다는 것입니다. 물론 외형적으로 보면 맞습니다. 그런데 저는 이렇게 외형적으로 신앙생활을 하지 말고 항상 마음으로 방언기도를 하면서 하나님과 동행하는 신앙이 되어야 한다는 것입니다.

제가 그동안 성령치유 사역을 하면서 문제 자녀를 둔 목사님, 장로님, 권사님들과 대화를 합니다. 이분들이 이구동성으로 하는 말이 교회에 빠짐없이 잘 나갔다는 것입니다. 성경도 읽고 쓰기도 했다는 것입니다. 그런데 어느 날부터 교회를 나가지 않고 있다는 것입니다. 저는 이렇게 대답을 합니다. 물론 교회에 빠짐없이 나가서 예배드리는 것은 중요합니다. 그러나 보이는 신앙에 만족함을 가지고 신앙생활을 시키다가 보니 하나님이 동행하시는 신앙생활이 되지 않았다는 것입니다.

항상 마음으로 방언기도하며 하나님을 찾고 대화하는 자녀가 되어야 합니다. 그런데 교회에 나가서 예배를 드리느냐 안 드리느냐의 신앙으로 평가합니다. 이렇게 보이는 신앙생활을 하다가 보니 예배드리는 것이 형식이라고 생각을 합니다. 예배 드려서 변화되고 이익이 되는 것이 무엇인가 의아심을 갖습니다. 자꾸 인간적인 생각을 하다가 보니 상처가 치유되지 않아 자꾸 강퍅한 자녀가 됩니다. 심령이 단단해지는 것입니다.

급기야 교회를 나가지 않게 됩니다. 심령이 성령으로 장악되지 않아 육체가 된 현상입니다. 시간이 가면 갈수록 상처가 강해지니 반항아가 됩니다. 정신적인 문제도 발생합니다. 심령에 귀신이 역사하기도 합니다. 그러다가 악한 영의 영향에 완전하게 장악이 됩니다. 그때서야 저에게 전화를 하고 찾아오시는 것입니다. 모두 처음 자녀들이 신앙생활을 할 때 마음으로 방언기도하며 성령의 인도받는 자녀로 만들지 못한 연고입니다.

이는 성령의 강한 역사가 있어야 치유됩니다. 모두 이렇게 되기 전에 말씀과 성령으로 치유해야 할 것입니다. 성령으로 장악이 되게 한 다음에 영의 통로를 뚫으면 치유가 되는 경우가 보통입니다. 어떤 자녀는 저희 교회에서 하는 토요일 집중치유에 와서 치유 받는 자녀도 있습니다. 무엇보다도 부모님들이 영적인 사고로 바뀌는 것이 너무나 중요합니다. 성령의 인도를 받아 하나님과 동행하면 창세기 39장 21절과 같이 "여호와께서 요셉과 함께하시고 그에게 인자를 더하사 간수장에게 은혜를 받게 하시매" 같이 되는 것입니다.

주님이 동행하시므로 주님의 은혜가 임하자 도저히 신뢰받지 못할 곳에서도 다른 사람의 신뢰를 받았습니다. 초대교회 성도들은 온 백성에게 칭송을 받음으로써 하나님께서 그들과 함께 계심을 보여주었습니다(행 5:13). 이것이 쉽지는 않습니다. 사람과 사람 사이에 신뢰를 준다는 것은 결코 쉽지 않은 일입니다. 사람에게도 그의 성실한 모습이 좋은 영향력을 미칩니다. 하나님의 뜻은, 믿는 성도들이 삶의 현장에서 다른 사람의 신뢰를 받음으로 하나님께서 함께하심을 열방에 나타내기 원하십니다.

다음은 어느 그리스도인의 고뇌에 찬 고백입니다. "교회는 수십 년 다녔지만 믿기 전에 비해 변한 것이 별로 없습니다. 성품도 삶도 옛날 그대로입니다. 그러다보니 종종 가정은 지옥같이 느껴지고 교회 생활도 형식적이 되어버린 지 오랩니다. 물론 예수를 자발적으로 증거 해 본 경험도 없습니다. 그런데도 교회에만 가면 모범 신자로 대접받다보니 저 자신의 이중성과 위선에 괴로움만 더해갑니다." 이처럼 우리가 그리스도인으로서의 깊은 고뇌 속에 빠지게 될 때, 그 때가 바로 성령의 격려하시는 음성을 듣는 때입니다. 또한 새롭게 성령으로 방언기도를 하여 영의통로를 뚫고 일어서야 할 때입니다.

그리스도인이 이 같은 고뇌 속에 빠져 무력해지는 이유는 한 마디로 새로운 신분에 맞는 삶에서 너무나 멀어져 있기 때문일 것입니다. 즉, 그리스도인의 제자로서의 삶보다는 과거의 습관대로 육신의 정욕을 따라 살기 때문입니다. 새로운 신분이란 성령의 인도를 받으며 하나님과 동행하는 삶입니다. 빨리 알아차리고 나와야 합니다. 그래야 변합니다.

우리에게 무엇보다도 중요한 것이 성령의 인도를 받는 것입니다. 형식적인 신앙생활은 권태기가 찾아오기 마련입니다. 성령으로 세례 받아 성령의 인도를 받으며 하나님과 동행하는 신앙으로 화복해야 합니다. 회복을 하려면 시간이 걸립니다. 또 전문적인 치유도 받아야 합니다. 혼자 해결이 되지 않습니다.

날마다 이렇게 성령으로 방언기도를 하기 바랍니다. 언제나 나와 함께하시는 주님, 내게 있는 모든 일을 주님과 함께하기 원합니다. 그리하여 나를 통해 하나님이 증거 되기 원하오니 주님의 생각을 분변하며 순종하게 하소서. 또한 주님이 행하신 일들을 기억하며 감사하는 자로 살게 하소서. 언제나 나와 함께 해주시는 하나님을 믿사오니 항상 흔들림 없는 임마누엘의 신앙 속에 살아가게 해주시옵소서. 성령의 인도를 받게 하옵시고. 언제 어디서나 하나님과 동행하는 생활을 하게 하옵소서. 주와 동행하며 어떤 환경에서도 그리스도인임을 잊지 않게 하소서. 주님과 날마다 동행하는 삶이 되도록 은혜를 베풀어 주옵소서. 나의 삶이 주님과 동행함으로 날마다 형통한 삶이 되게 하옵소서. 예수님의 이름으로 기도하옵니다. 아멘.

알려드립니다. 외국에 계시거나 지방에 계신 분들 중에 한번이라도 충만한교회 집회나 예배에 참석하셨던 분들이 갑자기 영-혼-육체의 생겨서 어떻게 해결할 수 없어 고통하시면 전화하시기를 바랍니다. 단 미리 믿음의 분량에 따라 신교헌금을 계좌에 입금하셔야 합니다. 전화로 치유기도를 해도 직접 안수하며 기도하는 것과 같은 성령의 역사가 일어납니다.

계좌는 기업은행 072-086348-01-017 강무신입니다.

27장 예수님을 나타내는 방언기도

(엡6:18~19)"모든 기도와 간구를 하되 항상 성령 안에서 기도하고 이를 위하여 깨어 구하기를 항상 힘쓰며 여러 성도를 위하여 구하라. 또 나를 위하여 구할 것은 내게 말씀을 주사 나로 입을 열어 복음의 비밀을 담대히 알리게 하옵소서 할 것이니,"

예수를 믿는 성도는 예수를 믿을 때 죽고 다시 예수님으로 사는 것입니다. 예수님으로 산다는 것은 자신 안에 주인으로 오신 예수님이 주인 되어 사는 것입니다. 예수님으로 사는 성도는 예수님이 주인 된 것입니다. 예수님이 주인 된 성도는 당연하게 예수님을 나타내며 살아가야 합니다. 성령으로 충만한 가운데 성령으로 방언기도를 하면 자신 안에 주인이신 예수님이 자신을 통하여 나타나시는 것입니다. 이렇게 성령으로 하는 방언기도를 해야 합니다. 방언기도는 반드시 성령으로 충만한 가운데 성령으로 방언기도가 되도록 훈련을 바르게 해야 합니다. 그냥 랄랄라. 룰룰루 하면서 입술로 하는 기도는 방언기도가 아닐 수가 있습니다.

우리 예수를 믿는 성도들이 세상을 살아가면서 예수님을 누리지 못하는 것은 기도가 잘못되었기 때문입니다. 성령으로 방언기도를 하지 않기 때문입니다. 세상에서 예수님을 누리려면 항상 예수님이 동행하신다는 믿음과 마음으로 하는 방언기도의 습관이 중요합니다. 성령으로 방언기도할 때 예수님과 통행할 수가 있습니다. 예수님과 동행하며 방언 기도할 때 예수님을 누릴 수가 있습니다. 예수님과 동행하며 성령으로 방언 기도하는 것은 예수님과 동행하는 삶에서 가장 중요합니다. 동행하며 성령으로 방언기도 함으로 얻는 것은 잔잔한 기쁨과 평안입니다. 그리고 하나님의 레마를 듣는 것입니다. 동행하며 마음으로 방언 기도할 때 성령의 권능이 나타난다는 것입니다. 필자는 20년 이상을 생명의 말씀과 성령으로 개인치유를 했습니다. 치유를 하면서 느낀 것은 우리 성도들의 삶이 영적이지 못한다는 것입니다. 세상에서 살아갈 때에 불신자와 동일하게 세상에 빠져서 살아가는 것입니다. 자연스럽게 이런 크리스천의 생활에는 세상에서 들어오는 생각이나 악취를 내뿜는 쓰레기가 있습니다. 이를 그대로 두면 성도 안에서 집을 짓는다는 것입니다.

하지만 우리는 그게 무엇인지 알지 못하는 경우가 많습니다. 안다고 하더라도 영적인 조치를 하지 못합니다. 즉 방안에 냄새가 나면 문을 열어두어 냄새가 빠져나가기를 바라는 것과 같은 형식적인 조치를 합니다. 이런 형식적인 조치로는 세상에서 들어온 생각이나 악취가 나가지를 않습니다. 몸에 냄새가 나면 임시방편으로 향수를 뿌려 없애려고 하지만, 근본원인을 제거하지 못한다면 무용지물일 것입니다. 근본원인을 제거하는 적극적인 방법이 예수님과 동행하며 성령으로 방언기도를 하는 것입니다. 성령으로 방언 기도할 때 성령이 마음에 충만하게 됨으로 세상에서 들어온 생각이나 악취가 정화되는 것입니다. 크리스천의 삶에서 예수님과 동행하며 성령의 방언 기도는 참으로 중요합니다.

모든 크리스천의 삶에서 행복을 채우는 주요한 공급원이 무엇일까를 먼저 알아야 합니다. 공급원은 성령입니다. 성령으로 방언 기도할 때 잔잔한 기쁨과 평안이 심령에서 올라오는 것입니다. 성령이 충만하여 심령에서 평안이 올라오는 것은 예수님과 친밀하게 교제하는 삶을 살고 있다는 증거입니다. 예수님과 동해하며 성령으로 깊고 친밀한 방언기도 덕분에 심령에서 평안이 올라오는 것입니다. 아직도 크리스천의 삶 현장에서 예수님과 함께하는 잔잔한 기쁨과 평안을 누리시지 못하고 계십니까? 이는 예수님과의 깊고 친밀한 마음으로 하는 방언기도 습관을 들이지 못해서 일어나는 것입니다. 성령으로 동행하며 방언기도를 해보십시오. 그러면 심령에서 올라오는 잔잔한 기쁨과 평안을 누리실 수 있습니다. 자신의 안에서 평안이 올라온다는 것도 느끼고 믿을 수가 있습니다.

안타깝게도 우리 주변에 영적인 방언기도 습관을 들이려고 해도 못하겠다고 항변하는 분들이 적지 않습니다. 그 주된 이유가 방언 기도를 방해하는 쓰레기를 치우지 않은 채 기도를 시도하기 때문입니다. 쓰레기를 치유지 않으니 오래 지속하시지 못하고 중도에 포기하게 된다는 사실입니다. 성령으로 기도를 방해하는 쓰레기를 치우지 못하기 때문입니다.

즉 기도를 방해하는 쓰레기를 버려야 합니다. 제일 큰 쓰레기는 자아를 가지고 기도하는 것입니다. 샤머니즘적인 기도를 말하는 것입니다. 성령으로 기도하지 않는 다는 말입니다. 기도를 방해하는 쓰레기를 버리는 방법은 성령의 역사가 자신의 안에서 밖으로 나타나게 하는 것입니다. 자신의 배꼽아래 15센티에 의식을 두고 코로 숨을 들이쉬고 내쉬면서 방언으로 기도하고! 코로 숨을 들이쉬고 내쉬면서 방언으로 기도하고! 를 지속적으로 하다가 보면 자신 안에 역사하는 성령의 권능으로 영의 통로가 뚫리게 됩니다. 영의 통로가 뚫리면 일상의 삶에서 쉬지 않고 마음으로 예수님을 찾으면서 성령님이 내주(內住)하시기를 기도하는 영적 습관을 들이는 것입니다. 무의식적으로 자신 안에 계신 예수님을 찾는 것입니다. 예수님과 동행하며 성령으로 방언 기도하는 경지에 이르는 것은 훈련입니다. 평소 삶이 예수님을 찾는 것이 되어야 가능합니다. 어렵다고 생각할 수도 있지만 조금만 관심을 가지도 숙달이 되어 습관적으로 예수님과 동행하며 성령으로 방언기도를 하게 될 것입니다.

첫째, 마음으로 예수님을 찾는 방언기도를 하라는 것. 방언기도를 쉬지 않고, 시간과 장소에 관계없이, 방언으로 기도하는 습관을 기르라는 것입니다. 예수님만 찾으면 자동적으로 성령님이 오셔서 좌정하고 계심을 느낄 수 있습니다. 성령의 임재가 깊어지려면 묵상으로 찬송하며 기도하는 습관을 기르는 길입니다. 늘 운동을 하면서도, 길을 걷거나 운전을 하면서도, 마음으로 예수님을 찾는 방언기도를 하여 습관이 되게 해야 합니다.

그래야 예수님과 동행하며 성령으로 방언 기도하여 예수님을 누릴 수가 있는 것입니다. 그러므로 예수님이 내 안에 임재를 느끼지 못하도록 하는 특정 장소나 시간에 만 기도해야 한다는 쓰레기와 인간적인 생각은 빨리 버려야 한다는 것입니다. 기도를 보이는 교회에 가서 해야만 된다는 자아의식을 버려야 합니다. 기도는 항상 해야 합니다. 우리 삶의 현장에서 항상 찬송과 방언으로 기도하는 습관을 들이지 못했다면 평안한 삶은 꿈도 꾸지 말아야한다는 사실입니다. 성령이 충만해야 진정한 평안이 자신의 마음 안에서 올라오기 때문입니다.

두 번째, 나쁜 쓰레기는 성령 충만함 없이 기도하는 버릇입니다. 평소에 예수님과 늘 교제하는 습관이 아닌 분이 기도를 시작하기 무섭게 하나님으로부터 얻고자하는 목록을 속사포처럼 쏘아대는 사람이 적지 않습니다. 따다다…. 따다다…. 따다다…. 저는 이런 방언 기도를 해대는 기도라고 합니다. 이는 기도에 응답할 사람을 전혀 의식하지 않는 나쁜 기도 습관입니다. 아무리 끈질기게, 아무리 강력하게, 아무리 대중이 다 듣는 큰 소리로, 아무리 통성기도로 요청한다 할지라도, 영이신 하나님이 전혀 줄 생각이 없다면 무용지물일 것입니다.

성경에서 보면 "성령 안에서 깨어 기도하라"고 요청하고 있습니다. 성령이 내주하는 상태에서 방언으로 기도하는 습관이 절대적으로 필요하다는 명령입니다. 하나님이 영이시기 때문에 성령으로 기도하지 않으면 하나님의 역사가 일어나지 않는 것은 당연한 것입니다. 성령의 역사가 일어나야 성령으로 심령이 정화되어 평안이 심령에서 올라오는 것입니다. 이는 성령이 충만한 상태가 아니라면 기도는 아무런 소용이 없다는 말씀입니다.

성령 충만한 상태가 되면 방언기도가 자신의 의지로 하는 방언기도가 아니라, 자연스럽게 성령이 인도하시는 방언기도가 되는 덕분을 얻게 됩니다. 성령이 인도하시는 방언기도가 될 때 하나님의 응답도 받을 수가 있고 심령에서 성령으로부터 편안이 올라오는 것입니다. 아직도 이런 방언기도를 경험하지 못하셨다면 지금이라도 기도목록을 작성하여 간구하는 기도를 하기 전에 성령이 내주하심을 간절히 요청해서 성령의 역사가 자신을 장악하게 하는 기도 방법을 찾아야 할 것입니다. 그래서 성령이 내주하시도록 마음으로 방언하며 기도하는 습관을 갖자는 겁니다. 즉 예수님과 동행하는 습관을 말입니다.

세 번째, 나쁜 쓰레기를 치우도록 치유기도를 하는 것이다. 성령의 임재가운데 깊은 방언으로 기도를 하게 되면 성령의 역사로 나쁜 쓰레기들이 배출이 됩니다. 이는 언제 어디서나 쉼 없는 마음으로 방언기도가 가능할 때 자연스럽게 성령으로 일어나는 현상입니다. 마음에 평안과 권능은 자신의 심령의 상처가 떠나가면 갈수록 강하게 나타납니다. 행복한 삶을 위해서 특정한 목적이나 시기에 필요하도록 언제 어디서나 깊게 몰입하는 마음의 방언으로 기도하는 방법에 대한 신비를 스스로 체득해야 한다는 사실입니다.

네 번째, 기도를 방해하는 모든 나쁜 쓰레기 행위를 내다버려야 한다는 사실입니다. 삶의 현장에서 쉬지 않고 동행하는 마음으로 방언 기도하는 습관을 드리려면 마음의 방언기도를 방해하는 모든 세상의 즐거움을 포기해야 한다는 사실입니다. 쉬지 않는 방언기도를 통해 하나님으로 공급되는 삶의 평안과 기쁨을 얻든지, 아니면 세상이 주는 쾌락을 얻든지, 둘 중에 하나를 선택해야 한다는 사실입니다. 많은 크리스천들은 두 가지를 얻으려 하기에 하나님이 주시는 선물을 얻어 누리지 못하고 있는 것입니다. 놀라운 영적 능력을 얻는, 성령 충만을 유지하는, 동행하며 마음의 방언으로 기도하는 습관을 들이려면 의지를 가지고 훈련해야 합니다. 꼭 목표에 도달하고 말겠다는 관심이 중요합니다.

　즉 쉬지 않고 기도하라는 뜻은 기도의 빈도나 강도를 말하는 것이 아니라, 항상 자신 안에 임재 하여 계신 예수님을 찾으라는 것입니다. 예수님을 세상에서 누리려면 항상 성령 충만한 상태를 유지하는 마음의 방언으로 기도하는 방법을 스스로 체득해야 한다는 것 입니다. 항상 성령 충만한 마음의 방언기도가 아니고는 세상에서 예수님을 누릴 수가 없습니다. 예수님은 영시시고, 말이 아니고 살아계시는 실존이기 때문입니다. 항상 그분과 통해야 세상에서 예수님을 누릴 수가 있는 것입니다.

　항상 마음으로 하는 동행하며 하는 방언기도를 숙달하면 참으로 좋습니다. 살아계신 성령님을 날마다 체험할 수가 있습니다. 방법은 코로 호흡을 들이쉬는데 배꼽아래 15센티까지 들이쉬니다. 내쉬면서 마음으로 방언기도를 합니다. 다시 코로 호흡을 들이쉬는데 배꼽아래 15센티까지 들이쉽니다. 내쉬면서 마음으로 방언기도를 합니다. 이렇게 지속적으로 하다가 보면 성령으로 충만해지는 것을 느끼게 됩니다.

그런데 수많은 크리스천들이 기도를 방해하는 삶의 쓰레기를 치우지 않고 마음으로 방언기도를 시도하기 때문에 성경에서 약속한 기도의 능력을 얻지 못하고 있습니다. 크리스천이면 모두가 삶의 경지에서 늘 성령 충만할 수 있는 방법이 있는데도 다만 소수의 사람들이 그런 영적 경지에 도달하고 있다는 사실입니다. 마음으로 방언 기도하여 예수님과 동행하며 잔잔한 기쁨과 평안함을 맛보기 위해서는 늘 성령의 충만한 상태가 되어야합니다.

이렇게 깊은 경기에 이르는 생활을 하려면 기도를 방해하는 쓰레기 뿐 만아니라, 나의 자존심까지 버려야 가능합니다. 온전히 예수님과 동행하시기 위해, 성령 충만한 경지에 이르기 위해, 예수님과 대화에 몰입하기 위해, 감히 예수님 이름으로 기도드리기 위해, 예수님을 세상에서 누리기 위해서…. TV시청이나 인터넷 게임, 틈만 나면 스마트폰 쳐다보기, 시도 때도 없이 전화로 친구와 수다 떨기, 목적 없이 친구들을 만나거나 무분별한 쇼핑, 게으름, 세상에 취함, 낚시나 바둑, 영화보기, 과도하게 시간을 빼앗는 취미나 쾌락을 얻는 행위들을 포기해야 한다는 것을 알려 드립니다. 의지적인 노력이 필요하다는 것입니다.

다섯째, 성령으로 기도하라는 것입니다. 부모가 어린자녀든 장

성한 자녀든 자녀를 위해서 밤낮 기도하듯이 성령께서 우리에게 오셔서 나는 의식도 하지 못하는데, 나는 느끼지도 못하는 사이에 나를 위하여 말할 수 없는 탄식으로, 그 많으신 성령의 사랑의 생각을 갖고서, 하나님의 뜻에서 합치된 방향으로 나를 위하여 기도하고 계시는데 내가 그것을 깨닫고 성령의 인도를 따라 기도하는 것이 바로 성령 안에서 기도하는 것입니다. 그것이 그토록 중요한 이유는 우리가 성령 안에서 기도하게 되면, 우리가 중언부언 하는 기도는 하지 못하죠. 여전히 우리는 내 짧은 욕심이 들러붙은 그런 마음의 손을 가지고 기도를 하는데, 우리가 점차적으로 성령 안에서 변화를 받게 되면, 우리가 마음속에 품게 되는 소원과 우리가 하나님께 아뢰는 기도의 제목들이 하나님의 뜻에 합치되는 방향으로 기도가 바뀐다는 것입니다. "이와 같이 성령도 우리의 연약함을 도우시나니 우리는 마땅히 기도할 바를 알지 못하나 오직 성령이 말할 수 없는 탄식으로 우리를 위하여 친히 간구하시느니라." 우리의 기도가 성령 안에서 드려지게 되면 우리가 간구하는 것이 하나님의 뜻에 맞게 되니까 하나님께서 하나님의 뜻을 이루어주시지 않겠습니까?

로마서 8장 28절에 보면 "우리가 알거니와 하나님을 사랑하는 자 곧 그 뜻대로 부르심을 입은 자들에게는 모든 것이 합력하여 선을 이루느니라."하셨습니다. 우리 기도가 성령 안에서 드려지는 기도, 우리의 뜻이 하나님의 뜻에 합치되는 방향으로 변화 받게 되면, 우리가 기도하는 바를 하나님이 응답해 주실 뿐만 아니라, 우리에게 둘러싼 삶의 환경을 하나님께서 절대주관 가운데 품으시고, 붙드시고, 변경하시고, 조정하셔서 모든 것들을 합력하여 선을 이루게 해 주신다는 겁니다.

그러니까 로마서 8장 28절에 '성도의 모든 것이 합력하여 선을 이루신다'는 구절은, 문맥상 26절과 연결해서 해석할 때, 성령 안에서 기도하는 성도에게, 모든 것이 합력해서 선으로 이루어진다는 뜻입니다. 즉 28절의 '성도의 모든 것이 합력해서 선을 이루는' 은총은 26절의 성령 안에서 기도하며 살아가는 자에게 주어지는 축복입니다. 시편 37편 4절 말씀에도 '또 여호와를 기뻐하라. 저가 내 마음의 소원을 이루어 주시리로다.'라고 하셨습니다. 성령으로 기도할 때 모든 것이 주어지는 것입니다.

우리 기도가 성령 안에서 기도하는 것으로 점차로 바뀌어서 우리가 성령 안에서 하나님을 기뻐하며 살아가게 될 때, 성령님께서 우리 마음속 안에 있는 모든 소원들을 아시고 헤아리시고 살피셔서, 우리로 하여금 하나님께 기도드려서 그 소원들을 다 이루게 해주시기 때문에 성령 안에서 기도하는 것이 그토록 중요합니다.

여섯째, 성령으로 무시로 기도하는 방법입니다. 기도에 대하여 바르게 알아야 합니다. 기도는 항상 하나님께 집중하는 것입니다. 하나님께 물어보는 것입니다. 예수를 믿는 하나님의 자녀들이 항상 하나님과 대화하는 자녀가 되어야 합니다. 믿음이 약한 성도들에게 기도를 너무나 어렵게 생각하지 말도록 알려주어야 합니다. 많은 하나님의 자녀들이 기도하면 생각하여 유창한 말로 하는 것으로 알고 있기 때문에 기도를 멀리하는 것입니다.

　기도는 하나님과 대화하는 것입니다. "하나님 어떻게 할까요? 하나님 도와주세요? 하나님 저와 동행하여 주세요. 하나님 사랑합니다. 하나님 저에게 강하고 담대함을 주세요" 간절한 마음으로 하나님과 대화하는 것입니다. "하나님! 우리 아들이 이번 중간시험을 보는데 도와주세요. 어디를 가는데 인도하여 주세요. 친구들과 여행을 가는데 동행하여 주세요. 하나님 제가 어떤 꿈을 가져야 하는 지 깨닫게 해주세요. 하나님 이일을 어떻게 해야 하는 지 깨닫게 해주세요. 우리 가정에 물질에 문제가 있습니다. 어떻게 할까요" 이것이 하나님께 상달되는 기도인 것입니다.

　많은 분들이 문제가 있으면 무조건 기도하면 문제가 풀어지는 줄로 알고 있습니다. 그래서 무조건 기도하라고 합니다. 그렇지 않습니다. 기도는 하나님의 음성을 듣는 것입니다. 문제의 원인에 대하여 하나님께 질문하여 하나님께서 알려주시는 것을 순종해야 문제가 풀어지는 것입니다. 이는 신약과 구약 성경에 무수하게 기록이 되어있습니다. 반드시 하나님께 질문하여 하나님께서 알려주시는 것을 순종해야 성령님의 역사가 일어나는 것입니다. 무조건 기도하면 하나님께서 문제를 풀어주시는 것이 절대로 아닙니다. 기도하면 하나님께서 문제를 풀어준다는 생각은 샤머니즘의 신앙의 잔재입니다. 하나님께서 알려주신 대로 순종할 때 문제가 풀어지는 것입니다. 반드시 하나님께서 알려주시는 것을 해결하면서 기도해야 합니다.

예를 든다면 회개라든가, 용서라든가, 하나님께서 알려주시는 레마를 받아 순종하며 기도해야 문제가 풀어지는 것입니다. 막연하게 문제를 해결하여 주시옵소서. 하며 백날을 기도해도 문제가 해결되지 않습니다. 반드시 하나님에 알려주시는 해결 방법을 적용하여 순종하고 해결하면서 기도해야 문제가 풀어지는 것입니다. 성도들이 바르게 알아야 할 것은 자신이 당하는 문제는 하나님의 문제라는 것을 믿어야 합니다. 그래서 자신에게 일어나는 문제는 하나님이 해결해야 한다는 것입니다. 왜냐하면 자신은 예수를 믿을 때 죽었습니다. 다시 예수로 태어났습니다. 지금 예수 인생을 사는 것입니다.

그렇기 때문에 성령으로 기도하여 영의 상태가 되면 하나님께 해결 방법을 질문하여 응답받은 대로 조치를 해야 문제가 해결되는 것입니다. 그렇기 때문에 문제를 해결하려면 기도하지 않으면 안 되는 것입니다. 성령으로 기도하여 영의 상태가 되어야 내적인 상처도 치유되고, 귀신도 떠나가고, 병도 고쳐지고, 문제도 해결되고, 하나님의 음성도 들을 수가 있는 것입니다. 성령으로 기도하는 것은 성령의 임재가운데 성령 안에서 기도하는 것을 말합니다. 마음으로 기도하여 마음의 문이 열려야 영으로 기도하게 되는 것입니다. 자꾸 하나님께 물어보면 마음이 열립니다.

영으로 기도하는 것이 성령으로 기도하는 것입니다. 그렇기 때문에 먼저 마음의 방언기도로 마음의 문을 열어야 영으로 기도할수가 있는 것입니다. 마음으로 방언 기도하는 비결은 이렇습니다.

숨을 들이 쉬고 내 쉬면서 방언기도를 합니다. 숨을 들이 쉬고 내 쉬면서 방언기도를 합니다. 숨을 들이 쉬고 내 쉬면서 방언기도를 합니다. 자연스럽게 마음으로 방언기도를 하면 되는 것입니다. 말로 하는 기도는 호흡을 들이쉬고 내쉬면서 주여! 주여! 주여! 합니다. 방언으로 하는 마음의 기도는 호흡을 들이쉬고 내쉬면서 방언기도하고, 호흡을 들이쉬고 내쉬면서 방언기도를 합니다. 즉 내면의 활동이 강화되어 자신의 마음속 영 안에 계신 성령이 밖으로 나오시게 해야 합니다. 코로는 바람을 들이쉬고 배꼽 아랫배로 호흡을 하는 것입니다. 기도를 하가다 보면 성령께서 감동을 주시는 것이 있습니다.

예를 든다면 "부모를 위하여 기도하라!"하실 수도 있습니다. 그러면 부모를 위하여 기도하는 것입니다. 부모에게 문제가 있는 것도 할 수가 있습니다. 부모에게 바라는 것이 있으면 그것을 기도해도 좋습니다. 기도를 마치고 다시 주여! 주여! 주여! 하면서 기도를 합니다. 다시 성령께서 너의 장래문제를 기도하라고 하실 수도 있습니다. 장래문제를 기도합니다. 무슨 일을 해야 할 것인지 하나님에게 질문하며 기도합니다. 기도를 마치고 다시 주여! 주여! 주여! 하면서 기도를 합니다. 다시 성령께서 너의 배우자를 위하여 기도하라 하실 수도 있습니다. 그러면 바라는 배우자 상을 가지고 기도합니다.

자신에게 영육간에 문제가 일어나는 것이 있다면 원인을 알려 달라고 기도합니다. 성령께서 감동하시기를 죄악으로 인한 것이라면 회개를 합니다. 회개하고 죄악을 타고 들어온 귀신을 축귀합니다. "예수 이름으로 명하노니 선조들의 죄를 따라 들어와 고통을 주는 귀신아 물러가라" 소리는 크지 않아도 됩니다. 성령이 충만한 상태이므로 귀신들이 잘 떠나갑니다. 다시 다른 기도를 위하여 주여! 주여! 주여! 하면서 기도를 합니다.

그러면 성령께서 다시 감동을 합니다. 너의 건강을 위하여 기도하라! 그러면 자신의 건강을 위하여 기도합니다. 기도하면서 하나님에게 질문을 합니다. 하나님! 저의 어느 부분이 문제가 있습니까? 하면서 기도하여 조치를 취하면 됩니다. 무엇을 결정해야 할 경우는 어느 정도 기도하여 성령으로 충만한 상태가 되면 지속적으로 문의 하는 것입니다. 이것을 어떻게 해야 합니까? 이것을 어떻게 해야 합니까? 이것을 어떻게 해야 합니까? 지속적으로 질문을 하면 문득 떠오르는 생각이 있습니다. 이것이 하나님의 방법입니다. 이것을 해결하면 치유가 되는 것입니다. 이것이 성령으로 기도하는 것입니다. 어려울 것이 없습니다.

자신의 생각이나 욕심을 내려놓고 순수하게 성령을 따라 기도하는 것입니다. 보통 성도님들이 하시는 말씀대로 기도분량이 채워지니까 성령께서 알려주신 것입니다. 기도분량이 채워졌다는 것은 성령님이 역사하실 수 있는 영적인 상태가 되었다는 것입니다. 절대로 성령은 육의 상태에서는 응답을 주시지 못합니다.

반드시 성령으로 충만한 영의 상태가 되어야 레마를 들려주십니다. 그러므로 영의 상태가 되도록 성령으로 깊은 영의기도를 해야 합니다. 영의 상태에서 하나하나 감동이나 음성으로 알려주시는 것입니다. 기도의 성공요소는 영의 상태에 들어가는 것입니다. 영의상태에서 성령님과 교통할 수가 있기 때문입니다. 쉽게 말해서 기도는 영이신 하나님과 대화입니다. 하나님과 대화를 잘하도록 평소부터 물어보는 훈련을 해야 합니다.

하나님과 대화를 잘하려면 하나님께 지속적으로 물어보는 것입니다. 하나님 어떻게 할까요? 이일을 어떻게 해결해야 할까요? 하나님! 제가 왜 이렇게 두렵습니까? 하나님! 저에게 이런 문제가 있습니다. 어떻게 해야 할까요? 자꾸 하나님을 찾으면서 물어보는 것입니다. 기도를 요약하면 "하나님께 물어보는 것이다."라고 대답할 수 있습니다. 기도를 성령으로 깊게 하실 분은 "기도 쉽게 바르게 하는 법"과 "깊은 영의기도 숙달하는 법"에 대한 책을 읽어보시기를 바랍니다.

충만한 교회는 매주 다른 과목을 가지고 매주 화-수-목(10:00-12:00)집회를 인도합니다. 그래서 많은 분들이 교수 과목에 대하여 질문을 많이 합니다. 즉, 성령의 불세례 받는 집회는 언제 합니까? 내적치유는 언제 합니까? 신유집회는 언제 합니까? 귀신축사는 언제 합니까? 기도 훈련은 언제 합니까? 성령은사 집회는 언제 합니까? 재정 축복집회는 언제 합니까? 등등 질문을 하십니다. 충만한 교회 집회는 어느 집회에 오시더라도 기본적인 영성치유인 "성령의 불세례, 내적치유, 귀신축사, 신유, 성령의 은사 전이, 깊은 영의기도"를 체험하고 치유 받을 수 있습니다.

28장 상한 심령을 정화하는 방언기도

(고전14:4)"방언을 말하는 자는 자기의 덕을 세우고 예언하는 자는 교회의 덕을 세우나니"

하나님은 방언기도를 유창하게 많이 하는 것을 원하시는 것이 아닙니다. 방언기도를 하는 만큼 심령의 변화를 원하십니다. 심령이 변하여 예수님의 인격이 나타나는 방언기도라야 성령으로 방언기도를 하는 것입니다. 방언기도를 아무리 유창하게 해도 자신이 변하지 않으면 마귀로부터 온 방언기도입니다. 성령의 인도하여 깊은 영적 상태에서 마음속에서 올라오는 소리로 방언기도를 하면 성령의 역사로 심령이 정화됩니다. 문제는 방언기도를 성령으로 정확하게 하느냐 입니다. 정확하게 성령의 인도를 받으면 영으로 방언기도를 하면 무의식과 잠재의식이 성령으로 정화되기 마련입니다. 필자는 이 원리를 적용하여 깊은 상처와 귀신역사와 질병으로 고생하는 성도들을 치유합니다. 성령의 깊은 역사가 심령에서 올라오면 상처와 귀신과 자아 뒤에 역사하는 귀신과 불치의 질병들이 치유되기 마련입니다.

미국의 어느 종교 단체에서는 방언을 말하는 사람 중에 정신병자가 한사람도 없는 것을 통계적으로 발견했습니다. 심리학자들은 말하기를 사람의 심리는 100%로 말하면 90%는 잠재의식이라고 해서 우리 생각하지 못하는 마음 잠재의식 속에 있고 우리가 생각하는 마음은 10%밖에 없어요. 그러므로 90%는 여러분 마음에 숨어있는 생각이고 우리가 생각하고 사는 생각는 10%밖에 안됩니다. 사람들은 고통스럽고 괴로운 것을 견디지 못하면 전부 잠재의식 속에 집어넣어 버립니다. 옛날에 얻어맞았던 것, 옛날에 미웠던 것, 옛날에 박대 받았던 것, 자랄 때 부모에게 사랑 못 받았던 것, 원한 있는 것 다 잊어버린 것 같습니다만 속에 다 가라앉아 있는 것입니다. 그러다가 내가 어려운 고통을 당하면 이것이 떠올라 와서 온갖 정신적인 육체적인 병을 일으키는 것입니다. 이는 마치 강물이 평소에 흘러갈 때 죽은 강아지도 던져 놓고, 새도 던져 놓고, 돌멩이도 던져 놓고, 거름더미도 던져 놓으면 강물 바닥에 전부 가라앉기 때문에 안보이고 위에는 맑은 물이 흘러서 강이 전부 맑은 것 같습니다. 그러나 홍수가 나서 강이 한번 뒤엎어지면 밑에 있는 쓰레기와 죽은 짐승의 시체와 더러운 것들이 다 위로 떠올라 오는 것입니다.

그와 같이 우리 사람들의 마음속에는 잠재의식 속에 여러 가지 부정적이고 파괴적이고 절망적인 생각이 들어있는 것입니다. 우리 마음속에는 우리가 처리할 수 없는 그러한 것들이 마음에 쓰레기 더미가 되어서 숨어 있는 것입니다. 현재의식은 안보입니다. 그러나 내가 어렵고 고통을 당할 때 이것이 다 떠올라 와서 우리에게 고통과 괴로움을 갖다 주는 것입니다. 이 속을 어떻게 우리가 소제할 수 있습니까? 우리는 모릅니다. 안 들여다보입니다. 그러나 우리 속에까지 들어와서 그것을 하나하나 끄집어낼 수 있는 자가 누구냐? 성령이 그렇게 할 수 있는 것입니다. 방언으로 기도하면 성령이 충만해지므로 성령이 우리의 잠재의식을 소제해 주는 것입니다. 마음을 청소해 주는 것입니다.

어릴 때 고통당한 것, 상처 입은 것, 해를 입은 것, 원한, 슬픔, 괴로움 이 모든 것이 마음 밑에 깔아 앉아 있던 것이 전부 방언을 하면 방언이 그를 들춰내어서 소제해서 청소해 버리는 것입니다. 우리가 알아야 할 것은 이러한 잠재의식의 상처 뒤에 마귀가 역사하고 있다는 것입니다. 마귀역사가 성령의 역사에 견디지 못하고 나오는 것입니다. 왜내하면 방언으로 기도하면 성령이 충만한 역사가 일어납니다. 성령의 충만한 역사는 초자연적인 역사입니다. 초자연적인 성령의 역사가 일어나니 성령의 역사보다 약한 모든 것이 떠나가는 것입니다. 그렇기 때문에 마음으로 방언기도를 하면 마음이 건강한 마음이 되고, 치료받은 마음이 된다는 것을 말하고 있는 것입니다. 겉으로는 평안한 것 같습니다. 그래도 위기가 닥쳐오면 바닥에 깔려있는 공포와 좌절, 불안과 절망 등이 우리를 괴롭히고 뛰어 올라오는 것입니다. 이것을 성령으로 청소하지 않으면 안 되는 것입니다. 오늘날 이것을 청소 못하는 사람은 병원에 가서 심리학자에 여러 가지 과거 이야기를 하라고 하면 과거이야기를 하고, 꿈 이야기를 하면 심리학자들이 하나하나 찾아서 해결해 가는 것입니다.

당신은 이런 점이 모르지만 있습니다. 이런 과거에 상처 입은 기억이 있습니다. '이것을 회개하시고 치료 하십시오' 라고 말합니다. 그런데 우리 방언을 말하는 사람은 심리학자를 찾아갈 필요 없이 성령이 우리 속에 들어와서 뽑아내는데요. 성령이 소제해 내 버리기 때문에 우리 마음이 고침을 받고 아주 평안하게 되는 것입니다. 그러므로 방언 기도는 성령께서 우리 마음속에 깊숙이 남아 있는 부정적인 것들을 다 청소해 줍니다. 상처가 없다는 사람은 교만한 사람이고, 거짓말하는 사람입니다.

우리 마음이 다스릴 수 없이 슬퍼지고 비정상적일 때 방언으로 기도하십시오. 그럴 때 성령의 역사로 마귀는 쫓겨나가고 마음속에 있는 모든 쓰레기 더미는 청소되고 우리 마음이 치료를 받을 수 있게 되는 것입니다. 그렇기 때문에 방언을 마귀는 못하게 자꾸 하는 것입니다. 방언기도를 하면 "야, 네가 하는 기도지 성령이 하는 기도가 아니라"고 자꾸 협박을 하는 것입니다. 그 협박을 들어서 넘어가지 마십시오. 방언은 성령이 나를 통해서 하는 것이지 내가 만들어서 하는 것이 아닙니다.

첫째, 기도가 깊어지는 과정

1) 정화의 길: 우리의 심령은 자꾸 오염됩니다. 기도로 끊임없이 정화시켜야 합니다. 성령의 임재로 충만하여 죄 성이 정화, 정돈되는 상태입니다. 처음에는 이것을 잘 느끼지 못하지만 점점 생명력을 얻게 됩니다. 고여 썩은 물에 맑은 물이 졸졸 흘러 들어가듯 차츰 심령이 정화됩니다. 마음의 평안함은 심령이 정화되었음을 의미합니다. 심령이 정화되면, 그것으로 말미암아 혼과 육도

정화됩니다.

2) 조명의 길: 맑아진 곳에는 빛이 비치게 됩니다. 생명이 살 수 있게 됩니다. 지혜가 떠오르게 됩니다. 깨달음이 올라오게 됩니다. 어느 한곳에 밝은 빛이 들어오게 됩니다. 어둠속에서는 잘 볼 수 없습니다. 어둠을 빛인 줄 압니다. 그러나 그 속에 빛이 오면 무엇인가를 느끼게 됩니다. 평안을 느낌은 마음이 영의 활동을 느끼는 것입니다. 여기서 다시 시간이 더 지나면 머리가 맑아짐을 느끼게 됩니다. 빛이 들어온 상태입니다. 몸도 개운해지게 됩니다. 심령이 어두우면, 하나님의 뜻이 들어오지 못합니다. 하나님의 말씀, 하나님의 사랑을 깨닫지 못합니다. 심령에 빛이 들어와야 깊이 볼 수 있고 깊이 생각할 수 있게 됩니다.

3) 일치의 길: 하나님과의 영적인 깊은 교제로 일치를 이루는 단계입니다. 하나님의 성품을 닮아가며, 예수의 마음을 품는 단계입니다. 예수의 제자가 되는 것이며, 하나님을 떠나서는 살 수 없는 것이 실제적으로, 현실적으로 되어버리는 단계입니다. 하나님과 하나 됨을 외면하거나 부인할 수 없게 됩니다. 하나님과의 관계가 바로 이런 깊은 관계가 됩니다. 노력으로 이러한 단계에 이를 수 있습니다.

기도는 우리의 노력이 필요합니다. 부부가 같이 살기만 해서는 행복하지 않습니다. 일치되어야 행복한 것입니다. 점점 하나님과 가까이 가고, 하나가 되고, 하나님 안에서 평강을 누리고, 하나님과 있음으로 행복을 느끼게 되는 단계입니다. 그런 상태에서 내가 원하는 것을 다 얻게 되고, 그분이 원하시는 것을 내가 다 드리는 단계입니다. 이런 단계에서 성령의 도우심을 얻게 됩니다. 누구든 지 노력하면 이런 단계에 오를 수 있습니다.

둘째, 잠재의식을 정화하는 방언기도 비결. 방언기도하며 잠재 의식을 정화하는 기도는 이렇게 합니다. 강력한 성령의 불세례를 받아 영의 통로가 열려야 합니다. 그래야 방언기도를 할 때 성령 의 역사로 잠재의식이 정화되는 것입니다. 잠재의식에 형성되어 있는 견고한 진은 사람의 힘으로 파괴할 수가 없기 때문입니다. 반드시 견고한 진보다 강한 성령의 역사가 일어나야 파괴되기 시 작을 합니다. 호흡을 깊게 들이쉬고 내쉬면서 방언기도를 지속적 으로 합니다. 기도가 깊어져야 성령이 장악하기 때문입니다. 잠시 기도한다고 잠재의식이 정화되지 않습니다. 자신의 전인격이 성 령으로 장악이 될 때까지 오래 동안 마음으로 호흡하며 방언기도 를 해야 합니다. 절대로 습관적이 되지 말아야 합니다. 성령의 이 끌림을 받으면서 오랫동안 기도합니다. 최대한 호흡을 깊게 들이 쉬고 내쉬면서 방언기도를 해야 합니다.

성령이 장악하면 여러 가지 현상이 나타납니다. 나타나는 현상 은 16장에서 설명을 했습니다. 자신도 이해하지 못하는 현상이 나타날 수가 있습니다. 절대로 두려워하거나 포기하지 말고 지속 적으로 해야 합니다. 방언기도를 많이 하여 영의 통로가 열려서 기도가 깊어지는 잠간잠간 기도해도 잠재의식이 치유가 됩니다.

셋째, 기도의 평가

1) 기도는 바른 가, 바르지 못한가로 평가하라. 영적체험이 기준이 아니라, 삶이 평가의 기준이 되어야 합니다. 작은 체험이라도 삶에 연결될 때, 그 기도는 바른 기도입니다. 바른 기도에는 기쁨, 평화, 자유 함, 애통, 거룩한 하나님의 사랑, 치유와 같은 신비한 체험이 따릅니다. 체험 자체가 기도의 목적이 되어서는 안 됩니다. 기도의 평가는 체험이 아니라, 기도가 삶에 영향을 끼치는 것으로 합니다. 기도후의 삶에 변화가 없다면 그 기도는 문제가 있는 것입니다.

2) 기도를 통하여 내가 받은 은혜, 체험이 내 삶에 얼마큼 영향을 주는가, 다른 사람에게 얼마나 영향을 끼치는가? 영적인 것과 현실적인 것은 별개의 것이 아니라, 긴밀한 관계가 있어야 합니다. 영적인 것이 현실적인 것으로 표현되어야 합니다. 영적 세계와 현실세계 두 세계에 우리는 동시에 살고 있어야 합니다.

3) 기도에서의 하나님과의 일치는 삶에서의 하나님과의 일치로 나타나야 합니다. 삶에서 받은 아픔을 하나님께로 들고 가서 치유 받고, 하나님에게서 받은 은혜는 삶으로 들고 가서 적용하는 것입니다. 이것이 바로 기도입니다. 기도 속에서 하나님과 일치되고, 하나님의 은혜와 능력과 성품을 받되, 그것을 들고 와서 세상 사람들에게 나누어주어야 합니다. 그들에게 뿌려주어야 합니다. 그들도 같은 것을 누리도록 도와주어야 합니다.

4) 기도를 통하여 얻은 체험이 겸손, 순결, 단순, 순종, 회개, 정

직, 사랑, 온유 등의 열매로 맺혀져야 합니다. 교만, 독선, 불순종, 시기, 질투, 다툼, 경솔, 미움, 불안이 삶에 나타나면 어떤 신비한 체험이라도 잘못된 체험입니다.

5) 생활, 활동을 기도의 마음으로 살아가야 합니다. 쉬지 말고, 항상 깨어서 영으로 기도해야 합니다.

6) 기도를 통하여 내면의 변화를 향해서, 변화산을 향하여 한걸음, 한걸음 올라가야 합니다. 그리고 다시 내려와서 이웃을 변화시켜야 합니다. 정화의 길에서 조명의 길로, 다시 일치의 길로 계속 걸어가야 합니다. 이것을 위해서 우리는 기도해야 합니다. 깨어 있어야 합니다. 하나님과 하나가 되고, 하나님에게 깊이 묻히는 것을 기뻐하세요. 내면에서 자연스럽게 하나님을 찾으세요. 하나님에게 찾음을 당하세요. 그 수준에까지 이르세요. 그렇게 하여 내가 모르는 생명수를 받아 마셔야 합니다. 축복중의 가장 위대한 축복을 누리세요. 포도나무의 열매는 가지가 나무에 붙어있음으로 가능합니다. 가지처럼 나무이신 하나님에게 붙어있는데 집중하세요. 온 마음과 힘과 뜻과 목숨을 다하여! 그리하면 주님이 우리를 깨끗케 해주시고, 저절로 열매를 맺게 됩니다. 그러면 주님이 더 열심을 내게 됩니다. 그러한 사람에게 집중적으로 더 은혜를 베풀어주십니다. 열매를 맺으려고 우리 모두를 부르신 것이고, 열매를 맺게 하려고 우리에게 은총을 공급해주시려고 애를 쓰시는데, 우리의 마음이 굳어져서 이 은총을 받아들이지 못하고 있는 것입니다. 주님은 이러한 사람에게는 관심이 없으십니다. 대신에

진정 열매를 맺을 수 있는 자들을 뜨겁게 찾으십니다.

그러므로 누구든지 마음을 열고, 영적기도로 마음을 준비하여 이 은총을 받아들일 수 있게 되면 그러한 사람에게 주님은 더 큰 은총을 베푸시게 되는 것입니다. 하나님이 하시는 일을 아는 이들, 그 일을 하려고 하는 이들에게 하나님은 진정 놀라운 은총을 베푸시는 것입니다. 놀라운 축복인 것입니다. 기도를 많이 해서, 달라고 해서 우리를 축복해 주시는 것이 아니라, 하나님에게 쓸모 있는 자가 될 때, 하나님이 축복해 주시는 것입니다.

하나님이 쓰시는 사람에게 하나님께서 축복을 주시는 것입니다. 물질도, 건강도 축복해 주신다. 과실을 맺는 가지를 더 깨끗케 하시는 것입니다. 하나님이 쓰시는 사람, 열매를 맺는 사람에게 더 열매를 맺게 하시려고 하나님이 간섭을 하십니다. 더 좋은 열매를 맺게 하기 위해서 문제가 있으면 하나님의 질책이 올라오게 됩니다. 그래서 처음에는 내가 주님을 찾지만, 일단 주님이 쓰시는 사람이 되면, 주님이 찾아오십니다. 깨끗케 하시고, 양분을 더 주시려고 주님이 몸이 달아서 쫓아오시고, 자꾸 잘해주시고, 자꾸 잘되게 해주시고, 문제 같은 것도 그다지 기도하지 않아도 자꾸 풀어주십니다.

나의 조건을 좋게 해주셔야 내게서 좋은 열매를 맺게 될 것이기 때문입니다. 하나님이 기뻐하시는 열매를 맺음으로 하나님이 나에게 몸이 달게 만들어야 합니다. 하나님께서 나에게 자꾸 더 잘 해주시게 만드세요. 하나님이 나를 기뻐하시고, 나를 더 간섭하시면서, 축복하시고. 나는 더 많은 사람에게 영향을 나누어주는 관계가 되세요.

하나님의 은혜는 많은 사람에게 나누어 주라고 주시는 것입니다. 이런 사람의 환경을 하나님은 정화시키십니다. 깨끗케 하시고, 간섭하시며, 축복하십니다. 내가 정화되지 않으면 내 가정, 내 교회, 내 환경이 정화되지 않습니다. 자신이 정화되어야 합니다. 그리고 성령의 조명을 받으라는 것입니다. 하나님과 일치되려고 하세요. 하나님께서 나를 귀하게 여기십니다. 열매를 맺게 되면 하나님은 너무나 우리를 귀하게 여기시고 축복을 주십니다.

거지처럼 달라고 해서 받으려하지 말고, 하나님이 몸이 달아서 주시게 하세요. 우리가 아쉽지 말고 하나님이 아쉽게 하세요. 달라고 하지 않아도 하나님은 우리에게 필요한 것을 다 아시고 오히려 하나님께서 몸이 달아서 우리에게 필요한 것을 채워주십니다. 우리가 하나님의 마음에 들도록 일만 잘하면 하나님은 얼마나 서비스가 좋으신 분인가! 이것이 바로 하나님의 기적을 체험하는 길입니다. 더 많은 사람에게 은혜, 은총을 나누어 주세요. 더 많은 사람에게 나누어주려는 자세로 사역을 하라는 것입니다. 그런 마음을 가진 자를 하나님은 무한히 축복해주십니다. 나에게 있는 것을 조금도 아끼거나 감추지 않고 나누어주려고 하라는 것입니다.

알아서 가르치려고 하지 말고 체험으로 깨달아서 가르치려고 하라는 것입니다. 그래야 생명력이 있게 됩니다. 그래야 사람들의 마음을 움직이게 됩니다. 머리가 아니라. 내면에서 나오는 것으로 가르치고 나누어 주려고하세요. 그래서 하나님의 애지중지함을 받는 사람이 되세요. 불기둥 구름기둥으로 인도함을 받는 이가 되세요. 다윗은 이처럼 하나님의 마음을 가지고, 하나님을 위해서 늘 마음을 열어놓고, 하나님이 없으면 못사는 사람이었기에 특별한 하나님의 사랑을 받았습니다. 하나님과 일치된 마음을 가지세요. 이제 그 방법은 알게 되었으니, 훈련으로 그렇게 되어야 합니다. 노력해야 합니다.

샛째, 방언기도로 깊은 영적 상태에 들어가라.

1) 정상상태(베타파): 뇌가 정상적으로 활동하는 상태입니다.

2) 휴식, 산책, 음악감상, T.V를 볼 때(알파파): 육신이나 뇌나 약간 쉬는 것입니다. 책을 읽을 때 뇌가 안정된 상태입니다.

3) 수면상태(세타파): 육체는 쉬나, 뇌는 아직도 완전히 쉬지 못하는 상태.

4) 영적상태(델타파): 수면직전의 상태에서, 육신을 평안히 쉬는 상태에 놓고, 뇌는 아직 잠들지 않은 상태에서 마음을 열어줌으로 성령께서 역사하시도록 만들어 놓은 상태입니다. 이러한 상태가 영적상태이며, 이때에 내안에 계신 성령께서 활동을 시작하면서, 잠재의식을 치유하십니다. 수면상태에서도 일종의 치유가 일어나고 있지만, 진정한 잠재의식의 치유는 영적상태에서 일어납니다.

이러한 영적상태는 몸에 힘이 빠져 모든 것이 영에 이끌려 가는 상태입니다. 이성과 육신은 아직은 깨어 있지만, 잠자는 상태처럼 힘을 잃고, 오직 영만 활성화되는 상태입니다. 의식과 몸이 영과 분리된 상태입니다. 의식이 아직 잠들지 않고 있는 상태에서 영적상태로 들어갑니다. 영적상태에서는 의식과 몸은 잠자는 상태와 똑 같으므로 피로회복의 효과는 깊은 수면과 마찬가지입니다. 이런 상태를 자꾸 훈련하면, 밤에 잠을 자면서도 계속 기도하고, 하나님과 교제하게 됩니다. 영적인 상태로 되지 않은 상태에서 수면에 들어가면 안 됩니다. 수면직전상태에서 하나님을 만나고 영적인 것을 정리하는 묵상을 하루 한 시간씩 가지세요. 영적상태에서 하나님을 묵상하면 하나님으로부터 많은 평강, 은총이 임하게 됩니다. 진정 편안함은 육체의 편안이 아니라, 그것을 느끼는 내면의 편안함이 문제입니다. 그러므로 영적상태를 자꾸 훈련함으로 내면에 하나님의 평안을 풍성하게 담으려고 하세요.

자면서 영으로 하는 기도를 훈련하세요. 하나님을 사랑하고 하나님의 사랑을 받고, 앞날을 위해서 기도하세요. 이렇게 되기까지 시간이 걸립니다. 그러나 영적상태의 훈련이 되면 나중에는 서서 눈을 감으면 바로 영적상태가 됩니다. 그리고 눈을 뜨고서도 기도합니다. 소리를 들으면서도 기도합니다. 성경을 보면서도 기도합니다. 마음이 늘 하나님께로 가 있는 기도를 하게 됩니다. 이렇게 하나님께 온전하게 집중하는 상태가 바로 진정한 영적상태입니다. 이런 영적상태에 잠재의식을 정화합니다. 마음으로 방언기도를 하면서 잠재의식을 정화하는 시간을 많이 갖기를 바랍니다.

29장 스스로 치유 받는 방언기도

(눅17:21)"하나님의 나라는 너희 안에 있느니라."

하나님은 매일 우리의 마음의 상처를 치유하며 상처가 무의식에 잠기지 않기를 원합니다. 자기 치유를 위해서 하는 기도는 밖으로 하지 말고, 마음 안으로 해야 합니다. 주님이 가르치시는 기도는 구약 선지자들의 기도처럼 하늘을 향하여 외치고 부르짖는 기도가 아니라, 내 안에 계신 성령 하나님을 향하여 안으로 하는 기도입니다. 그러므로 주님은 골방으로 들어가라고 하시는 것입니다. 즉 내 영혼 안에 계신 하나님을 만나라는 것입니다. 내 영혼 속에 하나님의 임재, 임마누엘의 하나님을 인식하고 만나라는 것입니다.

하나님이 계신 하늘은 바로 나에게 접촉한 곳, 즉 나의 속입니다. 다만 우리의 마음에 계신 하나님을 만나기 위해서는 마음으로부터 문제와 답답함을 분리시켜야 합니다. 우리의 마음에서 어려운 현실이 주는 걱정, 근심, 두려움, 답답함을 씻어내야, 하늘에 계신 하나님, 즉 우리의 마음 안에 계신 하나님을 만나게 되는 것입니다. 그래서 주님은 마음이 청결한 자가 하나님을 볼 것이라고 하시는 것입니다.

깨끗하고 평안한 마음속으로, 하나님이 계신 깊은 속으로 들어가야 합니다. 내 영혼 안에 계신 하나님과 만나고, 연합하고, 도움을 받으면, 그것이 즉 하나님의 손길을 느끼게 되는 것이며, 여기서부터 시작하여 하나님의 손을 잡고 점점 밖으로 나가서 현실 속에, 문제 속에 하나님의 영광, 하나님의 임재, 하나님의 능력을 나타내게 되는 것입니다.

그런데 우리는 멀리, 밖에서부터, 높은 하늘에서부터 하나님을 만나려고 하기 때문에 기도가 어려운 것입니다. 나와 함께 내 안에서 살아가시는 주님을 발견하게 될 때, 내가 주안에, 즉 보좌에 계신 하나님을 발견하게 되는 것입니다. 내 안에 계신 성령 하나님을 만나고 발견하지 못하게 되면 보좌에 계신 하나님도 발견하지 못하게 됩니다. 내 안에 계신 성령 하나님을 만나는 기도를 하지 못하면, 그런 훈련을 받지 못하면 우리가 드리는 예배도 성공하지 못하는 것이요, 삶에서 성공하지 못하는 것입니다. 환경도 열어가지 못합니다.

나는 누구인가, 무엇을 하는 사람인가? 내 안에 하나님을 모시는 사람입니다. 내 안에 살아 계신 하나님을 모시는 것이 바로 살아있는 예배입니다. 내 안에 계신 하나님이 일하실 때, 내가 일하는 것이요, 내 안에 계신 하나님께서 영광을 받으실 때에 나도 덩달아 영광을 받게 되는 것입니다. 이것이 나의 본질입니다. 하나님이 그냥 막연하고 피상적이기만 하면, 나의 삶도 역시 막연하고 피상적입니다. 왜 사는지, 어떻게 사는 지도 모르고 뜬구름 잡다가 끝나고 마는 것입니다.

피상적인 하나님은 피상적인 나의 삶을, 구체적인 하나님은 구체적인 나의 삶을 만드는 것입니다. 피상적인 하나님 체험은 피상적인 나의 삶의 체험이 됩니다. 그러므로 기도를 통하여 내 안에 살아 계신 하나님과 교제하고, 만나고 느끼고, 하나님을 사랑하고 하나님의 사랑을 받으시기 바랍니다. 그런 훈련을 하세요. 사람의 마음은 깊습니다. 깊은 곳에서 성령의 은혜가 올라와야 심령에 상처가 치유되고 하루하루 심령에 상처를 만들지 않고 관리가 가능한 것입니다.

첫째, 자기 치유를 위한 방언기도의 자세. 우리가 세상을 살아가면서 스트레스와 상처를 받지 않고 세상을 살아간다는 것은 거의 불가능합니다. 문제는 나에게 상처가 오면 마음의 무의식에 쌓이게 하는 요인이 있다는 것이 더 문제입니다. 즉, 마음에 평안이 없고 성령의 은혜가 적다는 증거입니다. 먼저 상처가 마음에 쌓이게 하는 원인을 찾아 치유해야합니다.

그래서 상처를 받지 않는 것도 중요하지만, 시시 때때로 오는 상처를 나의 마음에 받아들이지 않고, 그때그때 상처를 해결하는 심령상태를 가지는 것이 더 중요합니다. 이는 마음으로 방언기도를 하여 성령의 임재를 유지하므로 가능합니다. 고로 상처를 치유하는 것도 중요하지만, 내 마음에 상처가 쌓이지 않게 하는 심령관리가 더 중요합니다. 마음으로 방언기도를 할 때 깜짝 깜짝 놀라고, 움직움직하는 것은 상처입니다. 어려서나 언제 놀란 일이 있어 무의식에 심겨있는 것입니다. 반드시 치유를 받아야 합니다.

둘째, 사례별 자기 스스로 치유하는 방법

1) 혼탁한 사람과 대화 후: 세상에 나가 세상 사람들과 대화를 하다가 보면 나도 모르는 사이에 세상 것들이 들어올 수가 있습니다. 성령의 깊은 임재 하에 깊은 호흡을 하면서 마음으로 방언기도를 하여 영의 활동을 강화합니다. 나도 모르게 들어온 세상 것들을 정리하는 것입니다. 우리가 세상 사람들과 대화를 하다가 보면 머리가 무겁고 속이 거북스러울 때가 있습니다. 이는 세상 것이 나에게 들어온 것을 나의 영이 알아차린 것입니다. 이를 그대로 두면 나에게 집을 짓게 되고 나의 영은 무디어지게 됩니다. 성령의 임재 하에 세상 것들을 몰아내고 영을 밝게 해야 합니다. 이는 습관이 되어야 합니다. 집을 짓기 전에 풀어내는 것이 중요합니다. 호흡을 깊게 들이쉬고 내쉬면서 성령의 임재를 요청합니다. 성령의 임재가 충만해지면 아랫배에 손을 얹고 호흡을 깊게 들이쉬고, 내쉬면서 마음으로 방언으로 기도하면 악한 기운들이 성령의 역사로 하품이나 기침이나 재채기를 통하여 떠나갑니다. 머리가 맑아지고 편안해질 때까지 지속적으로 하여 마음을 정화합니다.

2) 길을 가다가 놀랐을 경우: 길은 가다가 차 소리나 기타 등등으로 깜짝 놀랄 경우가 있습니다. 나의 경험으로 보아 이런 일이 있은 후 며칠이 지나면 가슴이 답답해지고 기도가 잘 되지 않는 경우가 있었습니다. 이는 놀랄 때 악한 영이 침입을 한 것입니다. 이를 예방하기 위하여 이렇게 하시기 바랍니다. 호흡을 깊게 들

이쉬고 내쉬면서 마음으로 방언을 하면서 성령의 임재를 요청하는 것입니다. 성령의 임재가 충만해지면 마음으로 명령을 하세요. "내가 놀랄 때 들어온 악한 영은 예수 이름으로 명하노니 떠나갈지어다.""내가 놀랄 때 들어온 악한 영은 예수 이름으로 명하노니 떠나갈지어다." 이렇게 기도하여 마음에 평안이 찾아오면 떠나간 것입니다.

3) 불안이나 두려움이 엄습할 경우: 성령이 역사하면 평안합니다. 자신이 이유 없이 불안하고 두려움이 엄습할 경우는 악한 기운이 나에게 역사하고 있는 것을 성령께서 자신에게 알려주는 것입니다. 이때에는 호흡을 들이쉬고 내쉬면서 방언기도를 하면서 성령의 임재를 요청합니다. 성령의 임재가 충만해지면 마음으로 명령을 하세요. "나를 불안하게 하는 악한 영은 예수 이름으로 명하노니 떠나갈지어다.""나를 불안하게 하는 악한 영은 예수 이름으로 명하노니 떠나갈지어다." 자꾸 방언을 하면서 대적기도를 합니다. 이때 중요한 것은 성령의 임재 하에 부드럽고 가벼운 소리로 명령을 합니다. 악을 쓰면서 떠나라. 떠나라. 하는 기도는 육성이 강하므로 귀신이 떠나가지 않습니다. 성령의 임재 하에 부드러운 영의 소리로 가볍게 명령하면 떠나갑니다.

4) 밤에 잠이 잘 들지 못할 경우: 밤에 잠이 잘 들지 않는 다는 것은 심신의 장애가 있는 것이 분명한 것입니다. 이때에는 이렇게 하세요. 편안하게 눕거나 소파나 안락의자에 앉아서 마음으로 방언기도를 합니다. 양손을 배에 대고 호흡을 들이쉬고 내쉬면서 방

언하며 성령의 임재를 요청합니다. 성령의 임재가 충만해지면 지속적으로 마음으로 방언기도를 합니다. 의식을 아랫배와 마음에 두고 지속적으로 마음의 기도를 합니다. 그러면 잠을 이루지 못하게 하는 악한 기운이 성령의 권능으로 밀려 나갑니다. 그러면서 마음이 평안해집니다. 지속적으로 하다가 보면 잠이 들게 됩니다. 중요한 것은 마음으로 방언기도를 하면서 다른 생각을 하거나 잡념에 빠지면 안 됩니다.

5) 좋지 못한 꿈을 꾼 경우: 많은 분들이 좋지 못한 꿈을 꾸고 영적으로 눌림을 당하는 경우가 있습니다. 꿈에 뱀을 보았다든지, 죽은 사람이 나타나는 꿈을 꿉니다. 이는 성령께서 나에게 좋지 못한 영들이 역사하는 것을 알려주신 것입니다. 이러한 꿈을 꾼 후에 반드시 축귀를 해야 합니다. 나는 이러한 좋지 못한 꿈을 꾼 후 조치를 하지 않고 방치했다가 큰일을 당한 분들을 다수 치유하여 보았습니다. 좋지 못한 꿈을 꾼 다음에 이렇게 해서 축귀해야 합니다. 제일 좋은 것은 꿈속에서 대적 기도하는 것입니다. 만약 그렇게 하지 못했을 경우는 이렇게 해서 귀신을 축귀하세요. 호흡을 들이쉬고 내쉬면서 방언기도를 하면서 성령의 임재를 요청하세요. 성령의 임재가 충만해지면 영상기도로 꿈속에서 보이던 모습을 그리는 것입니다. 꿈속에서 나타난 영상을 보면서 명령을 합니다. 이때 명령하는 음성은 영에서 나오는 음성으로 명령을 합니다. "꿈속에서 나타났던 조상의 악한 영은 예수 이름으로 명하노니 떠나갈지어다." "꿈속에서 뱀의 모습으로 나타났던 귀신은 예

수 이름으로 명하노니 떠나갈지어다.” “꿈속에서 나타났던 조상의 악한 영은 예수 이름으로 명하노니 떠나갈지어다.” “꿈속에서 뱀의 모습으로 나타났던 귀신은 예수 이름으로 명하노니 떠나갈지어다.” 호흡 기도를 지속적으로 하면서 꿈의 모습을 보면서 지속적으로 명령하라.

그러면 하품이나 기침이나 재채기를 통해서 떠나갑니다. 악귀가 떠나가면 머리가 시원해지고 마음에 평화가 임하기도 합니다. 어느 때는 성령께서 마음에 감동하시기를 악한 영이 떠나갔다. 하면서 알려주시기도 합니다. 꼭 좋지 못한 꿈을 꾼 다음에 대적 기도하여 악한 기운을 몰아내는 것을 습관화해야 합니다. 이렇게 하므로 자신의 영을 지킬 수가 있습니다. 그리고 성령님과 인격적인 관계가 될 수가 있습니다.

6) 길을 가다가 아찔한 느낌을 받은 후: 나는 종종 이런 일을 체험합니다. 내가 사는 방배동에는 조그마한 사찰도 있습니다. 무당이 사는 집도 있습니다. 새벽에 기도를 마치고 운동을 하기 위해서 걸어갈 때 사찰이나 무당집을 지나게 됩니다. 그때 갑자기 무엇이 호흡을 통해서 쑥 들어옵니다. 그러면 영락없이 머리가 띵해집니다. 성령으로 충만하여 민감한 나의 영육이 귀신이 들어온 것을 알아차린 것입니다. 내 안에 귀신이 들어왔다는 것입니다. 그러면 나는 이렇게 합니다. 절대로 당황하지 않고 호흡을 들이쉬고 내쉬면서 방언을 합니다. 그리고 야! 더러운 영아 여기가 어디인줄알고 감히 들어왔어 예수이름으로 명하노니 떠나가라. 하면 재

채기가 나오면서 떠나갑니다. 방금 들어온 것이므로 쉽게 잘 떠나갑니다. 어느 때는 명령하지 않고 방언기도만 해도 떠나갔습니다. 좌우지간 나에게 귀신이 들어온 것을 아는 것이 중요하다. 떠나가고 나면 머리가 시원해집니다. 귀신이 떠난 것을 느낌으로 알 수가 있습니다.

7) 방언기도 하는 중에 성령이 감동하실 때: 자신에게 역사하던 귀신이 떠나갈 때가 되면 성령께서 알려주십니다. 방언기도를 하는데 성령께서 너를 괴롭히는 질병의 영을 몰아내라. 이렇게 감동하실 수가 있다는 것입니다. 그러면 성령께서 알려주신 것이므로 쉽게 귀신이 잘 떠나갑니다. 호흡을 들이쉬고 내쉬면서 방언을 합니다. 동시에 성령의 임재를 요청합니다. 성령의 임재가 충만해지면 마음으로 명령을 하세요. "나에게 와서 질병을 일으키고 있는 악한 영은 예수 이름으로 명하노니 떠나갈지어다." "나에게 와서 물질을 손해나게 하는 악한 영은 예수 이름으로 명하노니 떠나갈지어다." 자꾸 호흡을 하면서 대적기도를 합니다. 그러면 어느 때는 아랫배가 아프면서 떠나갑니다. 어느 때는 가슴이 답답해지다가 재채기나 하품을 하므로 떠나갑니다. 좌우지간 귀신은 인격적인 존재이므로 떠날 때 조용하게 떠나가지 않습니다. 분명하게 떠나가는 것을 본인이 느끼게 됩니다.

8) 치유집회를 인도한 후에 자기 정화 작업: 나는 치유집회를 인도하고 반드시 호흡 기도를 하면서 정화작업을 합니다. 요즈음에는 체험이 많고 관리를 잘해서 그런 일이 드물지만 몇 년 전만

하더라도 집회를 끝나고 나면 여러 가지 이해하지 못하는 현상으로 고생을 했습니다. 그러면 나는 이렇게 합니다. 양손을 아랫배에 대고 호흡을 강하게 들이쉬고 내쉬면서 방언기도를 합니다. 상당한 시간동안 이렇게 방언기도를 합니다. 그러면 배가 아프면서 하품을 통하여 사역 간에 들어온 악한 세력들이 떠나갑니다. 그러면 머리가 맑아지면서 기분이 깨어납니다. 가슴도 시원하고 마음도 평안합니다. 거의 한 시간 정도를 하는 편입니다. 왜냐하면 나를 관리하기 위해서 입니다. 이렇게 관리하지 않으면 더러운 것들이 사역 간에 나에게 타고 들어와 집을 짓게 됩니다. 집을 짓기 시작을 하면 여러 가지로 이해하기 힘든 일들이 생깁니다. 졸음이 오기도 하고 기력이 떨어지기도 합니다. 정신이 맑아져서 밤에 잠을 잘 자지 못하기도 합니다.

9) 자신이 방언기도하며 직접 귀신을 축귀하는 비결: 자신에게 이상증세가 나타나면 지나치지 말고 반드시 자기 축귀를 해야 합니다. 자기 축귀는 이런 방법으로 하세요. 호흡을 들이쉬고 내쉬면서 성령의 임재를 요청하세요. 성령의 임재가 충만해지면 영상기도를 하세요. 자신에게 일어나는 상태를 마음의 그림으로 나타나게 하라는 것입니다. 원인을 성령님에게 물어보세요. 원인을 알아야 처방을 할 수 있기 때문입니다. 원인에 따라 회개하거나 용서를 합니다. 만약에 조상이나 자신이 우상을 숭배하여 귀신이 들어온 것이라면 회개해야 합니다. 성령의 임재 가운데 죄를 짓는 모습을 영상으로 보면서 깊은 회개를 해야 합니다. 깊은 회개를

한 후에 그때 들어온 귀신들에게 명령을 하세요. "조상 대대로 내려와 나에게 고통을 주는 악한 영의 줄은 끊어질지어다." "조상이 우상숭배 할 때 들어온 귀신은 예수 이름으로 명하노니 떠나갈지어다." "떠나간 자리에 말씀과 성령으로 채워질지어다." 이렇게 지속적으로 대적기도를 하라. 만약에 다른 사람이 자신에게 상처를 주어 고통을 당한다면 용서를 해야 합니다. 성령의 깊은 임재 하에 상처받는 모습을 보면서 용서합니다. 그리고 명령하세요. "내가 상처받을 때 들어온 귀신은 예수 이름으로 명하노니 떠나갈지어다." 지속적으로 평안이 임할 때까지 해야 합니다.

셋째, 방언기도하며 자기 스스로 치유 받는 간증. 방언으로 기도하며 부부 불화의 영을 스스로 축귀한 간증입니다. 나를 변하게 하신 하나님께 영광을 돌립니다. 마음 깊은 곳의 나도 잘 모르는 응어리 분노의 상처가 미움이란 탈을 쓰고 가까운 남편을 사랑하지 못했습니다. 미움만 주고받아 늘 평안함 보다 부부의 불화가 더 많았습니다. 강요셉목사님이 상처치유를 위하여 안수하실 때 가슴을 뜯어내는 성령의 강하고 깊은 불세례를 체험하였습니다. 생전처음 그렇게 뜨거운 불의 역사를 체험 했습니다. 성령의 불이 임하니 기침을 하면서 분노의 영들이 떠나갔습니다. 손과 발, 사지가 꼬이면서 귀신들이 떠나가는 체험을 했습니다.

괴성을 얼마나 질렀는지 모릅니다. 정말 창피한 줄도 모르고 괴성을 사정없이 질렀습니다. 이것이 다 내 안에 잠재해있는 분노의 상처들일 것입니다. 강 목사님의 강한 치유 안수기도 중 가슴이 뜯기는 아픔과 함께 기침으로 어떤 뭉치 같은 것이 쏟아졌습니다. 그다음부터 내가 스스로 축귀를 했습니다. 목사님이 알려 준대로 호흡을 들이쉬고 내쉬면서 마음으로 방언하며 성령의 임재를 요청하여 성령의 임재가 충만해지면 옛날 상처를 받던 모습을 영상기도를 했습니다. 영상기도를 하면서 회개와 용서를 했습니다. 그러면서 마음으로 명령을 했습니다. 나에게 들어와 혈기를 발하게 하는 귀신은 예수 이름으로 명하노니 떠나가라. 명령을 했습니다. 그러니 막 아랫배가 아프면서 하품이 말도 못하게 나왔습니다. 또 성령께서 분노의 영을 축귀하라고 하셨습니다. 나에게 들어와 분노하게 하는 귀신은 예수 이름으로 명하노니 떠나가라. 명령을 했습니다. 그러니 막 기침이 사정없이 나오면서 귀신들이 떠나갔습니다. 막 속에서 악을 쓰는 소리가 나면서 귀신들이 기침으로 떠나갔습니다. 갑자기 우리 부부관계가 나빠진 것도 귀신의 역사라는 생각이 들었습니다.

그래서 나에게 들어와 부부관계를 파괴하는 귀신은 예수 이름으로 명하노니 떠나가라. 명령을 했습니다. 가슴이 터지듯이 아프더니 재채기를 통하여 귀신이 떠나가는 것입니다. 이렇게 날마다 기도를 하면서 축귀를 하고 나니 남편을 향한 미움이 없어지는 것이였습니다. 차츰 하나님의 사랑이 차면서 다툼도 거의 없으며, 똑같은 상황인데도 전에는 말대꾸하고 마음이 상했는데, 이제는 나도 모르게 속에서 온유의 마음으로 대하게 되니 집안에 다시 평안이 감돌고 있습니다.

　예수님을 믿고 나서 용서와 사랑을 배웠지만 실천이 되지 않아 늘 갈등했는데 성령님의 강한 역사로 귀신들이 떠나간 날부터 남편을 대하는 저의 마음이 눈에 띄게 변해 갔습니다. 확실한 체험으로 몸의 증거를 주시면서 미움을 몰아내니 미워하려야 미워 할 수가 없으니 참으로 신기하고 감사합니다. 이젠 마음이 부들부들한 사람 유들유들한 사람으로 변하게 해달라는 말씀으로 목사님이 기도해 주실 때 그 말씀 붙잡고 몸부림치는 저를 하나님께서 불쌍히 여기사 치료해 주실 줄 믿습니다. 마음이 넉넉해지고 하나님의 사랑이 가득하게 되면 모든 일에 자신감 있고 누구든지 감쌀 수 있는 넉넉한 사람이 되고 싶은 것이 저의 소망이었는데 이제야 이루어지고 있습니다. "예수님의 새 계명 내가 너희를 사랑한 것 같이 너희 도 서로 사랑하라"를 지킬 수 있으니 얼마나 감사한지요, 가장 힘든 가까운 남편을 도구로 사용하신 하나님 내가 얼마나 못됐으면 남편하나 용납하고 섬기지 못하였으니 끝까지 참으시고 나를 훈련시키시고 사랑의 사람이 되기까지 인도하신 하나님께 감사드립니다. 이 사람을 변화시키는 치유 사역을 위해 온몸을 던지신 목사님 사모님께 감사드립니다. 할렐루야! 김은정집사

30장 방언기도의 의문과 숨은 신비

(고전14:2-5)"방언을 말하는 자는 사람에게 하지 아니하고 하나님께 하나니 이는 알아듣는 자가 없고 영으로 비밀을 말함이라. 그러나 예언하는 자는 사람에게 말하여 덕을 세우며 권면하며 위로하는 것이요. 방언을 말하는 자는 자기의 덕을 세우고 예언하는 자는 교회의 덕을 세우나니, 나는 너희가 다 방언 말하기를 원하나 특별히 예언하기를 원하노라 만일 방언을 말하는 자가 통역하여 교회의 덕을 세우지 아니하면 예언하는 자만 못하니라"

방언기도는 첫째로는 나의 영이 하나님께 간구하는 경우, 둘째는 성령, 하나님의 영이 대언하는 경우, 셋째는 중보를 통해서 다른 이를 대신하여 나의 영이 하나님께 기도하는 경우를 체험합니다. 방언 통역의 은사는 타국어 방언이 아닌 영적인 언어들을 통역하는 것을 말하며, 이것은 문법적으로 통역하는 것이 아니라, 영감을 따라 통역하는 것입니다. 방언 통역의 은사를 받은 사람들 중에도 수시로 통역이 가능한 사람들이 있는가 하면, 성령이 충만할 때만 통역이 되는 사람들이 있습니다. 저 같은 경우는 기도 중에 주님께 집중하며 사로잡혔을 때만 통역을 할 수 있으며, 가벼운 기도에는 방언 통역이 잘 되지 않습니다. 그래서 방언 통역은 제 개인의 영적인 유익을 위해서만 사용하고 있습니다.

공적인 사역에서는 아들 다윗을 통해서 주님이 직접 말씀하시기 때문에 특별한 필요성을 느끼지는 않습니다. 20세기에 방언운동이 일어나면서 학자들은 방언을 심리학적으로, 언어학적으로, 신학적으로 분석하기 시작했습니다. 우리는 이러한 분석을 통하여 방언을 보다 다양한 측면에서 보다 깊게 이해하게 되었습니다. 하지만 이러한 분석으로 방언의 신비가 깨진 것은 아닙니다. 방언은 그야말로 성령의 인도하심으로 신자가 신비를 하나님과 말하는 것이기 때문에 언제든지 그 안에는 신비가 있습니다. 우리는 방언을 연구하는 데 있어 마치 해부학 교실에 있는 동물의 시체를 다루듯이 하면 안 됩니다. 방언의 신비를 몸소 체험하면서 그것의 성경적, 신학적, 사회과학적, 자연과학적 방법을 동원하여 그 실체를 파악하여야 할 것입니다.

첫째, 방언기도의 의문점. 이것은 이성의 작용으로 말하는 언어가 아니라, 성령이 신자의 입술을 직접 통제하여 말하게 하는 것이다. 방언을 하면서 우리는 흔히 다음과 같은 방언들이 있는지 질문하고 그 성경적 답변을 기대합니다. 우리 다 같이 방언기도의 의문점에 대하여 질문하고 답변을 해보시기바랍니다.

1) 외국어 방언? 방언은 성령의 직접적인 역사로 배우지 않은 언어로 하는 기도를 지칭합니다. 그런데 이 언어가 실제 외국어일 수 있습니까? 사도행전 2장에 기록된 오순절에 나타난 방언은 실제 외국어인 듯합니다. 제자들이 성령 충만하여 방언으로 말하기

를 시작했고 이것을 각국에서 예루살렘에 예배하러 왔던 사람들이 모국어로 그것을 알아들은 것입니다. 이것이 모국어로 말한 것이든 아니면 단순히 알아들은 것이든 방언이 실제 언어와 상관있었던 것입니다. 그러므로 오순절의 첫 방언은 외국어였다고 할 수 있습니다.

그렇다면 지금 신자가 하는 방언도 외국어일 수 있습니까? 누가와 바울이 기록한 방언이 방언하는 사람 본인이 배우지 않은 말로 말하는 것이기 때문에 그것은 외국어도 될 수 있고, 또 부호와 같이 영으로만 알아듣는 말이 될 수도 있습니다. 바울이 말하는 방언은 그것이 실제 외국어라는 뉘앙스는 적습니다. 어쨌든 현재도 방언이 얼마든지 실재하는 외국어일 수는 있습니다. 문제는 그 외국어를, 방언하는 사람 본인은 모르고 한다는 것입니다.

그러므로 방언하는 사람에게 있어서, 그 언어는 어차피 '방언'이 됩니다. 그래서 아쉽게도 외국어 방언을 하게 된다고 해서 이제 그 언어를 더 이상 습득할 필요가 없게 되는 것은 아닙니다. 그리고 우리가 다른 나라 말을 습득의 과정을 통해서 배운 것은 성경에서 말하는 '방언을 말하는 것'이 아닙니다. 사도행전 2장 4절에서 말하는 방언은 "성령의 충만함을 받고" 성령의 말하게 하심을 따라 방언을 말하게 되는 것입니다.

2) 선교 방언? 만약 어떤 신자가 하는 방언이 실제 외국어라면 그 방언이 모국어인 사람은 그 기도를 알아들을 수 있을 것입니다. 그렇게 되면 어떤 선교지에서 그 지역 언어를 전혀 배우지 않

은 선교사가 이러한 방언을 하면 사람들이 그것을 알아듣고 회개하는 역사가 있지 않겠습니까? 문헌을 보면 실제로 이런 일이 일어난 보도가 많이 발견됩니다.

그렇다면 이것의 성경적 근거는 있습니까? 바울이 소개한 방언을 보면 방언은 기도와 찬양입니다(고전 14:15). 또 누가가 보도한 바에 따르면 방언의 내용은 '하나님의 큰 일'을 드러내는 것이었습니다(행 2:11). 그러므로 어떤 사람이 방언을 할 때 하나님을 찬양하고 '하나님의 큰 일'을 드러내는 것을 보면서 사람들이 회개하는 역사가 있을 수 있을 것입니다.

하지만 모든 방언이 실제 언어라고 생각하여 처음 보는 사람에게 무작정 방언으로 말하여 오히려 대화가 단절되는 것은 삼가야 할 것입니다. 또한 고린도 교회에서 있었던 것과 같이 방언을 일종의 설교로 생각하여, 예배 시간에 아무도 알아듣지 못하는 방언을 통역 없이 사용하는 것도 바울이 금지한 것입니다. 곧 방언은 그것이 외국어일 때 간접적으로 다른 사람을 회개에 이르게 할 수는 있지만, 방언 자체가 설교인 것은 아닙니다. 그러므로 공적 예배에서 통역이 없이 방언으로만 말하는 것은 삼가야 할 것입니다.

3) 대화 방언? 만약 방언이 실제 사용되는 언어라면 방언을 말하는 신자들은 자기도 모르는 사이에 방언으로 대화할 수 있지 않겠습니까? 그런데 사도행전 오순절 기사에서 제자들이 방언을 했지만, 그 언어를 모국어로 하는 사람들과 대화했다는 보도는 없습니다. 바울도 방언을 받고 사람들이 서로 말로 통하게 되었다는

기록은 남기지 않았습니다. 그러므로 방언을 체험하고, 그것을 통해서 언어의 소통이 일어난다는 것은 성경에서 언급하고 있지 않는 것입니다. 그런데 어떤 사람들이 방언을 하는 것을 보면 두 사람이 마치 대화하는 것 같은 느낌을 받게 하는 경우가 있습니다. 이것을 어떻게 설명해야 할까요? 그것은 정확히 말하면 대화라기보다는 듀엣 기도 혹은 듀엣 찬양이라고 해야 할 것 같습니다. 제가 실제로 기도원에 다니면서 기도하던 시절에 산 기도를 하면서 두 명의 여성이 눈을 감고 방언으로 기도하는데, 똑 같은 몸짓과 언어로 하는 것을 목격한 적이 있습니다. 이것이 너무도 신기해서 눈을 뜨고 오랫동안 지켜본 적이 있습니다. 이것은 그야말로 성령의 인도하심으로 두 사람이 듀엣으로 하나님께 기도하는 아름다운 장면이었던 것입니다.

4) 방언 찬양? 우리는 방언으로 기도하는 사람 중에 방언으로 찬양하는 것을 많이 볼 수 있습니다. 그렇다면 이것도 성경적 근거가 있습니까? 물론 있습니다. 바울은 방언으로 기도하는 것과 함께 방언으로 찬양하는 것을 직접적으로 언급하고 있습니다. "내가 영으로 찬송하고 또 마음으로 찬송하리라."(고전 14:15). 여기서 영으로 찬양하는 것이 다름 아닌 방언으로 찬양하는 것입니다. 성령은 방언으로 기도하게 할 뿐만 아니라, 우리가 배우지 않은 언어나 부호로 하나님을 찬양하게 하는 것입니다.

방언으로 찬송을 할 때는 찬송가의 가사 대신 방언으로 찬송을 부릅니다. 이때 조심해야 할 것이 있습니다. 찬송가 가사를 몰라서 혹은 생각이 안나서 방언으로 바꾸어 찬송가를 불렀다면 이건 방언으로 부르는 찬송이 아닙니다. 방언으로 부르는 찬송은 열심히 기도를 하고, 열심히 찬송가를 부르다가 자기도 모르게 가사 대신 방언이 나와야 하는 것입니다. 자신은 지금 우리말 가사로 열심히 찬송을 부르고 있는데, 자기도 모르게 입에서는 방언 가사가 나와야 방언으로 부르는 찬송인 것입니다.

방언 찬송에는 두 가지가 있습니다. 하나는 이미 있는 찬송가 곡조에 방언 가사로 노래하는 것이고, 다른 하나는 그때의 감동에 의해서 방언과 더불어 곡조가 즉흥적으로 만들어져 나오는 경우입니다. 두 가지 중 후자가 더 자연스럽습니다. 사실은 하나님을 찬양하는 음악은 이렇게 해서 생겨났습니다. 하나님께 기도를 드릴 때, 차츰 감정이 격해 오르면 그 드리는 기도 말에 높낮이와 장단과 강약이 붙게 되고, 그것이 조금씩 발전을 해서 하나님을 찬양하는 음악이 된 것입니다. 세상의 모든 음악은 하나님을 찬양하는 음악에서 비롯되었습니다.

5) 애기 방언? 방언하는 사람은 대개 성령이 충만해지면서 방언이 변합니다. 또 한 가지만 아니라 여러 가지의 방언을 하게 됩니다. 이것의 성경적 근거는 있습니까? 물론 있습니다. 바울이 방언의 은사를 소개하면서 한 말이 바로 "각종 방언"(고전 12:10)입니다. 방언은기했습니다. 은사적인 방언 자체가 여러 가지 방언을 지칭하는 것입니다. 그렇다면 방언은 언어습득처럼 발전 단계를 거치는 것인가? 이른바 '애기 방언'을 한 다음, '성인 방언'을 하는

것인가? 우리는 흔히 이런 생각을 하지만, 이것에 대한 성경적 근거는 희박합니다. 방언 자체가 어차피 하나님의 영과 통하는 것이기 때문에 그 언어를 미숙한 것과 발달된 것으로 구별하기 어렵습니다. 그것은 듣는 이의 편에서 그렇게 보이는 것뿐입니다. 또 어떤 방언이 듣기에 더 아름답다고 해서 다른 방언보다 수준이 더 높은 것도 아닙니다. 방언에는 여러 가지가 있고 신자는 방언을 하면서 여러 가지 방언을 하게 되는 것인데, 그 수준을 인간이 가르는 것은 온당치 않은 것입니다.

둘째, 방언기도는 언제 하는 가? 방언은 아무 때나 하고 싶을 때 하면 됩니다. 그러나 특히 방언을 해야 할 때가 있습니다. 다음과 같은 경우입니다.

1) 나도 모르게 입에서 방언이 나올 때. 기도를 하려고 꿇어앉았는데 나도 모르게 입에서 방언이 튀어 나올 때가 있습니다. 또 말씀을 읽다가 감동이 왔을 때, 특히 묵상 중에, 또 우리말로 기도를 하는 중에 방언이 절로 튀어나오는 경우가 있습니다. 그런가 하면 하나님께 무엇인가 간절히 바라고 싶을 때, 혹은 어떤 일로 인하여 심령이 몹시 상했을 때에도 나도 모르게 입에서 방언이 나옵니다. 이럴 때에는 당연히 방언으로 기도를 합니다.

2) 나의 기도 내용을 남에게 숨기고 싶을 때. 기도의 내용에 따라서는 다른 사람이 들어서는 좀 거북한 것도 없지는 않습니다. 그럴 때에는 방언으로 기도하면 됩니다. 기도 전체를 방언으로만

해도 되고, 숨기고 싶은 그 부분만 방언으로 해도 됩니다. 이때에
는 마음속으로는 우리말 기도를 하되 입으로는 방언을 하는 것입
니다. 저는 안수 기도를 해 줄 때에는 방언으로 합니다. 그 사람
앞에서 그 사람을 위한 기도를 할 때에는 아무래도 그 사람 귀에
듣기 좋은 기도 말을 해야 할 때가 있습니다. 그러나 때때로 이것
은 나 자신을 속이는 것이 되고, 그 사람에게는 거짓말을 하는 것
이 됩니다. 그래서 사람이 알아듣지 못하는 방언으로 기도하면 되
는 것입니다.

3) 어떤 기도를 해야 할지를 모를 때. 기도를 하기 위해 꿇어앉
기는 했으나 무엇을 위해 기도를 해야 할지 금방 생각이 안 날 때
가 더러 있습니다. 이럴 때에는 방언이 아주 유용하게 사용됩니
다. 또 기도를 하다가 갑자기 기도 말이 막히는 수가 더러 있습니
다. 이럴 때에도 기도를 끊지 말고 방언으로 이어나가면 됩니다.

4) 나의 모든 것을 하나님께 맡기는 기도를 하고 싶을 때. 방언
기도란 나의 영이 성령의 인도로 하나님께 드리는 기도입니다. 그
리고 나는 그 내 영이 드리는 기도의 내용을 모릅니다. 그러니까
기도의 내용도 모르면서 그것을 나의 기도로 하나님께 드리는 기
도가 바로 방언 기도인 것입니다. 이런 점에서 방언 기도는 나의
모든 것을 하나님께 드리며, 모든 것을 하나님 뜻에 맡기는 기도
입니다. 내 생각으로, 나의 필요에 따라 드리는 기도가 아니라, 모
든 것을 오로지 하나님 뜻에 맡기며 하나님 뜻에 따르겠다는 나의
영의 기도인 것입니다. 그래서 이런 방언 기도를 할 때에는 "지금

내 영이 드리는 모든 기도가 그대로 다 이루어지게 해 주옵소서"
하며, 정말 그렇게 될 것을 마음속에 간절히 바라면서 방언을 해
야 합니다. 내가 방언으로 기도를 드릴 때, 나의 영이 드리는 기도
의 내용을 나는 모릅니다. 그러나 그 기도는 모두 나의 기도로 하
나님 앞에 상달이 되는 것입니다.

방언으로 기도한다는 것은 내 육신이 내가 아니라, 내 영이 나
라는 것을 하나님 앞에 시인하는 것입니다. 방언으로 기도한다는
것은 내 육의 소원이 아닌 내 영의 소원을 위해 기도하는 것입니
다. 그래서 방언은 귀한 것입니다. 방언을 대수롭지 않게 여기는
사람들도 있고, 더러는 방언을 업신여기는 사람들도 있고, 방언을
금하는 교회도 있고, 또 더러는 방언은 옛날(초대교회 시대)에는
있었지만 지금은 없다고 주장하는 사람들도 있습니다. 이러한 주
장을 하는 사람들은 방언의 신비(비밀)가 무엇인지 모르는 사람들
이 하는 소리입니다. 우리는 깊은 영성을 위하여 이런 말을 귀담
아 들을 필요가 없습니다. 의기 소침할 필요도 없습니다.

5) 귀신을 쫓을 때, 병을 고치기 위한 기도를 할 때. 귀신을 쫓
거나 병을 고치기 위한 기도를 하는데 갑자기 방언이 튀어나오는
경우가 종종 있습니다. 이때에는 방언으로 기도를 합니다. 귀신을
쫓거나 병을 고치기 위한 기도를 할 때에는 그 기도에 기도하는
사람의 모든 영력을 집중해야 하는데, 우리말로 기도를 이어나가
기 보다는 방언으로 하는 것이 훨씬 집중이 잘 됩니다.

병을 위한 기도를 할 때, 그 앓는 사람에 대해 또 그 병세에 대

해 잘 모르고 있을 때에도 방언으로 기도를 하는 것이 좋습니다. 방언으로 기도를 하고 있으면 그 사람의 병세가 어느 정도인지 나을 수 있을 것인지, 그 환자의 믿음이 어느 정도인지, 성령께서 알게 해 주십니다.

어떤 사람은 귀신을 쫓을 때, 방언으로 하면 더 큰 능력이 나온다고 말하기도 합니다. 그러나 나의 경험으로는 꼭 그런 것 같지는 않습니다. 귀신이 무서워하는 것은 방언 그 자체가 아니라, 방언으로 기도하며 귀신을 쫓는 사역자의 하나님과 관계와 믿음과 영성을 두려워하는 것입니다.

6) 짧은 시간에 많은 것을 기도드려야 할 때 방언으로 기도한다. 우리말 기도를 드린다면 한 시간, 아니 두 시간도 더 걸릴 긴 기도도 방언으로 드린다면 단 10 분이나 5분 동안에 다 드릴 수 있게 됩니다. 아니, 단 10초 동안에도 다 드릴도 수 있습니다. 방언 기도는 나의 영이 영이신 하나님 아버지께 드리는 기도입니다. 육신을 입고 사는 인간들은 시간의 흐름 속에서만 존재합니다. 그러나 영은 시간을 초월합니다. 따라서 나의 영이 영이신 하나님께 드리는 기도는 시간의 구속을 받지 않습니다. 모든 기도를 한데 묶어서 한 순간에 하나님께 올릴 수가 있는 것입니다. 기도를 많이 하고 방언이 갖는 이런 비밀을 알며 방언에 능숙한 사람은 이런 일을 할 수 있습니다. 방언은 흔히 알고 있는 것보다도 훨씬 유익하고 귀한 은사인 것입니다.

6부 방언기도의 통변과 기도응답

31장 방언통역의 은사를 설명한다면

(고전14:13)"그러므로 방언을 말하는 자는 통역하기를 기도할지니"

하나님은 방언을 말하는 자들은 통역하기를 원하십니다. 통역이 되지 않으면 기도를 돕는 방언으로 밖에 사용할 수가 없습니다. 은사 방언이 되려면 반드시 통역을 해야 합니다. 방언 통역의 은사는 타국어 방언이 아닌 영적인 언어들을 통역하는 것을 말하며, 이것은 문법적으로 통역하는 것이 아니라, 영감을 따라 통역하는 것입니다. 방언기도가 숙달이 되었다면 통역하기를 사모하시기를 바랍니다. 일부 신학자들을 비롯해서 기독교 지도자들이 방언에 대해서 오해하고 있는 부분은 방언통역입니다. 이제는 방언은 교회 안에서 대부분의 성도들이 할 수 있는 보편적인 능력이 되었음은 부인할 수 없습니다. 그럼에도 불구하고 방언기도와 방언의 은사를 제대로 구분하지 못하는 사람들이 많이 있습니다. 방언기도를 한다면 대부분이 다 방언의 은사로 이해합니다. 그러나 모든 사람들이 하는 방언이 모두 방언의 은사는 아님을 이미 설명했습니다. 이는 마치 모든 그리스도인이 병을 고치지만, 다 신유의 은사가 아님과 같습니다. 은사와 권세는 기능의 면에서는 같은 것이지만 다만 전문성의 면에서 차이가 나는 것입니다.

방언통역의 은사에 대해서 사람들이 오해하는 것은 통역이라는 이름 때문일 것입니다. 방언의 은사는 그 앞에 '여러 가지'라는 수식어가 붙어있다는 사실을 간과해서는 안 됩니다. 방언의 은사는 바로 여러 가지 방언을 말할 수 있는 능력(고전 12:10)입니다. 여러 가지 방언이란 상황에 따라서 다른 방언을 하는 것입니다. 그 까닭은 방언 안에는 영의 언어, 성령의 언어, 천사의 언어 등과 같은 다양한 주체의 언어가 포함되어 있으며, 이는 여러 가지 은사를 효과적으로 사용할 수 있기 위해서라는 사실도 설명했습니다.

방언을 통역하는 은사는 바로 이 방언을 설명하는 것입니다. 이해를 정확하게 하기 위해서 고린도 전서 12장 10절의 말씀을 옮겨봅니다. "어떤 사람에게는 여러 가지 방언을 말하는 은사를 주시고, 어떤 사람에게는 그 방언을 통역하는 은사를 주십니다." 여기서 '통역하다'라고 번역한 헬라어는 '헤르메뉴오'(hermenueo)로써 '해석하다' '설명하다' '번역하다' '통역하다'라는 의미를 가지고 있습니다.

고린도전서 12장 30절에서 사용한 단어는 '디에르메뉴오'(diermeneuo)로 '철저하게 설명하다'라는 뜻을 가지고 있으며, 함축적으로 '번역하다'라고 풀이할 수 있습니다. '설명하다'라는 뜻을 가진 '디에르메뉴오'는 고린도전서 12장 30절, 14장 5절, 13절, 27절, 28절 등에 사용되었고, '해석하다'라는 뜻을 가진 '헤르메뉴오'는 고린도전서12장 10절, 고린도전서14장 26절 등에서 사용되었습니다. 방언을 통역한다는 말보다는 해설하다. 또는 설명한다. 라고 번역하는 것이 더 타당할 것입니다. 왜냐하면 방언을 통역하는 것은 우리가 흔히 외국어를 자국어로 통역하는 것과는 전혀 다르기 때문입니다.

우리는 방언을 통역하는 일이 마치 외국어를 통역하듯이 그렇게 하는 것으로 오해하는 까닭이 바로 통역이라는 단어 때문입니다. 우리가 통역이라고 하면 단순히 외국어를 우리가 말로 옮겨놓는 것이라고 생각하기 쉽지만, 통역은 그렇게 간단한 것이 아닙니다. 언어란 그 집단의 문화에서 생겨난 것이기 때문에 문화가 다른 민족의 언어로 통역될 때는 반드시 문화적 차이를 좁히는 통역자의 수고가 따라야 합니다. 특히 소설을 비롯한 문학작품을 번역할 때는 이런 점을 심각하게 고려해야 하기 때문에 번역은 제 2의 창작이라고 표현하는 것입니다.

단순히 외국어를 잘 한다고 해서 훌륭한 번역자가 되는 것은 아닙니다. 번역이 새로운 창작 작업이 되는 까닭은 번역자가 가지고 있는 두 나라 사이에 있는 문화적 차이를 올바르게 설명할 수 있는 다양한 능력이 있어야 하기 때문입니다. 통역은 이처럼 통역하는 사람의 능력에 따라서 다르게 의미가 전달될 수 있는 점을 지니고 있습니다. 통역 자에 따라서 통역의 질이 달라집니다.

말하는 사람의 의도를 제대로 파악하고, 그 의도를 우리말로 정확하게 설명하기 위해서 단어를 선택하는 일에 신경을 써야 하고 때로는 부연설명이 필요합니다. 바울이 선택한 헬라어는 그런 의미에서 '설명하다'라는 뜻을 지니고 있는 것입니다. 특히 '디에르메뉴오'는 철저하게 설명하다라는 의미를 가지고 있습니다. 이 단어를 바울은 고린도전서 12장 10절에서 사용했는데, 여러 가지 방언을 설명하고, 바로 그 방언이라고 적고 있습니다.

그 방언을 철저하게 설명하는 은사를 주시는 것입니다. 여러 가지 방언이란 여러 가지 은사를 적용하기 위한 방언입니다. 즉 쉽게 설명하면 신유의 은사를 위한 방언, 축사를 위한 방언, 예언을 위한 방언, 영을 분별하기 위한 방언, 지식의 말씀 또는 지혜의 말씀으로서의 방언 등과 같은 방언입니다.

이런 방언은 우리들이 매일 하는 그런 방언과는 전혀 다릅니다. 이것이 여러 가지 방언을 말하는 은사입니다. 신유의 능력을 가지고 환자에게 손을 얹어 기도할 때 방언을 말합니다. 이 방언은 설명이 필요합니다. 환자에게나 병을 치유하는 사역자에게나 방언의 의미가 무엇인지를 설명해주는 사람이 있다면 더 많은 유익을 얻을 수 있을 것입니다.

도대체 이 병이 나을 병인지, 무엇 때문에 생긴 병인지를 알지 못한다면 답답합니다. 성경은 자주 환자들과 그 가족들이 병을 고침 받기 위해서 주님께 다가와 병의 원인을 물었을 때 자세하게 설명해주신 기록이 있습니다. 그리고 다음에는 어떻게 해야 할지도 지시하셨습니다. 당신이 이런 조언을 받는다면 더 많은 위로가 될 것입니다.

방언의 기능에는 안위하고 위로하기 위한 것이 있습니다. 그런데 우리는 방언의 내용을 알지 못하기 때문에 방언을 통해서 그런 위로를 경험하지 못합니다. 방언을 통역하는 일은 이와 같은 배경을 설명하는 일입니다. 외국어를 번역하는 일처럼 단순히 문자적으로 그대로 옮기는 통역과는 다른 차원을 가지고 있습니다. 어떤 신학자들은 방언통역을 시험하기 위해서 문자적인 접근을 시도하기도 합니다. 방언 통역의 은사가 있다고 생각하는 사람에게 헬라어를 들려주고 통역하도록 했습니다. 그 경우 모든 통역자는 각각 다르게 통역을 했다고 합니다. 그렇기 때문에 방언 통역을 할 수 있다고 생각하는 사람들은 실제로 통역의 은사를 받지 못했음에도 불구하고 받았다는 착각을 하고 있다고 주장합니다.

이런 시험을 통해서 방언 통역의 은사를 설명하려고 하는 시도는 방언 통역을 외국어 통역처럼 오해한 까닭입니다. 방언을 통역하는 것은 외국어를 통역하는 것과는 전혀 다르다는 사실을 그들은 모르고 있습니다. 그런 까닭은 그 시험을 주도한 사람들이 방언을 통역해본 경험이 전혀 없거나 심지어는 곁에서 본 경험조차도 없기 때문일 것입니다. 단정적으로 설명하면 방언의 은사와 방언 통역의 은사는 전혀 별개로 진행된다는 점입니다.

방언 통역은 방언을 설명하는 또 다른 작업입니다. 방언을 말하는 사람은 자신의 영으로 또는 천사의 영으로 인해서 말하는 것입니다. 자신의 의도로 말하는 것이 아닙니다. 이와 같이 방언을 설명하는 사람 역시 자신의 의도로 설명하는 것이 아니라 천사의 영으로 인해서 설명하는 것입니다. 성경은 이를 '그리스도의 영' 또는 '예언의 영' '대언의 영'이라는 표현을 사용합니다. 요한계시록 19장 10에는 "내가 그 발 앞에 엎드려 경배하려 하니 그가 나더러 말하기를 나는 너와 및 예수의 증거를 받은 네 형제들과 같이 된 종이니 삼가 그리하지 말고 오직 하나님께 경배하라 예수의 증거는 대언의 영이라 하더라"에서 그란 천사를 의미한다는 사실을 여러분들은 잘 알고 있을 것입니다.

개역성경에서 표현한 '대언'이라는 말은 '예언'입니다. 다른 성경은 모두 '예언의 영'이라고 적고 있습니다. 이 부분에 대해서 공동번역은 "예수께서 계시하신 진리야말로 예언자들에게 영감을 주는 것이다"라고 표현함으로써 더 확실하게 설명하고 있습니다. 예언자는 영감을 받아서 예언을 하게 되듯이 방언을 통역하는 사람 즉 다른 사람이 방언하는 것을 설명해주는 사람은 영감을 받지 않으면 불가능합니다. 그러므로 방언을 말하는 사람과 그 방언을 설명하는 사람은 각각 영감을 받아서 행하는 일입니다. 이 두 주체가 동일할 수도 있고 다를 수도 있습니다.

천사를 비롯해서 다양한 영적 주체들은 성령의 통제 아래에서 예수의 영의 소원을 드러내는 것입니다. 예수께서 계시하는 진리를 영들이 우리들에게 전달하는 것입니다. 이 전달 차원이 때로는 방언으로 때로는 예언으로 때로는 꿈과 환상으로 다양하게 나타납니다. 이 모든 것은 부연적인 설명이 필요합니다. 예언은 성경 지식을 통해서 공동체가 분별해야 하는 과정이 필요하고, 꿈과 환상은 이미지를 학습해서 그것을 적용시켜 해석하는 과정이 필요하며, 방언은 그것을 설명해주는 해설가가 필요합니다.

방언을 설명하는 능력은 지식의 말씀과 지혜의 말씀에 깊은 연관이 있습니다. 이는 성령의 감동으로 인해서 이루어지는 것이기 때문에 사람의 능력과는 상관이 없습니다. 그러므로 이는 어떤 시험을 통해서 확인할 수 있는 성질이 아닙니다. 우리가 예수의 증거를 과학을 통해서 밝혀낼 수 없는 것과 같습니다. 이는 믿음에 속한 것이지 과학에 속한 것이 아니기 때문입니다.

설교자는 성경말씀을 해석할 때 자신의 주관에 의해서 하게 됩니다. 주관이란 성령의 감동을 포함합니다. 그런데 같은 본문을 가지고 설교할 때 설교자마다 다르게 설교합니다. 그렇다고 해서 그들의 설교가 잘못되었다고 말할 수 없습니다. 같은 본문을 가지고 설교하는 설교자가 다 같은 설교를 한다면 그것이 잘못일 것입니다. 그것은 설교가 아니라 성경공부가 되기 때문입니다. 설교와 성경공부는 전혀 다른 것입니다. 설교는 성령의 감동으로 인해서 하는 것이므로 달라야 하며, 성경공부는 확립된 진실을 바탕으로 지식체계를 전달하는 것이기 때문에 같아야만 합니다.

방언 통역을 성경공부차원으로 인식한다면 심각한 문제가 있습니다. 성령의 감동은 즉흥적이며 개별적이라는 사실을 이미 설명했습니다. 그러므로 같은 자리에 있는 사람일지라도 성령의 감동을 통해서 전혀 다르게 의식하게 됩니다. 설교자의 설교를 듣는 회중이 다 같은 생각으로 받아들여지지 않고 개별적으로 해석하는 까닭이 여기 있는 것입니다. 한 가지 방언을 통역하는 사람에 따라서 전혀 다르게 나타나는 것은 당연한 결과입니다.

외국어의 통역은 한 사람의 말을 다 같이 통역해야 합니다. 그러나 방언 통역은 통역이 아니라 설명과 해설이기 때문에 해설가마다 다르게 표현합니다. 이는 스포츠에서 같은 경기를 해설자마다 다르게 해설하는 것과 같습니다. 그래서 월드컵 때 우리는 각자가 좋아하는 해설자가 해설하는 방송을 시청했지 않습니까? 방언 통역은 바로 그렇습니다. 통역이 아니라 해설이기 때문입니다. 여러분들은 이제부터 방언 통역이라는 말을 들을 때 통역이라는 말보다는 해설이라고 생각하십시오. 해설자마다 다르게 표현할 수 있다는 사실을 알아야 합니다. 그래서 유명한 설교자와 어설픈 설교자가 차이가 나듯이 방언을 해설하는 것 역시 그렇습니다. 그래서 능력이 있는 예언자와 미숙한 예언자가 있는 것입니다.

하나님으로부터 오는 예언이지만 예언자의 해설을 거쳐서 전달되기 때문에 능력이 있는 예언자와 미숙한 예언자가 있는 것입니다. 이는 다른 은사에서도 마찬가지입니다. 유능한 사람과 미숙한 사람의 차이는 분명히 있습니다. 하나님으로부터 오는 능력이지만 그것은 질그릇과 같은 우리의 몸을 통해서 나타나기 때문에 차이가 생길 수밖에 없습니다. 사도들이 여러 사람이 있었지만 박식한 바울이 가장 많은 성경을 기록하지 않았습니까? 사도들에게도 분명히 차이가 있는 것입니다.

32장 방언 통역을 스스로 숙달하는 원리

(고전14:13-15)"그러므로 방언을 말하는 자는 통역하기를 기도할찌니 내가 만일 방언으로 기도하면 나의 영이 기도하거니와 나의 마음은 열매를 맺히지 못하리라 그러면 어떻게 할꼬 내가 영으로 기도하고 또 마음으로 기도하며 내가 영으로 찬미하고 또 마음으로 찬미하리라"

방언 통역의 은사는 방언기도의 은사가 말이나 노래를 통해 공개적인 자리에서 나타났을 때 회중들로 하여금 그것을 이해시키기 위해 사용됩니다. 치유사역에서는 심령의 비밀을 밝혀냄으로 감추어진 질병의 원인을 찾아내는데 활용됩니다. 성령에 깊이 사로 잡혀 방언 기도하게 되면 자신이 하나님께 간구하는 기도와 성령께서 책망하시거나 권면하시거나 안위하시는 방언을 하고 있다는 것을 느끼게 됩니다. 이러한 기도의 깊은 경지에 도달하면 통변으로 연결되어 성령과의 영적으로 깊은 대화를 나누게 됩니다. 더 나아가 예언으로 이어지기도 합니다. 방언 기도는 나의 영이 기도하는 것이기 때문에 내 마음은 그 기도의 내용을 알지 못하며 따라서 내가 방언으로 기도할 때, 내 마음은 그 기도에 참예하지 못하는 것이 됩니다.

따라서 방언으로 아무리 기도를 많이 해도 마음은 기도의 열매를 맺지 못하는 것입니다. 그러면 어떻게 해야 하나요? 방언으로

만 기도할 것이 아니라, 방언 기도와 우리말 기도를 함께 해야 하는 것입니다. 그리고 그 말하는 방언이 통역되어야 하는 것입니다. 방언은 매우 유익하고 귀한 은사지만, 그것이 통역되어야 비로써 온전한 은사가 됩니다. 방언을 말하고 그것을 통역하지 않으면 방언을 말함으로써 받게 되는 은혜의 절반 밖에는 받지 못하는 것이 되고 맙니다. 그러므로 바울 사도의 말씀처럼 방언을 말하는 자는 통역하는 은사 받기를 애쓰며 기도해야 합니다. 제가 "예언의 은시가 열리는 비결"책에서도 기록을 했지만 방언을 통역하면 예언이 될 수가 있는 것입니다.

첫째, 방언 통역의 분류

1) 내가 하는 방언의 해석: 내가 방언으로 기도하고 있는데, 갑자기 마음이 열리며 그 방언의 뜻이 내 마음에 떠오르게 되고 그래서 내 영이 지금 무엇에 대해 기도하고 있는지를 알게 되는 것입니다.

2) 타인이 하는 방언의 통역: 여기에는 또 두 가지가 있습니다.

① 남이 하는 방언을 듣고 있는데 나도 모르게 그 방언이 통역되어 내귀에 들리게 되는것이나, 내 입 밖으로 말이 나오게 되는 것, 내가 그 방언을 통역하고자 하는 의지가 없이도 통역이 되어 나오며, 그 통역된 우리말이 나도 모르게 내 입 밖으로 나오게 됩니다. 통역이 끝난 뒤에도 내가 뭐라고 통역을 했는지 모를 때가

많습니다. 성령께서 어떤 비밀을 우리들에게 알게 하실 때 이 방법을 사용하십니다. 사람의 입을 통해 방언을 말하게 하시고, 다른 사람의 입을 통해 그 방언을 통역하게 하심으로 그것을 사람들로 알게 하십니다. 이 경우는 남이 하는 방언이 내 마음으로 들어와서 나의 이성(理性)을 거치지 않고, 그대로 입을 통해 통역이 되어 밖으로 나가는 것이기 때문에 그 통역에는 나의 생각이나 주관은 전혀 개입되지 않습니다.

② 남이 하는 방언을 듣고 그 방언을 통역하고자 하는 믿음을 가지고 통역하는 것. 방언기도하는 성도옆에 있는데 방언기도하는내용이 한국말로 들리는 것입니다. 이때, 그 대략적인 뜻만 알게 되는 경우도 있고, 단어 하나하나까지 그대로 다 알게 되는 경우도 있습니다. 내가 의도적으로 통역하고자 하면 그 말하는 방언의 뜻이 일단 나의 마음속에 떠오르고 그것을 내가 우리말로 바꾸어 통역을 하는 것입니다. 남이 하는 방언을 듣고 그 뜻을 내 안에서 해석을 하는 것이기 때문에 자칫 그 통역에는 나의 주관적인 생각이 혼합될 위험이 있고, 때로는 전혀 틀리는 통역을 하게 되는 수도 있는 것입니다. 때로는 그 방언을 통역하려고 생각하고 있지 않은데, 갑자기 마음의 귀가 열리면서, 옆 사람이 하고 있는 방언의 뜻이 내 마음속에 떠오르게 될 때가 있는데, 이럴 때에는 그 통역은 일단 바른 통역이라고 생각해도 됩니다. 그러나 남이 하는 방언을 통역하려고 의도적으로 귀를 기울일 때에는 나의 주

관적인 생각이 통역에 혼합될 위험이 다분히 있습니다. 그러므로 방언을 통역하고자 하는 사람은 늘 깊은 기도를 하며 성령의 충만한 가운데 통역을 하도록 힘써야 합니다.

둘째, 방언 통역을 훈련하여 숙달하는 법. 성령 세례받아 성령의 이끌림을 받은 사람에게는 누구에게나 하나님께서 방언의 은사를 주시는 것처럼, 방언을 받는 사람에게는 어느 정도까지는 방언 통역의 은사도 함께 주시는 것입니다. 저의 체험으로는 방언통역은 성령의 임재 가운데 반복적으로 훈련하면 할 수 있게 되더라는 것입니다. 우리가 바르게 알아야 할 것은 방언 통역을 훈련하여 배운다는 것은 은사 그 자체를 배우는 것은 아닙니다. 방언을 받을 때 함께 받은 그 작은 방언 통역의 은사를 나타나도록 훈련을 통해서 유용하게 사용할 수 있는 은사로 키우는 것입니다.

그렇다면, 그 작은 방언 통역의 은사를 찾아내어 개발하고 훈련하려면 어떻게 해야 하는가? 그 구체적인 방법은 무엇인가? 첫째는 기도입니다. 둘째도 기도입니다. 셋째도 기도입니다. 오직 기도만이 신령한 것을 얻을 수 있습니다. 기도하지 않고는 은사는 오지 않습니다. 기도해야 성령으로 충만할 수가 있기 때문입니다. 특히 예언의 은사와 방언 통역의 은사는 참으로 많은 기도를 쌓아야 합니다. 그래서 성령이 충만한 가운데 있어야 합니다. 방언 통역의 은사는 예언의 은사와 매우 흡사합니다. 둘 다 하나님께서 성령을 통해서 알게 해 주셔야 하기 때문입니다. 그러므로 방언 통역을 하기 위해서는 늘 하나님과 깊은 영적 교제를 유지해야 합니다. 저는 성령을 체험하고 방언으로 기도할 때 방언통역을 하려고 많은 노력을 했습니다. 지금부터 말씀드리는 것은 제가 순수하게 훈련하면서 터득한 내용을 적는 것입니다. 그냥 참고하시라고 적는 것입니다. 이것은 교리로 정립된 것도 아닙니다. 순수하게 제가 체험한 임상을 참고하라고 적는 것이니, 이 내용을 가지고 왈가왈부하는 일이 있어서는 되지 않겠습니다. 다시 한 번 말씀드리면 이는 절대로 저의 사견입니다.

제가 방언을 통역하기 위하여 훈련했던 방법을 요약하면 이렇습니다. 저는 이렇게 생각을 합니다. 아무리 방언을 유창하게 해도 자기가 하고 있는 방언을 통역하지 못하면 방언을 받은 은혜는 반감하고 만다는 것입니다. 방언을 하는 사람은 최소한 자기 자신이 하고 있는 방언 정도는 통역이 되어야 합니다. 그래야 내 영의 상태가 어떠한지, 지금 내 영은 무엇을 원하고 있는지, 내 영의 소원이 무엇인지를 알 수 있는 것입니다.

1) 제 1단계: 우리말 기도와 방언 기도를 교대로 하며 기도를 합니다. 먼저 우리말로 기도를 하고, 이어 방언으로 기도를 합니다. 이때, 가령, "하나님, 방언 통역의 은사를 주시옵소서." 하는 것이었다면 그 간절한 소원을 그대로 마음속에 품고, 그 뜻을 방언 소리에 실어 방언으로 기도하는 것입니다. 그리고 지금 그렇게 말한 방언이 "하나님, 방언 통역의 은사를 주시옵소서."라는 뜻의 방언이라고 생각합니다. 이때에 유의할 것은 내가 지금 말하는 방

언이 정말 그런 뜻의 방언일까? 하고 의심하거나 자신 없어 할 필요는 없습니다. 그냥 그런 뜻이라고 믿고 하면 되는 것입니다. 처음에는 그 뜻이 같지 않을지도 모른다. 그러나 믿고 자꾸 하다보면 차츰 같아지는 것입니다.

또 한 가지는, 기도를 한 구절씩 짧게 끊는 것입니다. 우리말 기도를 길게 끌고, 이어서 방언 기도도 길게 끌지 말고 한 구절씩 짧게, 짧게 끊어 나갑니다. 가령, 주기도문을 예로 든다면, "하늘에 계신 우리 아버지" 하고 끊고, 이어 그 뜻을 마음속에 품고 방언을 하고, 다시 이어서 "이름이 거룩히 여김을 받으시오며"하고 끊고, 이 뜻을 마음속에 품고 방언을 말하고, 이런 식으로 해 나갑니다. 이것이 익숙해지면 조금씩 길게 끊어도 됩니다. 이렇게 우리말과 방언을 교대로 하며 기도를 해 나갑니다. 하루나 이틀 하고 마는 것이 아니라, 꾸준히 인내를 가지고 계속해 해 나가는 것입니다. 방언 통역의 은사를 위해서 별도로 기도를 하기 보다는 평상시에 드리는 기도를 이런 식으로 하면 좋을 것입니다.

2) 제 2단계: 제 2단계에서는 방언으로만 기도를 합니다. 그러나 그냥 소리만 내서 방언을 하는 것이 아니라, 마음속에 간절한 소원을 품고, 그것을 마음속으로 하나님께 아뢰면서 입으로는 방언을 하는 것입니다. 말하자면, 내가 하나님께 드리는 기도를 우리말로 하는 것이 아니라, 방언으로 하는 것입니다. 나의기도 말을 방언으로 바꾸어서 하나님께 드리는 것입니다. 하기가 좀 어려울 것 같지만, 그렇지 않습니다.

묵상 기도 할 때를 생각해 보면 됩니다. 묵상 기도를 할 때에는 성령의 임재 하에 영상을 보면서 마음속으로 기도를 하고 소리는 밖으로 내지 않는 것이 보통입니다. 이런 묵상 기도의 상태에서 입술을 놀려 방언을 말하면 되는 것입니다. 이것이 익숙해지면 내가 우리말로 기도를 하는데도 입에서는 방언이 되어 밖으로 나갑니다. 저는 평소 기도를 할 때, 주로 이런 식으로 기도를 합니다. 옆에서 들으면 방언만 하는 것 같지만, 내 속에서는 우리말로 기도를 하고 있는 것입니다. 이 제 2단계의 훈련이 충분히 되었으면 다음 제 3단계로 넘어갑니다.

3) 제 3단계: 제 3단계는 드디어 내가 하는 방언을 통역하게 되는 단계입니다. 기도를 충분히 해서 성령이 충만한 상태에 있을 때, 방언을 짧게 말하고, 곧 우리 말 기도로 그 방언을 받는다. 제 1단계에서는 우리말로 먼저 기도하고, 그것을 방언으로 받았지만, 여기서는 거꾸로 먼저 방언을 말하고, 이어서 우리말 기도로 받는 것입니다. 이때, 우리 말 기도는 내 뜻대로 내가 미리 정해 놓고 하는 것이 아니라, 내 심령 속에서 자연스럽게 올라오는 대로 성령의 인도를 따라 입에서 나오는 대로 하는 것입니다. 이런 훈련을 하다보면 내가 방언을 말 할 때 내 마음속에 어떤 생각이 떠오르게 될 때가 있는데, 그 떠오르는 생각이 바로 방금 말한 방언의 뜻이라고 생각하는 것입니다. 유의할 것은 이렇게 마음속에 떠오르는 생각이 반드시 모두다, 그 방언의 뜻은 아니라는 점입니다. 그 떠오르는 생각이 때로는 방언의 뜻과는 다른 자신의 생각

일 수도 있는 것입니다. 방언 통역의 은사는 제가 "예언의 달인이 되는 가이드"에서 강조한 바와 같이 예언의 은사와 매우 흡사한 은사입니다.

이 두 은사는 다 하나님께서 우리 심령에게 주시는 영의 언어를 들을 수 있어야 합니다. 잘못 받은 예언이나 거짓 예언이 있는 것처럼, 방언 통역에도 잘못된 통역이나 거짓 통역이 있는 것입니다. 그러므로 방언을 통역할 때에는 나 자신의 생각을 방언의 뜻으로 착각하지 않도록, 나 자신의 생각이 방언 통역에 혼합되지 않도록, 내 속을 완전히 비우고 오직 성령의 충만한 가운데 방언을 통역하도록 힘써야 합니다. 예수를 믿는다는 것은 십자가 밑에서 나 자신을 죽이고 오로지 예수님 안에서 다시 사는 것을 말합니다. 바른 방언 해석을 위해서도 나 자신을 완전히 죽이고 오로지 성령의 음성만을 들어야 하는 것입니다. 지금까지는 내가 하는 방언을 통역하는 방법에 대해 알아보았습니다. 그럼 이번에는 남이 하는 방언을 통역하기 위한 훈련 방법에 대해 알아보기로 합니다.

셋째, 남이 하는 방언 통역하는 법

1) 남이 하는 방언을 많이 들어야 합니다.

2) 여러 사람들이 모여 합심해서 방언으로 기도하는 기회를 많이 가져야 합니다.

3) 신령한 사람들이 방언을 할 때, 옆에서 그 방언 소리를 들으

며 함께 방언을 해야 합니다. 그리고 그들이 하는 방언에 내 마음을 합치시키고, 그들의 영과 나의 영이 하나가 되도록 노력해야 합니다. 이때, 내가 하는 방언을 통역할 때처럼, 내 마음 속에 어떤 생각이 떠오르게 되면, 그것이 그 사람이 하는 방언의 뜻이라고 일단 생각하는 것입니다. 이상과 같은 훈련을 수 없이 반복하다보면, 남이 하는 방언을 듣기만 해도 그 방언의 뜻이 내 속에서 통역되어 나오게 되는 것입니다.

넷째, 방언통역의 참고 사항. 신령한 사람이 하는 방언일수록 그 방언을 통역하기가 쉽습니다. 별로 신령하지 않는 사람이 하는 방언은 통역이 제대로 되지 않거나, 명확한 통역이 되지 않을 때가 많습니다. 가짜 방언, 곧 성령의 감동과 영이 실려 있지 않고, 입술로만 하는 방언은 뜻이 없는 소리일 뿐이기 때문에 통역이 되지 않습니다. 따라서 남이 하는 방언을 통역하는 훈련을 하고자 하는 사람은 신령한 사람들 틈에 끼어 그들과 늘 가까이 하며 함께 기도하며, 그들이 하는 방언부터 통역하기를 시작해야 합니다. 그런 다음 차츰 덜 신령한 사람들이 하는 방언을 듣고 그것을 통역하도록 노력해야 합니다.

다섯째, 방언통역 유의 사항. 사실은 남이 하는 방언의 통역은 아무나 할 수 있는 것이 아닙니다. 방언 통역의 은사를 받은 사람만이 할 수 있는 것입니다. 은사가 없으면 아무리 이런 훈련을 한다고 해도 전혀 통역을 할 수 없습니다. 방언 통역의 은사가 없는 사람들은 방언 통역 그 자체에 관심조차 두지 않는 것이 보통입니다. 따라서 여기에 흥미를 가지고 남이 하는 방언 통역을 위한 훈련을 한 번 해 보겠다고 마음먹고 훈련을 시작하는 사람이라면 다소간의 은사는 있는 것이라고 생각을 해야 합니다.

그가 열심히 기도하며 노력하면 하나님께서는 그 사모함과 열심을 보시고, 그의 작은 은사를 큰 은사로 바꿔 주실 것입니다. 방언 통역의 은사를 제대로 받은 사람은 이런 훈련을 하지 않아도 남이 하는 방언이 그 마음속에서 척척 통역이 되어 나오게 됩니다. 그러나 이런 사람이라도 겸손한 마음을 가지고 훈련을 쌓아야 합니다. 은사는 어느 은사건 그것을 갈고 닦아야 더욱 커지고 온전해지기 때문입니다.

여섯째, 방언 통역 활용법. 왜 방언은 통역되어야 하는가 하는 것에 대해서는 이미 앞에서 말했지만, 여기서는 방언을 통역해서 그것을 실제로 우리의 기도생활이나 신앙생활에 유익하게 활용하는 법에 대해 알아보기로 합시다.

1) 내가 하는 방언 통역의 활용법

① 가끔, 무슨 기도를 해야 할지를 잘 모를 때가 있습니다. 해야 할 기도 제목은 많지만, 그것 말고 뭔가 다른 것, 꼭 기도를 해야 할 다른 기도 제목이 있을 것 같은데, 그게 뭔지 그것을 찾아내고

못하고 있을 때가 가끔 있습니다. 또 계속 기도를 하고 있는데도 심령이 채워지지 않고 마음속에 갈급함이 계속 남아 있을 때도 있습니다. 이것은 나의 영이 기도하기를 원하고 있는데, 내가 그 기도를 하지 못하고 있을 때 이런 일이 일어납니다.

기도를 해도 해도 심령은 계속 갈급해지기만 하는 것은 나의 영이 하고 싶어 하는 기도를 내가 하지 못하고 있기 때문입니다. 나의 영은 간절히 기도하기를 원하고 있는데, 나의 마음은, 나의 지성(知性)은, 나의 영의 소원에 반해서 다른 것만을 위해 기도하고 있을 때 이런 상태가 되는 것입니다. 이럴 때에는 어떻게 하면 좋은가? 방언으로 기도를 하고 그것을 통역합니다. 그런 다음 그 통역된 내용을 기도 제목으로 해서 우리말 기도를 하는 것입니다. 이렇게 하는 기도는 내가 나의 영의 소원을 따라 하는 기도이며, 동시에 참으로 내가 하나님께 드려야 하는 기도, 그러면서도 내가 잊고 있던, 또는 미처 생각지 못해서 드리지 못했던 그런 기도인 것입니다. 나는 방언으로 기도를 하고 그것을 통역해서 노트에 옮겨놓고 그것을 매일 매일의 기도 제목으로 삼습니다. 이렇게 함으로 내가 꼭 해야 하는, 그러면서도 그만 놓치고 있는 기도 제목을 찾아내어 기도할 수가 있는 것입니다.

② 방언은 나의 영이 하나님께 드리는 기도입니다. 그러나 방언에 좀 더 깊이 들어가면 때로는 방언이 하나님께서 나에게 주시는 어떤 계시나 나의 기도에 대한 하나님의 응답이 되기도 합니다. 하나님께서 나에게 주시는 어떤 계시나, 나의 기도에 대한 응답을

나는 모르고 있으나, 나의 영은 그것을 알고 있을 때가 있습니다. 이때, 이 방언을 통역하면 하나님께서 나에게 주시는 계시나 기도에 대한 응답의 내용을 알 수 있는 것입니다. 기도를 하는데 갑자기 입에서 방언이 튀어나왔을 때, 그것을 통역해 보면 그것이 하나님께서 나에게 주시는 계시 혹은 예언인 경우가 많습니다.

방언이란 참 묘한 것이라서, 내 입으로 방언을 말해도 방언만 하고 있으면 그 뜻을 전혀 알 수가 없습니다. 그러나 일단 그것을 통역하려고 마음을 먹으면, 그 순간부터 마음속에 그 방언이 통역이 되어 나오는 것입니다. 우리가 과거의 일을 생각할 때, 과거의 어느 한 시점에서 일어났던 일들을 회상하려고 마음먹으면, 그 순간 그 과거의 일들이 마음속에 꼬리를 물고 영화의 한 장면처럼 떠오르지만, 그 회상을 중지하려고 마음먹으면 순간 마음속의 장면들이 소멸되고 현실로 돌아오는 것처럼, 방언도 그냥 방언만 말하면 무슨 뜻인지 전혀 알 수가 없지만, 그것을 통역하려고 마음먹으면 그 순간부터 그것이 우리말로 변하여 마음속에 떠오르게 되는 것입니다. 그러므로 방언이 뜻하지 않게 입에서 튀어 나왔을 때에는 그냥 넘기지 말고 그것을 통역해 보도록 해야 합니다.

③ 다른 사람을 위해 기도를 하고 있는 중에 갑자기 그 사람에 관해 하나님의 음성이 들려오거나 환상이 보이거나 할 때가 있습니다. 어떤 어려운 일이 생긴 가정을 심방해서 그를 위해 기도를 하면, 음성이나 환상을 통해서, 그 문제가 언제쯤 해결될 것이라든가, 혹은 참고 기다리라든지 하는 성령의 응답이 들려옵니다.

그런데 때로는 그런 응답 대신 기도가 갑자기 방언으로 바뀔 때가 있습니다.

이때 그 방언을 통역해 보면 대개는 그 문제에 대한 해결 방법, 또는 그 문제와 관련된 어떤 일들, 그 문제를 당하고 있는 당사자나 그 가족 또는 그 문제 자체에 대한 어떤 숨겨진 일들에 대한 것들일 때가 많습니다. 말하자면 문제 해결에 도움이 되는 어떤 일들이 그 방언을 통역함으로써 알게 되는 것입니다. 성령께서 그 문제 해결에 도움이 되는 어떤 일들을 나의 영에게 알게 하시고, 나의 영은 방언을 통해 그것을 말하고, 그래서 그 방언을 통역하면 바로 그 문제 해결의 방법이 나오는 것입니다.

한 목사님의 간증을 소개합니다. 삼 형제가 동업으로 작은 기업체를 운영하고 있는 한 가족이 이 목사님의 교회로 옮겨 왔다고 합니다. 그런데 무슨 일 때문인지 형제간에 다툼이 그치질 않았고, 동서 간에도 사이가 아주 나빴다는 것입니다. 목사님은 이 삼 형제 내외를 맏형 집에 모이게 해서 예배를 드리고 이들의 화목을 위해 기도를 했습니다. 한참 기도를 하는데 갑자기 입에서 방언이 쏟아져 나왔습니다. 그 방언을 통역해 보았더니 "아버지, 이들이 서로 속이고 서로 거짓말을 하지 않게 해 주시고 그래서 이들이 예전처럼 화목하게 해 주십시오." 라는 것이었습니다. 기도를 마치고 목사님은 그들을 향해 부드럽게 그러나 단호한 어조로 이렇게 말했습니다. "세 분은 친형제분이 아닙니까. 그런데 어째서 서로 속이고 거짓말을 하고 있는 겁니까."

여섯 사람은 갑자기 눈이 휘둥그레지더니 이윽고 맏형이 큰 소리를 내어 엉엉 울기 시작했습니다. 그러자 둘째도 셋째도 모두가 무릎을 꿇고 바로 앉아 눈물 콧물 흘리며 울음 섞인 목소리로 회개 기도를 하기 시작하는 것이었습니다. 사연을 들어보니, 세 형제가 서로 말 못할 사정이 있어서 회사 돈을 조금씩 유용하게 되었는데, 그것이 계기가 되어 서로를 불신하게 되고, 서로를 미워하게 되고, 서로 속이고, 거짓말을 하며, 계속 회사 돈을 유용해서, 회사가 파산 직전에 이르렀다 것이었습니다. 이들은 회개 기도를 마친 다음 목사님 앞에서 서로 용서하고 화해하고, 다시 옛날처럼 한 마음이 되어 회사를 일으킬 것을 다짐했다고 합니다. 이어 잔칫상이 벌어지고 삼 형제는 이구동성으로 목사님께 물었습니다.

"목사님, 어떻게 그것을 아셨습니까?" "제가 무슨 수로 그것을 알겠습니까. 하나님께서 알게 해 주시니까 알게 되는 거죠." 이 일 이후 이 목사님은 신령한 목사님으로 교인들로부터 많은 신뢰를 받게 되었다는 것입니다. 이처럼 방언 통역의 은사는 예언이나 지식의 말씀의 은사와 함께 남을 권면하고 안위하는데 매우 요긴한 역할을 합니다. 권면하고 안위하는 사람에게는 기본적으로 안위하고 권면하는 은사가 있어야 하지만, 동시에 예언의 은사나 방언 통역의 은사, 지식의 말씀의 은사 중 적어도 하나는 가지고 있어야 합니다. 그래야만 남을 바르게 권면하고 안위할 수가 있는 것입니다.

④ 많은 사람들이 하나님의 응답을 받기 위해 기도를 합니다. 그러나 하나님의 응답을 들을 만한 영력이 있는 사람 말고는 기도를 해서 하나님의 응답을 받는다는 것은 쉬운 일이 아닙니다. 거의 불가능합니다. 또 하나님의 응답(음성)을 들을 수 있는 영력의 소유자라고 해도 확실한 응답, 이것은 틀림없는 하나님의 응답이라고 확신할 수 있는 응답은 받지 못할 때도 많습니다. 특히 이것이냐 저것이냐 하는 양자택일의 응답을 받아야 할 때에는 응답이 안 나오거나 처음에는 이 응답이 왔다가 다시 기도하면 저 응답이 왔다가 해서 애를 먹을 때가 있습니다.

저도 한 때 기도의 응답을 받지 못하고 고민한 적이 있었습니다. 교회를 옮기고 싶은데 과연 옮기는 것이 하나님의 뜻인지, 안 옮기는 것이 하나님의 뜻인지를 알기 위해 기도한 일이 있었습니다. 나는 이 기도를 6개월이나 했습니다. 다른 일에 대해서는 무릎을 꿇고 앉자 입만 벙긋해도 응답이 오는데 이 교회 옮기는 기도에 대해서만은 아무 응답도 오지 않았습니다. 응답을 받기 위해 추운 겨울에 교회에서 철야기도를 얼마나 했는지 모릅니다. 이럴 때, 방언 통역을 할 수 있는 사람이라면 기도의 응답을 방언을 통해 받을 수 있는 것입니다.

당시 저는 방언 통역을 조금은 할 수 있었지만, 방언을 통해 기도의 응답을 받는 법은 모르고 있었습니다. 그런 방법이 있다는 것조차 모르고 있었습니다. 그로부터 훨씬 후에야 방언을 통해 기도의 응답을 받는 방법을 알게 되었습니다. 누구한테 들어서 배운 것은 아닙니다.

체험을 통해 성령께서 그 방법을 알게 해 주셨습니다. 방법은 매우 간단합니다. 응답 받고자 하는 문제를 놓고 열심히 기도를 하다가 방언을 말하고, 그 방언을 통역하면 그것이 곧 그 기도에 대한 응답이 되는 것입니다. 이때 문제가 되는 것은 그 통역이 정확한 것이냐 아니냐 하는 것입니다. 통역이 잘 못 된다면 당연히 틀린 응답이 됩니다. 귀신은 방언을 방해하지 못합니다. 그러나 통역은 방해할 수 있습니다.

그러므로 방언 통역을 통해 기도의 응답을 받고자 하는 사람은 평소 많은 기도를 통해 성령 충만한 상태를 유지해야 하며, 영적으로 깊은 경지에 있어야 합니다. 깊은 영의기도를 쉬지 않고 해서 성령으로 충만한 상태가 되어야 합니다.

2) 남이 하는 방언 통역의 활용법

① 방언을 통역함으로 하나님의 계시를 받을 수 있습니다. 하나님이 어떤 계시를 주실 때, 어느 한 사람의 입을 통해 방언으로 주시고, 그 방언을 다른 사람으로 하여금 통역하게 해서 그것을 사람들에게 알게 하실 때가 있습니다. 쉽게 말해서 하나님께서는 가끔 사람의 방언을 통해 계시를 주시는데, 그러므로 그 계시의 내용을 알기 위해서는 그 방언이 통역되어야 합니다. 이렇게 오는 계시는 대개는 어느 성도의 개인적인 문제나, 교회의 어떤 문제를 놓고, 여럿이 모여 합심 기도를 할 때 흔히 옵니다. 이때 방언

은 말하는 사람은 성령이 충만한 가운데 자신도 모르는 중에 방언을 말하며, 또 그것을 통역을 하는 사람도 성령이 충만해서 성령에 이끌리듯 통역을 하게 되는 것이 보통입니다. 그 받게 되는 계시의 내용은 문제 해결에 도움이 되는 것이거나 그 문제의 원인, 해결 방법, 책망, 명령 등입니다.

② 남이 하는 방언을 듣고 그것을 통역하면 그 사람이 안고 있는 신앙상의 문제점이나 본인도 모르고 있는 영적인 문제점들을 쉽게 찾아낼 수 있습니다. 그래서 그를 위해 올바른 권면을 할 수 있게 됩니다. 방언은 신령한 영계의 문이라고 말했지만, 방언을 말하는 것이 영계를 눈으로 보기만 하는 것이라고 한다면, 방언을 통역하는 것은 그 영계의 소리까지도 듣는 것이라고 할 수가 있을 것 같습니다. 또, 방언을 말하기만 하는 것을 TV 대담 프로의 화면만 보는 것이라고 한다면, 방언 통역을 하는 것은 그 대담 프로의 말소리까지 함께 듣는 것이라고 할 수 가 있을 것입니다. 그러므로 방언을 말하는 사람은 방언 통역하기를 힘써야 합니다. 남이 하는 방언까지는 몰라도 최소한 내가 하는 방언만이라도 통역할 수 있어야 합니다. 다시 말하지만, 방언을 말하기만 하고 통역을 하지 못하는 것은 소리가 안 들리는 TV 대담 프로를 보고 있는 것 같은 것입니다.

일곱째, 방언 통변은사의 사용

1) 통역을 하기 위해서는 '방언'을 말하는 것에 비하여 더욱 큰

믿음이 필요합니다. 방언은 다른 사람이 알아듣지 못하는 것이 보통이나, 통역은 전체 회중들의 교화를 위하여 공개적으로 행하여지며, 그것을 이해하고 분별하는 일이 뒤따르기 때문입니다.

2) '방언'을 말하는 사람은 또한 '통역하기를 '기도 하여야 합니다. 그러나 이는 단지 그 사람 자신에게만 해당되는 말이 아닙니다. 다른 사람들도 방언을 말하는 사람들을 위해 함께 기도해 주어야 합니다.

3) 통역의 은사를 구하여 기도함으로써 그 은사를 받는 체험, 그리고 입을 열어 말을 시작하기도 전에 어떤 다른 사람이, 자기가 하나님께로 부터 받은 것과 똑같은 말씀을 전하는 것을 듣는 체험은 우리에게 하나님의 역사에 대한 확신을 불러 일으켜 주게 됩니다. 우리는 그러한 체험을 통해 성령의 임재와 그 역사하심을 놀랍게도 실감나게 느낄 수 있는 것입니다.

4) 때로는 어떤 사람에게는 통역의 처음 부분이 주어지고, 다른 사람에게는 그것에 이어지는 부분 또는 끝 부분의 말씀이 주어지는 경우도 있습니다. 그러나 이런 경우에는 주의를 필요로 합니다. 왜냐하면 사람들이 서로 통역에 있어 다른 사람들을 '압도' 하려는 유혹에 빠질 가능성이 있기 때문에 한 사람이 통역을 하는 것이 좋습니다(고전14:27).

5) 통역을 할 수 있게 해 주시는 분은 주님이시다. 길이, 단어, 모든 것이 다를 수도 있습니다.

6) 통역을 하는 사람은 일어서서 하는 것이 좋은 것입니다.

7) 또한 '큰 소리로 분명하게' 발음해야 합니다.

8) 긴장함으로 인해 처음에는 통역이 다소 '불분명'할 수도 있습니다.

여덟째, 방언을 통역하는 은사를 받은 간증. 충만한 교회로 인도하여 주신 주님의 사랑과 은혜에 감사드립니다. 3년 전, 계단에서 떨어져 뇌를 다친 후, 다친 곳의 통증과 함께 기억이 끊기곤 했습니다. 그런데 충만한 교회 치유집회에 참석하여 말씀과 성령의 역사에 은혜 받고 목사님의 정성어린 안수기도 후, 통증도 사라지고 기억력도 회복이 되었습니다. 늘 몸의 통증과 알레르기성 비염으로 인하여 약을 복용하고 있었는데, 불안수시 깊은 입신을 통해 성령으로 전인격이 장악이 되면서 말끔하게 치유가 되었습니다.

또한 성령의 이끌림으로 입신에 들어갈 때 성령께서 심장을 붙드시고 온몸으로 피를 강하게 펌프질하여 내보내면서 온몸의 막힌 부분들을 뚫으시는 것을 경험하게 되었습니다. 또한 입신할 때 나의 전신이 목사님께서 명령하는 대로 순종을 하는 것을 경험하게 되었습니다. 이를 통해 목사님의 입술에 권세가 주어져 있음을 체험하게 되었습니다.

그리고 목사님이 하시는 치유사역에 예수님의 인정과 지지가 함께하고 있음을 체험적으로 알게 되었습니다. 또한 안수를 받을 때 세상에서는 도저히 체험할 수 없는 기쁨과 평강과 희락이 넘쳐나고 모든 일에 자신감도 생겨나고 믿음에 믿음이 더하여 지며,

온 가족이 영적으로 하나가 되며, 성령으로 가정이 장악되는 것을 느끼고 있습니다.

고린도후서 5장 17절 "그런즉 누구든지 그리스도 안에 있으면 새로운 피조물이라 이전 것은 지나갔으니 보라 새것이 되었도다"를 날마다 고백하며 지내고 있습니다. 또한 사모님의 예언 기도하실 때 "아멘"으로 받을 때 매임과 문제가 풀어짐을 경험하기도 했습니다. 그런데 중요한 것은 나에게 은사들이 나타나고 있습니다. 어느날 충만한 교회 집회에 참석하여 기도를 하는데 옆에 있는 다른 성도가 방언으로 기도하면 방언기도가 다 통역이 되어 들리는 것입니다. 그래서 강 목사님이 평소에 알려주신 대로 내 방언기도를 통역하니 통력이 되는 것입니다.

또, 다음 시간에 다른 성도 방언을 들었더니 다 통역이 되는 것입니다. 할렐루야! 감사합니다. 그런데 방언을 통역하면 예언이 된다고 했는데 이제 예언의 은사도 나타나 다른 사람을 보면 속에서 예언의 말이 술술 나옵니다. 강 목사님이 평소에 입버릇처럼 하시는 말씀이 우리 교회에 몇 개월만 착실하게 다니면서 은혜 받으면 모두 예언하고 방언을 통역하게 된다는 말이 사실로 밝혀졌습니다. 정말 감사합니다. 하나님! 치유 받고 성령의 은사도 받게 하시니 감사합니다. 이제 담대하게 목회를 할 수 있게 되었습니다. 서울 승리교회 서은혜전도사

33장 방언기도를 하지 못하는 원인

(벧전 3:7)"남편들아 이와 같이 지식을 따라 너희 아내와 동거하고 그를 더 연약한 그릇이요 또 생명의 은혜를 함께 이어받을 자로 알아 귀히 여기라 이는 너희 기도가 막히지 아니하게 하려 함이라 또는 그 아내를 더 연약한 그릇 같이 여겨 지식을 따라 동거하고"

기도하다 보면 때로 기도가 막혀서 잘 되지 않는 것을 경험하였을 것입니다. 사람은 누구나 감정적인 기복이 있기 마련이어서 어느 날은 기도가 잘 되지만 어떤 날은 기도가 힘들고 막혀서 답답할 때가 있습니다. 이렇게 단순이 신체적인 변화 사이클에 의해서 기도가 영향을 받는 것과는 달리 매우 심각할 정도로 기도가 막히는 경우가 있습니다. 기도가 제대로 되지 않고 힘이 들고 답답하며 때로는 한 마디의 말도 할 수 없을 정도로 기분이 가라앉고 마음속이 눌리는 느낌을 받습니다. 기도하려고 하면 할수록 더욱 기도가 안 되고 답답하기만 합니다. 그래서 결국은 기도를 포기하고 맙니다. 이렇게 되면 그 다음의 기도에도 역시 마찬가지로 힘이 들게 되며, 이런 날이 계속 되다 보면 마침내 깊은 영적 침체에 빠지기도 합니다. 이렇게 기도가 막히는 이유가 무엇일까요? 기도가 막히는 원인은 사람에 따라서 다양하지만 보편적으로 겪는 이유는 크게 세 가지로 생각해 볼 수 있습니다.

첫째, 하나님에게 범죄를 하였거나 불순종하고 있는 경우로서 마음의 문을 열지 않을 때

둘째, 환경에 문제가 있을 때,

셋째, 중보기도로 이끌 시점에 이른 경우,

넷째, 말하는 기도에서 듣는 기도로 변화하여야 하는 경우 등입니다.

첫째, 하나님에게 범죄를 하였거나 불순종하고 있는 경우로서 마음의 문을 열지 않을 때. 기도를 하려면 마음을 열고 소리를 내면서 하나님을찾아야 합니다. 하나님께 불순종을 하면 하나님은 그 사람의 기도를 듣지 않게 됩니다. 하나님이 외면하시면 우리의 영은 이 사실을 알게 됩니다. 이렇게 되면 영이 심하게 위축을 당하게 되고 이것이 우리 몸으로 나타나는 것이지요. 범죄와 불순종을 하게 되면 영적으로 성숙하지 못한 사람의 경우에 자신의 영보다는 양심이 위축을 당합니다. 양심에 거리낌이 생기고 그것이 부담이 되어 일시적으로 기도하는 것이 걸리게 되어 기도가 제대로 이루어지지 않는 것입니다.

족제비도 낮이 있다고 하는 말처럼, 보편적인 사람에게 양심은 범죄 함과 불순종에 대한 경고를 알리는 수단입니다. 아직 영적으로 거듭나지 못했거나 영이 성숙하지 못한 사람의 경우 성령님은 양심을 이용하여 말씀하십니다. 양심의 소리는 모든 사람에게 가장 유효한 하나님의 음성입니다. 영적으로 성숙한 사람은 이런 변

화를 바로 영이 느끼고 우리 몸에 그 신호를 보냅니다. 영이 보내는 신호는 일체의 영적인 일이 위축되거나 거부되는 것이지요. 영의 일이 범죄 함으로 인해서 자유 함을 잃게 되는 것입니다.

우리는 하나님이 우리 죄를 용서하신 결과로 영의 자유 함을 얻습니다. 이 말은 우리 영이 자신의 몸에서 마음대로 활동할 수 있는 권리를 회복한다는 것을 의미합니다. 우리 영이 자유로워지면 우리 몸에서 여러 가지 영적인 현상들이 나타나게 되는 것입니다. 전에 자유하지 못했을 때 전혀 알지 못하고 경험하지 못했던 것들을 보고 듣고 느끼게 되는 것입니다. 우리는 죄사 함을 받고 거듭나는 순간부터 다양한 영적 경험들을 할 수 있는 자격을 얻게 되는 것입니다. 그런데 우리는 다시 죄를 짓고 불순종의 늪에 빠지게 됩니다. 이렇게 되면 우리의 영은 다시 자유 함을 잃거나 활동이 위축되어 하나님의 은혜에서 멀어지게 되는 것입니다. 그러므로 우리는 항상 정기적으로 우리의 죄를 살피고 회개하며 순종하는 삶을 살아야 하는 것입니다.

죄가 제때에 처리되지 않으면 이 죄는 다음 죄로 인해서 우리 의식의 밑으로 가라앉게 됩니다. 이런 죄는 표면에 나타나지 않기 때문에 회개할 기회를 좀처럼 얻기 어렵고 우리의 기억에서 사라지게 됩니다. 그러나 고백하지 않은 죄는 결코 사라지지 않으며 이런 죄를 마귀가 이용하여 그 사람을 괴롭힐 수 있는 발판으로 삼게 되는 것입니다. 죄와 불순종으로 인해서 기도가 막히기 때문에 우리는 즉시 그 죄를 기억하고 회개해야 하는 것입니다. 그 죄가 우리 의식의 밑으로 가라앉아 집을 짓기 전에 처리하게 하시려고 성령님은 여러 가지로 우리에게 신호를 보내십니다. 그 중 한 방법이 기도가 막히게 하는 것입니다. 그러므로 방언기도를 하려면 주여! 주여! 하면서 하나님을 찾으면서 성령의 인도따라 회개하고, 마음을 열고 소리내어 부르짖어야 합니다.

둘째, 환경에 문제가 있을 때

1) 내 능력으로 기도 하려고 하기 때문입니다. 고린도후서 4장 4절에 보면 "이 세상 신이 믿지 아니하는 자들의 마음을 혼미하게 하여 그리스도의 영광의 복음의 광채가 비취지 못하게 함이니 그리스도는 하나님의 형상이니라."고 하였습니다. 혼미한 나의 마음의 원인은 악한 영적 존재입니다. 혼미하게 하는 악한 영을 물리쳐야 합니다. 성령의 임재를 요청하고 악 영을 쫓아내야 합니다. 기도는 내 힘으로 할 수 없습니다. 진정한 기도에 들어가고자 한다면 성령님께 부르짖어 기도의영 받아야 합니다.

2) 막힌 것이 제거 되지 않았기 때문에 기도가 막힙니다. 기도의 깊이가 있지 않은 일반적인 그리스도인은 큰 소리로 통성기도 하는 사람을 보면서 망측하게 생각합니다. 점잖게 조용히 기도해도 하나님이 들으시는 데, 하나님이 귀머거리냐 왜 저렇게 소리내고 이상한 소리를 내서 기도를 하느냐?" 하면서 못 마땅하게 생각합니다. 하지만 그건 아직 진정한 내면의 기도에 들어가지 못한

이들의 단편적인 생각입니다. 기도는 자기혼자 생각을 품고 소원을 말한다고 기도가 되는 것이 아닙니다. 기도는 주님과의 관계가 열려 영적 교통이 되어야, 기도가 되는 것입니다. 주님과의 교통이 이루어지려면 내 안의 막힌 것이 제거 되어야 합니다.

① 자아로 인해 막힌 것이 제거 되어야 합니다. 나의 기도의 방법을 고집하고 문화적 습관을 쫓는 다던가, 형식에 매인다던가 하는 일련의 외식 적이고, 정신적이고 학문적인 아집을 벗어나야 합니다.

② 염려로 인해 막힌 것을 제거해야 합니다. 고린도 전서 8장 2절에 보면 "아무것도 염려하지 말고 오직 모든 일에 기도와 간구로 너희 구 할 것을 감사함으로 하나님께 아뢰라." 했습니다.

③ 마음의 상처로 인해 막힌 것을 제거해야 합니다. 사람과의 관계에서 상처가 생길 수 있습니다. 분노, 미움, 혈기, 불안 등 감정이 손상되어 있다면 영적 생활에 치명적입니다. 특히 부부간의 불화는 기도가 막히게 하는 제일로 큰 요소가 됩니다. 그러므로 부부간에 화목해야 깊은 기도로 나갈 수가 있습니다.

3) 기도를 배우지 않았기 때문입니다. 기도는 배워야 합니다. 예수님은 주기도문을 가르쳐 주시면서 이렇게 기도하라고 하셨습니다. 주님이 원하시는 기도를 해야 합니다. 그러려면 기도의 내용이 바뀌어야 합니다. 역대하 1장 11절로 12절에 보면"하나님이 솔로몬에게 이르시되 이런 마음이 네게 있어서 부나 재물이나 영

광이나 원수의 생명 멸하기를 구하지 아니하며 장수도 구하지 아니하고 오직 내가 네게 다스리게 한 내 백성을 재판하기 위하여 지혜와 지식을 구하였으니"라고 하셨습니다. 이 말씀은 솔로몬의 기도는 달랐다는 것입니다. 기도는 하나님의 뜻을 알고 거기에 자신을 맞추는 것입니다. 성령님께 의지하고 하나님의 선하심을 확신해야 합니다. 좋으신 하나님께 자신을 맞추어나가야 기도가 열립니다.

셋째, 생각할 수 있는 것이 중보기도로 나가게 하기 위해서. 중보기도는 다른 사람을 위해서 기도하는 것이라는 사실은 다 알고 있습니다. 그런데 일반적으로 중보기도는 자신이 알고 있는 것들을 하나님에게 아뢰는 것입니다. 중보기도 대상인 사람이 가지고 있는 문제나 소원을 하나님에게 아뢰는 것은 일반적인 수준의 중보기도입니다. 이런 기도는 초보적인 수준인데 몇 마디하고 나면 할 말이 없는 것이 보통입니다. 별로 깊은 관계가 아닌 사람에 대해서는 아는 것이 많지 않기 때문에 형식적인 중보가 될 수 있습니다.

이런 중보에서 보다 깊은 내용을 다루기 위해서는 예언적 중보기도를 해야 합니다. 성령님이 주시는 정보를 가지고 하나님에게 아뢰는 것입니다. 예언적 중보에는 방언이 있습니다. 방언을 통해서 우리가 알지 못하는 것들에 대해서 중보하게 됩니다. 이런 경우 그 사람의 속사정은 그 사람의 영만이 알기 때문에 우리의 영이 성령의 도우심을 받아 그 사람의 영과 접촉하게 되는 것입니다. 이는 마치 인터넷을 통해서 다른 사람의 서버에 접속하는 것과 같습니다. 서버에 접속하기 위해서는 아이디와 비밀번호를 알아야 하듯이 우리의 영이 다른 사람의 영에 접속하기 위해서는 성령의 매개가 있어야 하는 것입니다. 불법으로 접속하는 것을 우리는 해킹이라고 하듯이 불법으로 접속하는 것은 마귀가 하는 짓입니다.

성령님은 합법적으로 상대방의 영에 접속할 수 있도록 우리의 영을 인도하십니다. 이렇게 접속하면 그 사람의 내용을 알게 되는 것이지요. 성숙하지 못한 일반적인 사람들의 중보기도에 주님은 방언을 사용하시는 것입니다. 방언은 방언을 말하는 사람조차 그 의미를 알지 못하지만 성령님은 우리의 깊은 곳까지 아시고 우리를 위해서 대신 간구하시는 것입니다. 우리의 입을 통해서 다른 사람의 사정을 대신 간구하게 하심으로써 그리스도 공동체가 유기적으로 한 몸이 되게 하는 것입니다.

방언이 중보기도가 될 때 그 방언은 평소의 방언과 다른 느낌을 받게 됩니다. 갑자기 힘이 들어가고 방언이 유창해지면서 아주 쉽게 할 수 있게 됩니다. 때로는 간간히 통역도 되기도 합니다. 방언이 무언가 색다른 내용을 가지고 있다는 느낌을 받게 됩니다.

기도하는 사람이 영적으로 성숙한 경우이거나 예언의 은사를 받아 예언자로 세워지기 위해서 훈련에 들어간 사람에게는 예언적 중보기도는 필수 과정이고 이런 사람에 대해서는 성령님은 그 내용을 부분적으로 알게 하십니다. 이것이 지식의 말씀인데 기도하는 사람이 타인의 영에 접속해서 그 사람의 속사정을 알게 되는 것입니다. 성숙한 예언자는 타인의 매우 은밀한 비밀까지 알게 되며, 그 사람이 알지 못하는 것까지 알게 되어 이것을 회개하도록 촉구하고 도와 영적 회복을 이루도록 돕게 되는 것입니다. 이 과정에서 초보 예언자는 말씀을 지키는 시험을 거치게 됩니다. 예언자에게 가장 힘든 것은 비밀을 유지해야 한다는 것입니다. 전문 사역자는 타인의 비밀을 당사자의 허락이 없이 공개하는 것을 금해야 합니다. 공공의 유익을 위해서 공개할 때는 반드시 익명으로 해야 하는 것입니다. 비밀을 간직하는 것이 의무이며 책임입니다. 비밀을 공개해서 그 사람에게 피해를 끼치게 되면 그 사역자의 능력은 그만큼 적어지게 됩니다.

예언적 중보기도를 위해서는 성령님이 이끄는 대로 기도하는 법을 배워야 합니다. 자신이 평소 기도해 주는 사람이 여러 명 있지만, 성령님은 오늘 어떤 한 사람만을 위해서 집중으로 기도하기를 원한다면 그 사람만을 위해서 기도해야 하는 것입니다. 그리고 성령님이 주시는 기도 내용으로 기도해야 하는 것입니다. 이렇게 기도할 단계에 이르렀음에도 불구하고 자신이 이제까지 육적으로 기도했던 습관을 따라 계속 그런 기도를 하려고 하면 성령님은 그 사람의 기도를 가로막게 되는 것입니다.

넷째, 듣는 기도가 있습니다. 기도가 막히면 이는 이제까지 행했던 자신의 기도 형태를 변화시키기 위한 성령님의 의도가 있는 것입니다. 듣는 기도는 성숙한 그리스도인이면 누구나 해야 하는 아주 일반적인 기도입니다. 그럼에도 불구하고 듣는 기도가 익숙하지 못한 사람이 많은 것은 훈련을 받지 않았기 때문입니다. 말하는 기도는 누구나 할 수 있습니다. 말하는 것은 어려서부터 해 온 것이기 때문입니다. 그런데 듣는 것은 새로 배워야 하는 것입니다. 듣기 위해서 전제되는 것이 기다림입니다. 기다리게 하기 위해서 성령님은 우리의 기도를 막는 것입니다. 그 기다림은 오래 가지 않습니다. 불과 몇 분 정도면 되는 것을 우리는 기다리지 못하고 말하려고 합니다. 말하는 기도에 너무 익숙해져서 눈감고 기다리는 몇 분의 시간이 길게 느껴지는 것입니다.

조금만 기다리면 생각이 머리 속에 들어옵니다. 물론 자신의 생각이나 마귀의 생각이 들어오기도 합니다. 이것을 어떻게 구분해야 하는지는 분별의 문제이므로 여기서는 다루지 않습니다. 듣는 기도는 우리의 의무적인 기도의 패턴이며 이 기도를 할 수 있어야 비로소 주님과의 친밀함을 만들 수 있고 주님이 원하는 삶을 살 수 있는 것입니다. 듣는 기도를 통해서 우리는 비로소 주님이 원하시는 삶으로 만들어져 가고 주님에게 올바르게 헌신할 수 있게 되는 것입니다. 이상의 세 가지 영역의 변화를 위해서 주님은 우리의 기도를 막고 돌아보게 하시는 것입니다. 기도가 막히고 답답하다면 무작정 방황하지 말고 이런 부분을 깊이 점검하여 바른 방향으로 나아가 승리하기 바랍니다.

34장 방언기도와 기도 응답 형태

(행 2:1-4)"오순절 날이 이미 이르매 그들이 다같이 한 곳에 모였더니, 홀연히 하늘로부터 급하고 강한 바람 같은 소리가 있어 그들이 앉은 온 집에 가득하며, 마치 불의 혀처럼 갈라지는 것들이 그들에게 보여 각 사람 위에 하나씩 임하여 있더니, 그들이 다 성령의 충만함을 받고 성령이 말하게 하심을 따라 다른 언어들로 말하기를 시작하니라"

방언 기도는 응답받는 기도입니다. 그동안 방언의 은사에 대해서 단편적으로 또는 종합적으로 빠짐없이 방언의 은사에 대해서 전하려고 합니다. 앞에서 방언의 유익, 방언이 어떤 점에서 유익한지를 상세하게 설명을 드렸습니다. 그 유익된 점 중에 하나가 방언 기도는 100%응답된다. 방언 기도는 100%응답된다. 이런 말씀을 드렸는데 성경적 근거를 통해서 왜 방언기도는 100%응답되는지 그 부분만 집중적으로 살펴보도록 하겠습니다. 먼저 사도행전 2장 4절을 살펴보겠습니다.

(사도행전 2:4)"그들이 다 성령의 충만함을 받고 성령이 말하게 하심을 따라 다른 언어들로 말하기를 시작하니라"

〈표준새번역〉"그들은 모두 성령으로 충만해서, 성령이 시키는 대로 각각 다른 방언으로 말하기 시작하였다."

〈우리말성경〉"그러자 모두 성령으로 충만함을 받고 성령께서 그들에게 말하게 하심을 따라 그들이 다른 방언으로 말하기 시작했습니다."

오순절 날 120명의 제자들이 마가 다락방에서 기도를 했는데 기도 중에 하늘로 부터 바람과 같은 소리가 있어서 온 집에 가득했고 또 불의 혀처럼 갈라지는 것들이 각 사람 위에 하나씩 임하여 있었습니다. 불의 혀처럼 갈라지는 것들이 각 사람 위에 임하여 있었는데 그때 성령께서 각 사람에게 충만히 임하셨던 것입니다. 불의 혀처럼 갈라지는 것이 각 사람 위에 있었는데 그로 인해서 거기 있던 모든 제자들이 성령의 충만함을 받고 성령이 말하게 하심을 따라 다른 언어들로 말하기를 시작하니라. 이렇게 표현되어 있습니다. 그들이 성령 충만함을 받았는데 그들이 말한 것이 아니라 "성령이 말하게 하심을 따라 다른 언어들로 말하기를 시작하니라"고 되어 있습니다.

다시 말하면 방언은 성령님이 시키시는 대로 하는 것입니다. 표준새번역을 보면 그들은 모두 성령으로 충만해서, 성령이 시키는 대로 각각 다른 방언으로 말하기 시작하였다. 우리말 성경에는 그러자 모두 성령으로 충만함을 받고 성령께서 그들에게 말하게 하심을 따라 그들이 다른 방언으로 말하기 시작했습니다. 이 성경구절에서 방언의 중요한 원리가 나옵니다.

첫번째 방언은 사람이 노력해서 되는 것이 아니라는 것입니다. 성령이 충만함을 받았을 때 성령님께서 각 사람에게 임하셔서 성령님께서 그 사람의 입술을 통해서 말씀을 하시는 것입니다. 성령님께서 그 사람의 입술을 통해서 각각 다른 나라방언으로 말하게 하시는 것입니다. 그래서 사도행전 2장 4절만 보더라도 방언은 사람이 의식적으로 하는 것이라든지 배워서 하는 그런 차원이 아니라, 자기가 배우지도 못하고 듣지도 보지도 못한 언어를 기도 중 성령이 충만함 속에서 그 사람 속에서 성령님께서 그 사람 입술을 주장해서 방언을 말하게 하신다는 것입니다.

사도행전 19장에 보면 바울이 에베소에서 전도할 때 어떤 일이 일어났나요? 읽어보겠습니다. "아볼로가 고린도에 있을 때에 바울이 윗지방으로 다녀 에베소에 와서 어떤 제자들을 만나 이르되 너희가 믿을 때에 성령을 받았느냐 이르되 아니라 우리는 성령이 계심도 듣지 못하였노라. 바울이 이르되 그러면 너희가 무슨 세례를 받았느냐 대답하되 요한의 세례니라. 바울이 이르되 요한이 회개의 세례를 베풀며 백성에게 말하되 내 뒤에 오시는 이를 믿으라 하였으니 이는 곧 예수라 하거늘 그들이 듣고 주 예수의 이름으로 세례를 받으니 바울이 그들에게 안수하매 성령이 그들에게 임하시므로 방언도 하고 예언도 하니"

에베소에 있었던 제자들은 예수님을 믿었지만, 성령님이 계심도 듣지 못한 상태였습니다. 그래서 바울이 "그럼 너희는 무슨 세례를 받았느냐?" 라고 물을 때 요한의 세례를 받았다. 물로 베푸는 세례를 받았다고 그들이 말했습니다. 그래서 바울이 에베소 성도들이 아직 성령님에 대해 모른다는 것을 알고 바울이 그들에게 안수를 했습니다. 사도행전 19장 6절에 보면 "바울이 그들에게 안수하매 성령이 그들에게 임하시므로 방언도 하고 예언도 하니"이렇게 되어 있습니다. 여기에서도 보면 에베소 교인들이 요한의 세례. 물로 베푼 세례를 받았는데 성령이 계시는 줄도 몰랐고 성령세례가 무엇인지도 몰랐습니다. 그때 바울이 그들에게 안수를 했을 때 성령님께서 그들에게 임하셨습니다.

"성령님께서 그들에게 임하시므로 방언도 하고 예언도 하니"라고 말씀하고 있습니다. 성령님께서 그들에게 오시기 전에는 방언이나 예언을 할 수 없었다는 것입니다. 아까 말씀드렸던 사도행전 2장 4절하고 지금 말씀드린 사도행전 19장 6절 두 군데만 보더라도 방언은 뭐냐 성령님께서 임하셔야 할 수 있는 언어다. 사람의 언어가 아니다. 영의 언어다. 이렇게 정의내릴 수 있습니다.

표준 새 번역을 보면 "그리고 바울이 그들의 머리 위에 손을 얹으니, 성령이 그들에게 내리셨다. 그래서 그들은 방언으로 말하고 예언을 하였는데"이렇게 되어 있습니다. 분명히 바울이 성령 충만한 상태에서 그들에게 안수하니까 바울 속에 계시던 성령께서 그들에게도 임하셨습니다. 성령께서 임하시니까 그들은 그때부터 방언도 말하고 예언도 하게 되었습니다.

그래서 서두에 방언은 성령님께서 하시는 기도고 그러므로 방언은 100%응답받는 기도다 라고 말씀드렸는데 그 근거가 여기 있는 것입니다. 사람이 하는 기도는 아무리 순수한 마음으로 기도드린다고 하더라도 하나님께서 보셨을 때 쓸 때가 없는 기도도 많이 포함되어 있습니다. 우리 인간의 입장에서 기도의 우선순위가 있을지라도 하나님이 보셨을 때는 그 기도의 우선순위가 전혀 다를 수도 있다는 것입니다.

저가 왜 이런 말씀을 하냐 하면 제 주위에 신앙적으로 영적으로 여러 가지 힘든 가정에서 힘든 상황에서 살고 계신 분들이 몇 분 계시는데요. 그런 분들도 교회 다니면서 예수님을 내 구주로 믿는 분들입니다. 그런데 그들의 삶을 보면 굉장히 힘든 것을 많이 보게 됩니다. 그들도 분명히 교회가서 기도도 하고 찬양도 하고 예배도 드립니다. 그런데 자세히 보면 예배 따로 이 세상 삶 따로 하나님 말씀 따로 자기 생각 따로 하나님 말씀에 복종을 못하는 것을 보게 됩니다. 그들이 하는 기도도 제가 영적으로 봤을 때 성경적으로 봤을 때 그 사람들이 좋아하는 기도가 아니라 하나님께서 좋아 하시는 기도가 있는데 그들은 그런 기도를 안 하는 겁니다. 그분들은 하나님께서 그들에게 원하시는 것 보다 인간적으로 봤을 때, 육신적으로 봤을 때, 자신의 판단 하에서 급한 기도부터 하게 됩니다. 제가 봤을 때는 그 기도를 하면 하나님께서 응답해 주시지 않는데, 그 기도를 하기 전에 다른 기도 이것을 해야 하는데, 하나님이 기뻐하시는 기도를 해야 하는데, 그들은 제가 권면을 해도 잘 듣지 않습니다.

그래서 그 기도는 잘 응답이 되지 않는데, 인간의 기도는 인간의 육에서 올라오는 기도이고, 순수한 마음으로 한다 하지만, 그 속에 더러운 인간의 찌꺼기가 섞여서 나오는 기도가 되기 때문입니다. 그래서 그런 응답 받지 못하는 기도를 자세히 들어보면 하나님께서 기뻐하시는 기도를 안 하기 때문인 것을 알게 됩니다.

그래서 그들이 기도를 많이 하든 적게 하든, 그 삶속에서 기도 응답을 받지 못하고 어떤 사람은 평생 교회를 다니지만 마음에 평강 한번 누리지 못하고 막 지옥과 같이 살면서 돌아가시는 것을 보게 됩니다. 왜냐하면 기도의 우선순위가 틀린 것이기 때문입니다. 이 구절은 중요해서 자주 언급을 합니다.

(고전14:2)"방언을 말하는 자는 사람에게 하지 아니하고 하나님께 하나니 이는 알아 듣는 자가 없고 영으로 비밀을 말함이라" 방언은 사람에게 하지 않고 하나님께 하는 것인데, 이는 뭐냐! 영으로 하나님과 비밀을 나누는 것입니다. 그런데 여기에서 말하는 영은 누구를 말하는 것입니까? 성령님을 말하는 것입니다. 성령 안에서 방언으로 기도하는 것이 영으로 비밀을 말하는 것입니다.

표준새번역 성경을 보면, "방언으로 말하는 사람은 사람에게 말하는 것이 아니라, 하나님께 말씀드리는 것입니다. 아무도 그 것을 알아듣지 못합니다. 그는 성령으로 비밀을 말하는 것입니다. 성령의 이끌림을 받아 비밀을 말하는 것입니다."라고 새번역 성경에는 표현되어 있습니다. 그래서 영으로 비밀을 말하는 것은 바로 성령님을 말씀하는 것입니다. 그래서 방언은 성령으로 비밀을 말하는 것이다. 이렇게 정의할 수 있습니다.

우리말 성경은 아래와 같습니다. 방언을 말하는 사람은 사람들에게 말하는 것이 아니라 하나님께 말하는 것입니다. 아무도 이것을 알아들을 수 없습니다. 이는 그가 영으로 비밀을 말하는 것이

기 때문입니다. 성령님께서 시키시는 기도 이게 방언입니다. 성령님이 누구이십니까? 하나님, 예수님, 성령님은 하나님과 동일하신 한 분이십니다. 하나님이 시키시는 기도를 했을 때, 하나님이 시키시는 기도인 방언을 했을 때, 그게 응답이 안 되겠습니까? 100%응답됩니다. 하나님이 우리를 도와서 하시는 기도인데요. 전지전능하신 하나님이 우리 입술을 통해 하시는 기도인데 잘못된 기도를 할 수가 있겠습니까?

(로마서 8:26)"이와 같이 성령도 우리의 연약함을 도우시나니 우리는 마땅히 기도할 바를 알지 못하나 오직 성령이 말할 수 없는 탄식으로 우리를 위하여 친히 간구하시느니라"

성령님도 우리의 연약함을 도우시는데 우리는 마땅히 기도할 바를 알지 못한다는 겁니다. 우리가 육신 속에 있으면, 우리가 죄의 찌꺼기 속에 있으면, 하나님께서 기뻐하시는 기도가 뭔지도 모르고, 우리 삶의 우선순위에 있는 중요한 기도가 무엇인지 모릅니다. 그런데 오직 성령이 말할 수 없는 탄식으로 우리를 위하여 친히 간구하시는 기도를 하시는데 이것이 방언 기도입니다.

표준새번역 성경을 보면 그 의미가 더 정확하게 나옵니다."이와 같이, 성령도 우리의 약함을 도와주십니다. 우리는 어떻게 기도해야 할 것도 알지 못하지만, 성령께서 친히 이루 다 말할 수 없는 탄식으로, 우리를 대신하여 간구하여 주십니다."성령께서 우리를 대신하여 간구하여 주신다는 것입니다. 이게 방언기도입니다. 그래서 방언기도가 왜 응답되느냐? 로마서 8장 27절에 있습니다."마음을 살피시는 이가 성령의 생각을 아시나니 이는 성령이 하나님의 뜻대로 성도를 위하여 간구하심이니라"

성령님이 하나님의 뜻대로 성도를 위하여 간구한다고 되어 있습니다. 성령님이 하나님의 뜻대로 기도하신다는 것입니다. 하나님의 뜻대로 기도하시는 것이니까, 하나님의 뜻대로 이루어지지 않겠습니까? 그래서 방언기도는 100% 응답되는 기도입니다. 그래서 방언기도를 우리가 많이 해야 합니다. (에베소서 6:18)"모든 기도와 간구를 하되 항상 성령 안에서 기도하고 이를 위하여 깨어 구하기를 항상 힘쓰며 여러 성도를 위하여 구하라"

표준새번역을 보면 "온갖 기도와 간구로 늘 성령 안에서 기도하십시오. 또 이것을 위하여 늘 깨어서 끝까지 참으며, 모든 성도를 위하여 간구하십시오." 성령 안에서 기도하십시오. 우리가 기도할 때 성령 안에서 방언으로 기도해야 합니다. 모든 기도와 간구로 하되 항상 성령 안에서 기도하고, 성령 안에서 하는 기도가 무엇입니까? 그것이 방언기도입니다. 그래서 방언기도는 우리 신앙생활에서 있어도 되고 없어도 되는 것이 아닙니다. 진짜 우리가 사모해야 할 은사입니다. 방언을 받지 못하시는 분들은 날마다 방언을 달라고 기도하시면서 사모하셔야 합니다.

왜냐하면 우리 기도생활에 너무나 유익한 것이기 때문입니다. 100%응답되는 기도이기 때문에, 하나님이 기뻐하시는 기도이기 때문에, 성령님 안에서 하는 기도이기 때문에, 그것보다 더 유익한 기도가 어디 있겠습니까? 그래서 바울은 이렇게 방언에 대해 말씀하셨습니다.

(고린도전서 14:18)"내가 너희 모든 사람보다 방언을 더 말하므로 하나님께 감사하노라"

〈표준새번역〉"내가 여러분 모두보다 더 많이 방언으로 말하므로, 나는 하나님께 감사합니다."

바울이 고린도교인보다 더 많이 방언을 했다는 것입니다. 그러므로 해서 하나님께 감사했다고 말씀하고 있습니다. 방언이 왜 응답 받는 기도인지? 왜 사활적으로 중요한 기도인지? 물론 방언 받지 못하신 분들은 순수한 마음으로 회개하면서 기도하면 하나님의 뜻 가운데 분별하면서 기도하면 그 기도도 하나님께서 응답해 주십니다. 그렇지만, 우리가 인간적으로 하는 기도는 그 기도 중에 우리 욕심이 좀 포함되어 있고, 우리 죄 성이 좀 포함되어 있고, 또 회개 없이 하는 기도는 우리의 기도 속에 죄가 묻어 있기 때문에 하나님께서 귀를 막으시는 것입니다. 그렇지만 성령 안에서 하는 기도 방언으로 하는 기도는 하나님의 뜻대로 하는 기도는 하나님이 기뻐하시는 기도가 되고, 하나님이 응답하시는 기도가 되고, 모든 것이 하나님 뜻대로 간구하는 기도가 되고, 능력 있는 기도가 되는 것입니다. 그래서 우리들은 방언 받은 분들은 더욱더 방언으로 기도를 많이 하십시오.

보통 능력 많으신 목사님들은 기도할 때 보면 거의 대부분 방언으로 하시는 것입니다. 그래서 저도 기도할 때 가급적이면 방언으로 기도 하려고 합니다. 그리고 방언으로 기도 했을 때 하루의 삶이 전혀 다르다는 것을 느끼게 됩니다. 방언으로 했을 때, 능력이 임하고, 나도 모르는데 삶 속에 있는 찌꺼기 들이 다 해소가 되고, 신앙이 굳게 세워지고, 영이 뜨거워지는 것을 많이 느끼게 됩니다. 방언기도가 그렇게 중요한 것입니다. 방언 받으신 분들은 방언기도를 많이 하시구요. 못 받으신 분들은 방언 기도 받기를 간구하십시오. 성령님께서는 은사를 사모하는 사람들에게 분명히 주신다고 약속하셨습니다.

결론적으로 기도응답은 성령의 이끌림을 받아 성령으로 방언기도를 하여 성령하나님과 같은 영적인 상태가 되었을 때 응답되는 것입니다. 그렇기 때문에 기도응답을 받으려면 무엇보다도 성령의 이끌림을 받으면서 성령으로 기도하는 것이 중요합니다. 다시 한 번 강조한다면 무조건 방언으로 기도하는 것이 성령의 이끌림을 받으면서 성령으로 기도하는 것이 아닐 수가 있습니다.

예수를 믿을 때 자신은 죽고 다시 예수님으로 태어나 예배드리고, 찬양하고 소리 내어 기도하다가 성령을 체험하고, 성령체험 후에 성령으로 세례를 받으며, 지속적으로 예배하면서 찬양하면서 기도하다가 자신 안에 주인으로 계시는 예수님으로부터 성령의 불세례를 받아 성령으로 충만한 상태에서 하는 기도가 영의 기도요, 하늘의 언어로 기도하는 것입니다. 바르게 알고 기도응답을 받으려고 해야 합니다.

35장 마음에 열매 맺는 방언기도

(고전14:14-15)"내가 만일 방언으로 기도하면 나의 영이 기도하거니와 나의 마음은 열매를 맺지 못하리라. 그러면 어떻게 할까 내가 영으로 기도하고 또 마음으로 기도하며 내가 영으로 찬송하고 또 마음으로 찬송하리라"

하나님은 예수를 믿고 성령으로 거듭나 방언으로 기도하는 성도들이 마음이 치유되어 하나님의 나라가 되기를 원하십니다. 그런데 필자가 그동안 성령치유 사역을 하면서 방언으로 기도를 유창하게 해도 마음의 상처가 치유되지 않아 고생하는 분들이 많이 봅니다. 이분들을 방언 기도할 때 개별로 지도하여 방언 기도하는 방법을 바꾸어드리니까, 마음의 상처가 치유가 되고 혈통에 역사하던 귀신들이 떠나가더라는 것입니다. 방언기도를 습관적으로 하면 자신의 마음이 열매를 맺지 못하기 때문입니다. 방언기도를 하면 마음은 열매를 맺지 못한다고 분명하게 성경에 기록되어 있습니다.

방언기도에 대한 진리의 말씀입니다. 분명하게 고린도전서 14장 14-15절에 보면 "내가 만일 방언으로 기도하면 나의 영이 기도하거니와 나의 마음은 열매를 맺지 못하리라. 그러면 어떻게 할까 내가 영으로 기도하고 또 마음으로 기도하며 내가 영으로 찬송하고 또 마음으로 찬송하리라" 말씀하고 있습니다. 이 말씀이 무슨 뜻인가 하면 방언은 영의 기도입니다. 영으로 기도하니 자신의 마음이 알아듣지 못합니다. 그래서 마음이 열매를 맺지 못한다는 것입니다. 마음이 알아듣지 못하니 마음이 성령의 지배를 받지 못하는 것은 불을 보듯이 훤한 일입니다. 마음이 성령의 지배를 받지 못하니 방언으로 아무리 오래 열심히 기도를 해도 자신의 심령이 치유가 되지 않는 것입니다.

그래서 주변 사람들이 당신은 그렇게 기도를 많이 하고, 열심히 신앙생활을 하는데 그렇게 변화되지 않느냐고 질문하는 것입니다. 이는 기도가 바르지 못하기 때문에 일어나는 현상입니다. 마음이 감동을 받지 않는 기도는 아무리 많이 해도 자신의 구습이 변하지 않는 것입니다. 방언 기도하는 방법을 바꾸어 마음이 감동을 받게 하니 심령이 치유되고 마음에 평안을 느끼면서 전인격이 성령의 지배를 받는 것입니다. 전인격이 성령의 지배를 받으니 전인격의 치유가 일어나는 것입니다. 그래서 성령의 역사를 온몸으로 느끼면서 영적인 민감성이 개발되는 것입니다. 영적인 민감성이 예민해진다는 것은 전인격이 성령의 지배를 받기 때문에 느끼는 현상입니다.

전인격이 성령의 지배를 받으니 방언으로 기도할 때 마음의 상처와 자아가 부수어집니다. 거기다가 혈통에 역사하던 귀신들이 떠나가는 것입니다. 많은 분들이 예수를 믿어서 직분을 받고 믿음생활을 장하면 혈통에 역사하던 질병이나 문제를 일으키던 귀신들이 자동으로 떠나가는 줄로 착각하고 있습니다. 그러나 이는 잘

못알고 있는 것입니다. 저는 개별 집중치유를 합니다. 많은 분들이 아버지와 어머니는 장로님이고 권사님이라 자신에게 까지 중풍의 영이나 암을 일으키는 영들이 대물림이 되지 않는 것으로 생각을 하고 있습니다. 우리가 알아야 할 것은 예수를 믿어 영이 깨어나 하나님과 관계가 열렸지만, 육체와 이성은 성령께서 장악을 하시지 못한 상태라 육체와 이성에 역사하던 악한 영들이 떠나가지 않는 것입니다. 성령으로 세례를 받아 육체와 이성이 성령의 지배를 받을 때 정체를 폭로하고 떠나는 것입니다. 개별 집중 치유를 하면서 성령으로 전인격이 사로잡히니까, 나이가 어린 사람들도 손이 오그라들면서 중풍의 영이 정체를 폭로하는 것입니다.

그래서 분명하게 성경에 말씀하고 있습니다. "방언을 말하는 자는 사람에게 하지 아니하고 하나님께 하나니 이는 알아듣는 자가 없고 영으로 비밀을 말함이라"(고전 14:2). 원래 마음이 감동을 받아야 마음과 육체가 성령의 지배를 받아 변화되는 것입니다. 그런데 방언으로 기도하니 마음이 알아듣지 못하니 마음에 감동을 받지 못한다는 것입니다. 방언으로 기도하면 하나님께 영으로 기도하는 것이므로 하나님과 교통은 되는데 자신이 성령으로 변화되지 않는다는 것입니다.

그래서 하나님께서 이렇게 말합니다. "그러면 어떻게 할까 내가 영으로 기도하고 또 마음으로 기도하며 내가 영으로 찬송하고 또 마음으로 찬송하리라" 분명하게 영으로 기도하고 마음으로 기도하라고 합니다. 그래야 마음이 감동을 받아 성령의 권능으로 마음에 열매가 맺게 되기 때문입니다. 그래서 방언으로 계속 기도하면 자신이 변화되지 못한다는 뜻도 됩니다. 그러면 어떻게 해야 합니까? 방언으로 기도하고 알아듣는 말로 기도하고 하라는 것입니다.

성경에 분명하게 이렇게 기록 되었습니다. "그렇지 아니하면 네가 영으로 축복할 때에 알지 못하는 처지에 있는 자가 네가 무슨 말을 하는지 알지 못하고 네 감사에 어찌 아멘 하리요"(고전 14:16). 알아듣는 말로 해야 마음에 감동을 받아 영육이 성령의 지배를 받아 마음이 열매가 맺히는 것입니다. 그래서 이렇게 말씀하십니다. "그러나 교회에서 네가 남을 가르치기 위하여 깨달은 마음으로 다섯 마디 말을 하는 것이 일만 마디 방언으로 말하는 것보다 나으니라"(고전 14:19). 정확한 진리의 뜻을 모르고 따다다… 따다다… 뚜뚜두… 뚜뚜두…. 하면서 목에서 나오는 방언기도를 해대니 심령이 변화가 일어나지 않아서 마음과 육체에 역사하는 귀신이 떠나가지 않는 것입니다.

이렇게 마음에 감동이 일어나지 않으니 기도는 많이 하는데 자신은 변화되지 않아 여전하게 육체에 역사하는 귀신으로 인하여 영적인 피해를 당하는 것입니다. 영적인 피해를 당하면서도 방언으로 기도하니 성령으로 세례를 받았고, 영으로 기도하는 것이라고 믿어버리는 자아가 결속되어 고치려고 하지를 않는 것입니다. 그렇다고 방언기도를 하지 말라는 말이 아닙니다. 말씀대로 "그러면 어떻게 할까 내가 영으로 기도하고 또 마음으로 기도하며 내가 영으로 찬송하고 또 마음으로 찬송하리라"는 말씀에 순종하라는 것입니다. 필자는 방언으로 기도할 때 마음이 감동을 받기 위하여 이렇게 하라고 합니다.

호흡을 내쉬면서 방언기도하고, 호흡을 배꼽 아래까지 들이쉬면서 성령의 감동을 받고(통변), 다시 호흡을 내쉬면서 방언기도하고, 호흡을 배꼽 아래까지 들이쉬면서 성령의 감동을 받고(통변)를 반복하면서 방언기도 하라고 합니다. 그대로 순종하고 기도를 하는 사람은 자신의 안에서 더러운 것들이 말로 표현할 수 없을 정도로 나오는 것입니다. 이렇게 기도하면 자연스럽게 통변도 열리는 것입니다.

성령으로 방언 기도하는 비결은 이렇습니다. 호흡을 들이쉬고 내쉬면서 방언기도하고, 호흡을 들이쉬고 내쉬면서 방언기도를 합니다. 즉 내면의 활동이 강화되어 자신의 마음속 영 안에 계신 성령이 밖으로 나오시게 해야 합니다. 코로는 바람을 들이쉬고 배로 호흡을 하는 것입니다.

예를 든다면 "자녀를 위하여 기도하라!" 감동하실 수도 있습니다. 그러면 자녀를 위하여 기도하는 것입니다. 자녀에게 문제가 있는 것도 할 수가 있습니다. 자녀에게 바라는 것이 있으면 그것을 기도해도 좋습니다. 기도를 마치고 다시 주여! 주여! 주여! 하면서 기도를 합니다. 다시 성령께서 너의 물질문제를 지도하라고 하실 수도 있습니다. 물질문제를 기도합니다. 물질문제가 어떻게 해서 생겼는지 하나님에게 질문하며 기도합니다. 죄악으로 인한 것이라면 회개를 합니다. 회개하고 죄악을 타고 들어온 귀신을 축귀합니다. "예수 이름으로 명하노니 선조들의 죄를 따라 들어와 물질 고통 주는 귀신아 물러가라" 소리는 크지 않아도 됩니다. 성령이 충만한 상태이므로 귀신들이 잘 떠나갑니다. 다시 다른 기도를 위하여 주여! 주여! 주여! 하면서 기도를 합니다. 기도가 깊어지려면 마귀가 잡념을 줍니다. 잡념을 몰아내야 합니다. 잡념을 어떻게 몰아낼까요. 호흡을 들이쉬고 내쉬면서 하나님을 찾는 것입니다. ① 호흡을 들이쉬면서 하나님…. 내쉬면서 사랑합니다…. ② 호흡을 들이쉬면서 하나님…. 내쉬면서 도와주세요…. ③ 호흡을 들이쉬면서 하나님…. 내쉬면서 용서하여 주세요…. ④ 호흡을 들이쉬면서 하나님…. 내쉬면서 감사합니다…. 이렇게 집중하며 기도를 하다가 보면 잡념이 성령의 역사에 의하여 물러갑니다. 절대로 잡념을 몰아내려고 잡념은 떠나가라. 잡념은 떠나가라. 해도 잡념은 떠나가지 않습니다. 잡념에 관심을 두지 말고 지속적으로 기도하면 성령의 역사에 의하여 잡념이 물러가는 것입니다. 그래도 물러가지 않으면 대적해야 합니다. 소리를 크게 지르거나 악을 쓰면서 대적하지 말고 마음으로 대적하세요. "예수 이름으로 명하노니 기도를 방해하고 잡념을 주는 귀신아 물러가라" "예수 이름으로 명하노니 기도를 방해하는 귀신은 물러가라" "잡념을 주는 귀신아 물러가라" 마음으로 명령을 합니다. 이렇게 하면 웬만한 잡념은 물러갑니다.

다시 기도를 합니다. 그러면 성령께서 다시 감동을 합니다. 너의 건강을 위하여 기도하라! 그러면 자신의 건강을 위하여 기도합니다. 기도하면서 하나님에게 질문을 합니다. 하나님! 저의 어느부분이 문제가 있습니까? 하면서 기도하여 조치를 취하면 됩니다. 무엇을 결정해야 할 경우는 어느 정도 기도하여 성령으로 충만한 상태가 되면 지속적으로 문의 하는 것입니다. 이것을 어떻게해야 합니까? 이것을 어떻게 해야 합니까? 이것을 어떻게 해야 합니까? 지속적으로 질문을 하면 문득 떠오르는 생각이 있습니다. 이것이 하나님의 방법입니다.

방언으로 기도하시는 분들은 이렇게 하면 됩니다. 호흡을 들이쉬고 내쉬면서 방언기도를 합니다. 방언기도를 하다가 문득 떠오르는 생각이나 감동을 가지고 기도를 하는 것입니다. 하나하나 해결하면서 기도하면 되는 것입니다. 이것이 성령으로 기도하는 것입니다. 어려울 것이 없습니다. 자신의 생각이나 욕심을 내려놓고순수하게 성령을 따라 기도하는 것입니다.

제가 성령으로 기도하다가 체험한 사례입니다. 성령 체험을 함과 동시에 성령치유 사역을 한창 하던 때에 낮에 사모와 함께 기도를 했습니다. 방언으로 기도를 하고 있는데 갑자기 성령께서 "혈통으로 대물림 되어서 너의 목회를 방해하고 가난하게 하는 귀신을 몰아내라!" 라고 감동하시는 것입니다. 그래서 저는 "예수 이름으로 명하노니 나의 목회를 방해하고 가난하게 하는 더러운 귀신은 예수 이름으로 명하노니 물러갈지어다" 하고 세 번을 명령 하였습니다.

그랬더니 막 하품이 나오기를 한 20여 차례 나오면서 더러운 귀신들이 떠나가는 것이었습니다. 그러기를 한참 하더니 곧이어 아랫배가 뒤틀리고 아프면서 귀신들이 떠나갔습니다. 그 전까지만 해도 교회에서 강력한 성령의 불의 역사가 일어나는 가운데 아무리 성도들을 붙잡고 기도하며 귀신들을 축사하고 사역을 해도 저를 괴롭히고 목회를 방해하며 가난하게 하던 귀신들은 떠나가지 않았던 것입니다.

그러므로 예수만 믿으면 귀신은 자동으로 떠나간다는 말은 체험 없이 하는 말입니다. 저도 그 말을 믿고 지금까지 왔더라면 아마 지금도 물질로 고통을 당하면서 살고 있었을 것입니다. 그래서 하나님의 은혜로 가난 귀신들을 몰아내고 나니 서서히 교회의 재정이 풀렸습니다.

보통 성도님들이 하시는 말씀대로 기도분량이 채워지니까 성령께서 알려주신 것입니다. 기도분량이 채워졌다는 것은 성령님이 역사하실 수 있는 영적인 상태가 되었다는 것입니다. 절대로 성령은 육의 상태에서 응답을 주시지 못합니다. 반드시 성령으로 충만한 영의 상태가 되어야 레마를 들려주십니다. 그러므로 영의 상태가 되도록 성령으로 깊은 영의기도를 해야 합니다. 영의 상태에서 하나하나 감동이나 음성으로 알려주시는 것입니다. 성령으로 기도하는 성공요소는 영의 상태에 들어가는 것입니다. 영의상태에서 성령님과 교통할 수가 있기 때문입니다.

제가 지금까지 기도하여 응답을 받은 것은 모두 성령으로 충만한 깊은 영의상태에서 응답과 레마가 들렸습니다. 레마가 들리면 반드시 순종해야 합니다. 치유에 대한 것은 "강력한 성령치유 핵심 요약"을 읽어보시기를 바랍니다.

결론적으로 방언기도는 자기 신앙의 덕을 세웁니다. 고린도전서 14장 4절은 "방언을 말하는 자는 자기의 덕을 세우고 예언하는 자는 교회의 덕을 세우나니"라고 말합니다. '덕'이란 말은 헬라어로 '호이코스 데모'인데 '호이코스'라는 말은 '집'이라는 뜻이고 '데모'라는 말은 '지어 올라간다'는 뜻입니다. 그러므로 자기 신앙의 덕을 세운다는 것은 방언으로 계속 기도하면 자기 신앙의 집이 점점 더 강하게 지어진다는 의미입니다. 이처럼 방언을 많이 말하면 마음속에 믿음의 기운이 가득차게 됩니다. 마치 좋은 설교를 들으면 믿음의 덕이 세워져 믿음이 강하고 견고해지는 것처럼 방언은 다른 사람 들으라고 하는 것이 아니며 자기와 하나님과의 온전한 관계를 유지시켜주는 기도입니다.

방언을 하면 할수록 자기 신앙의 집이 견고해 집니다. 이 세상에 살다보면 마귀는 우리의 신앙의 집을 자꾸 허물려고 합니다. 그 순간 방언을 말하면 신앙의 집을 지키고 더 견고히 지어가는 것입니다. 그러므로 우리는 매일매일 방언으로 기도함으로써 신앙의 덕이 가득차서 자기의 신앙도 견고해지고 다른 사람에게까지도 굳센 신앙을 전달할 수 있는 사람이 되어야 합니다.

방언은 마음의 곤비함에서 해방시켜 줍니다. 이사야 28장 11절로 12절은 "그러므로 더듬는 입술과 다른 방언으로 그가 이 백성에게 말씀하시리라 전에 그들에게 이르시기를 이것이 너희 안식이요 이것이 너희 상쾌함이니 너희는 곤비한 자에게 안식을 주라 하셨으나 그들이 듣지 아니하였으므로"라고 기록하고 있습니다.

앞에서 설명한 마음이 감동을 받는 방언으로 기도하면 우리가 알지 못하는 말을 통해 성령이 우리 마음에 들어와 청소해 주십니다. 우리의 잠재의식 속에 있는 모든 불안, 초조, 절망, 미움, 원한, 상처 입은 것을 다 쓸어내어 청산해 주는 것입니다. 이것은 아주 어둡고 컴컴한 방에 썩어져가는 것이 잔뜩 있던 것들을 청소하고 나면 방안이 상쾌해지고 즐거워지는 것과 똑같은 것입니다.

사실 하루 1시간 이상 3시간 가까이 기도하려면 할 말이 별로 없습니다. 자신을 위한 기도와 가족을 위한 기도, 교회를 위한 기도하고 나면 할 말이 없고 시계를 보면 기도 시작한 지 5분도 지나지 않은 것을 봅니다. 그런데 어떻게 1시간 이상 3시간을 기도할까? 바로 방언으로 기도하면 가능합니다. 방언으로 기도하는 사람은 아는 말로 기도하다가 할 말이 없으면 방언으로 기도하고 방언으로 한참 기도하다 또 은혜 받아 아는 말로 기도하고 또 지치면 방언으로 기도하고 이렇게 밤새도록 기도 할 수 있으며 하루 종일 기도 할 수도 있습니다. 그러면 며칠이고 계속 기도할 수 있습니다. 방언으로 기도하여 영-혼-육이 성령의 지배를 받게 되시기를 소원합니다.

이 책을 통해 예수님이 땅끝까지 전파 되기를 소원합니다.
(출판으로 인한 이익금은 문서선교와 개척교회 선교에 사용합니다.)

방언기도에 숨은 권능

발 행 일 l 2021. 1.08초판 1쇄 발행

지 은 이 l 강요셉

펴 낸 이 l 강무신

편집담당 l 강무신

디 자 인 l 강요셉

교정담당 l 강무신

펴 낸 곳 l 도서출판 성령

신고번호 l 제22-3134호(2007.5.25)

등록번호 l 114-90-70539

주   소 l 서울 서초구 방배천로 2길 53(방배동)

전   화 l 02)3474-0675/ 3472-0191

E-mail l kangms113@hanmail.net

유   통 l 하늘유통. 031)947-7777

ISBN l 978-89-97999-79-8 부가기호 l 03230

가   격 l 16,000원